阎天 / 著

川上
行舟

——中国平等就业法引论

中国民主法制出版社

图书在版编目（CIP）数据

川上行舟：中国平等就业法引论/阎天著. —北京：中国民主法制出版社，2021.9

ISBN 978 - 7 - 5162 - 2095 - 5

Ⅰ.①川…　Ⅱ.①阎…　Ⅲ.①劳动就业—劳动法—研究—中国　Ⅳ.①D922.504

中国版本图书馆 CIP 数据核字（2019）第 218352 号

图书出品人/ 刘海涛
出 版 统 筹/ 乔先彪
责 任 编 辑/ 陈　曦　贾萌萌

书名/ 川上行舟——中国平等就业法引论
作者/ 阎　天　著

出版·发行/ 中国民主法制出版社
地址/ 北京市丰台区右安门外玉林里 7 号（100069）
电话/（010）63055259（总编室）　63058068　63057714（营销中心）
传真/（010）63055259
http：//www.npcpub.com
E-mail： mzfz@npcpub.com
经销/ 新华书店
开本/ 32 开　880 毫米×1230 毫米
印张/ 10　字数/ 175 千字
版本/ 2021 年 11 月第 1 版　2021 年 11 月第 1 次印刷
印刷/ 北京天宇万达印刷有限公司

书号/ ISBN 978 - 7 - 5162 - 2095 - 5
定价/ 59.00 元
出版声明/ 版权所有，侵权必究。

目 录

绪　论

一

　　本书探讨平等改革与法治变迁的互动关系，为中国平等就业法的研究提供一个引论。20世纪末以来，权利平等及反歧视问题逐步进入中国经济和社会改革的核心议程，旨在促进各领域内、各群体间平等的法律接踵出台。从一开始，平等改革就与法治发展紧密结合。"改革必先变法、变法促成改革"——这不仅在一定程度上变为事实，而且垄断了主流的法学叙事，获得了强大的规范力量。

　　中国平等改革历经波涛汹涌，如今已波澜不惊。中国平等法治不断添砖加瓦，如今已初具规模。怎样理解学术行动者的探索与困惑？怎样理解权利倡导者的动员与守望？怎样理解改革实践者的奋进与保守？这是一个本土故事，这又是一个全球化时代的中国故事。在席卷各国的平等法治大潮之中，中国经验堪称一脉清流。透过改革的棱镜，中国法治和法学如何理解世界，世界又如何理解中国法学和法治？

十多年来的改革与变法，究竟留下了什么遗产？什么是一代探索者的贡献？"改革必先变法、变法促成改革"的逻辑早已存在，如果平等问题只是一次应用，甚至牛刀小试，那么十多年来实践的遗产就极为局限——无非为一条公理做了个无关紧要的注脚，为转型中国的图景添了块小小的拼板而已。太阳底下无新事，何须庸人自扰之？

这本书将要重新梳理平等改革与变法的遗产。基本观点是：十多年来的平等改革与变法，既实践了"改革必先变法、变法促成改革"的逻辑，又对之构成了挑战和超越。平等事业中蕴含着重塑改革与变法关系的契机——这是探索者们最重要的贡献和遗产。即便不入正文，平等改革与变法也堪称转型中国的特殊注脚。

二

十多年前，笔者初涉反歧视法研究，获得资助的第一个课题就叫做《就业歧视：转型中国的特殊注脚》。当时，中国的平等改革刚刚起步，法治建设盲点仍多。"改革必先变法"——当法律包含歧视内容时，平等改革甚至就是变法。变法的导向是借鉴普遍经验。笔者认为，中国反歧视立法的起点是界定歧视的概念，而歧视概念的框架来自国际劳工公约，内容则应参考欧美各国的经验加以填充[1]。鉴于立法进程停滞不前，笔者设想引入国际法，尝试将反歧视公约直接适用于我国司法实践[2]。即使立法、"借法"都不成功，也可以寄望于法官的能动创造；虽然民事诉讼因为缺乏法律依据而难获突破，但是反歧视的行政诉讼已有零星先例。笔者分析了这些先导诉讼在立案、举证、胜诉、求偿各环节的障碍[3]，期待法官充分调动立法资源，克服行政案件审理中的保守倾向[4]。

这些思考构成了笔者学术历程的起点。笔者渴望成长为一名学者，又"躬逢其盛"，获得了参与变法倡议的机会。于是，学术行动者（scholar-activist）成为笔者的自我期许。笔者的研究是为了学术，更是为行动寻路。笔者不曾意识到这两者之间的张力。

转折点来自行动本身。挫折是改革的一部分。变法并没有如愿促成改革。比如，《就业促进法》[5] 接受学术行动者的意见，

---

[1] 阎天：《就业歧视界定新论》，载姜明安主编：《行政法论丛（第 11 卷）》，法律出版社 2008 年版。

[2] 部分思考见于叶静漪、阎天：《论反就业歧视公约的国内实施：以国际劳工组织第 111 号公约为例》，载李林、李西霞、[瑞士] 丽狄娅·R. 芭斯塔·弗莱纳主编：《少数人的权利（下）》，社会科学文献出版社 2010 年版。

[3] 阎天：《中国公务员招录歧视诉讼论——七个案例的回顾与前瞻》，未刊稿。

[4] 阎天：《〈民法通则〉第一百二十一条的历史命运——反思行政赔偿与民事赔偿的关系》，未刊稿。

[5] 本书中出现的法律文件名称中的"中华人民共和国"省略，其余一般不省略，例如，《中华人民共和国就业促进法》简称《就业促进法》，《中华人民共和国劳动法》简称《劳动法》。

赋予歧视的受害者以诉权，但是真正拿起诉讼武器的原告并不多。从表面上看，凡是外国有的，我国都在陆续添置：作为主观要件主义对立物的"间接歧视"[1]，作为歧视例外情形的"临时特别措施"[2]，抗辩歧视指控的"真实职业资质"[3]，对歧视行为的行政处罚[4]和禁制令救济[5]，如此种种。而深究其实质，这些舶来品大都处于休眠或不景气状态。改革如造林，以变法为内容的平等改革却沦为盆景，虽然精致，却并没有在实践中扎下根来，无法生长为参天巨木，更无法荫护平等权利。

变法为什么没有促成改革？最直接的答案是法变得不够。诚然，学术行动者的变法议程上还有若干未能实现的内容，如建立拥有执法权的专门反歧视机构等。但是，政府为什么不接受这些变法倡议？仅仅是因为"启蒙"不够吗？在法治工作专业化程度不高的时期，这么说也许有几分道理。而今，许多政府法治工作人员正是学术行动者的同行，他们的审慎显然不能用灌输不足

---

〔1〕《深圳经济特区性别平等促进条例》第5条规定："本条例所称性别歧视，是指基于性别而作出的任何区别、排斥或者限制，其目的或者后果直接、间接地影响、侵害男女两性平等权益的行为……"可以认为，该条在以故意（表述为"目的"）为归责基础的直接歧视之外，已经建立了以后果为归责依据的间接歧视制度。

〔2〕例如，《深圳经济特区性别平等促进条例》第5条第1项。

〔3〕例如，《传染病防治法》第16条第2款。

〔4〕例如，《深圳经济特区性别平等促进条例》第16条第2款（针对性别歧视）、《就业服务与就业管理规定》第68条（针对乙肝歧视）。

〔5〕例如，《重庆市就业促进条例》第51条。

来解释。更严酷的是：就算把法变了，真的能实现预期的改革效果吗？谁能保证新的法律不会再种盆景？如果新法执行不力，难道我们要去"启蒙"民众和执法机关？就算"启蒙"成功，如果新法执行到位，改革却仍不如所愿，怎么办？

这不是抬杠，而是活生生的事实。以美国为例，其最高法院早在 1954 年就以布朗案的判决推翻旧例，宣告公立学校种族隔离制度违反宪法平等保护[1]。可是，变法"破旧"有余，"立新"却不足，执行不力让该判决成了黑人"空洞的希望"[2]。

十年之后，民意总算被成功"启蒙"，美国《1964 年民权法》大为完善和扩展了各个领域的反歧视制度，特别是强化了执法[3]。虽然《1964 年民权法》的实施成效斐然，但是该法所承诺的社会改革并未实现，黑人地位的改善十分有限，乃至存有争议。原因之一在于，社会改革的难度被立法者低估了。比如，就业歧视分散到了人事决策的各个环节，进入了决策者的潜意识，而法律仍然聚焦于那些有意歧视黑人的独立决策者[4]。变法不易，以变法来实现改革目标更难。

----

[1] Brown vs. Board of Education, 347 U. S. 483（1954）.

[2] Gerald N. Rosenberg, *The Hollow Hope: Can Courts Bring about Social Change?*（2nd ed.）, Chicago: University of Chicago Press, 2008.

[3] 美国《1964 年民权法》第七章专门规定就业歧视问题。见阎天编译：《反就业歧视法国际前沿读本》，北京大学出版社 2009 年版。

[4] 参见 Michael Selmi, *The Evolution of Employment Discrimination Law: Changed Doctrine for Changed Social Conditions*, 2014 Wisc. L. Rev. 937.

变法为什么没有促成改革？2010 年，笔者带着这个疑问留学耶鲁。本书的大部分篇章都写于此后，可算作局部的答案。归结起来，要回答这个疑问，必须后撤一步，反思主流叙事本身——"改革必先变法、变法促成改革"，必须挑战这个信条。行动者服膺信条，因为他们需要借助信条的道德和修辞力量；学者却不该有那么多天经地义，反而要对道德和修辞的裹挟作用保持警惕。这被论者描述为分析（analysis）与倡导（advocacy）的区别[1]，也反映了"学术行动者"概念的内在张力。在学术与行动之间"闪转腾挪"，是技术、更是艺术，非经修炼，绝难达到自如之境。正因如此，笔者对学术行动者抱有崇敬。

三

作为挑战信条的成果，本书重新思考了改革与变法的关系。一方面，"改革必先变法"，无论在事实还是规范层面都有一定的道理。法律究竟应当反映并滞后于社会变革，还是塑造社会、充当社会变革的先导？这不是非此即彼的选择题，而是在两极之间构建连续的光谱。但是，平等法，乃至 20 世纪以来福利国家的实践，确实明显偏向社会工程（social engineering）的一极。无论在中国还是美国，平等改革的号角都是由法律改革来吹响

---

[1] John J. Donohue, Ⅲ, *Advocacy versus Analysis in Assessing Employment Discrimination Law*, 44 Stan. L. Rev. 1584 (1992).

的，平等改革也只是在变法之后才取得长足进展。变法是改革外在的必要条件；而如果把法律看作社会的内在构成部分（constitutive part）[1]，变法本身就是社会改革。不惟如此，以变法作为改革的前提，减少了违法改革的现象；以法律作为改革的主要手段，也改善了国家治理体系。这都有助于加强和完善法治。

另一方面，"变法促成改革"则并非必然之事，而是存在限定条件。中美平等改革与变法的实践表明，这种限定条件主要来自三个方面。

其一，改革的目标本身必须符合宏观政策取向。"平等"已成为当代最大的意识形态，这是研究平等法时必须去除的障眼布。人们很容易将平等绝对化，而忽视了平等观念本身的空洞性（emptiness）：不存在绝对的平等，只存在特定规则下、特定意义上的平等，一种平等必然引出（甚至不止一种）不平等。空洞的"平等"由于不同规则的填充而具备了多义性，不同意义上的平等相互冲突，难以兼得（详见本书第四章）。每一时期的宏观政策都有其平等取向；平等改革只有将自身的平等观向宏观政策取向靠拢，才有获得政策支持的可能。当"效率优先、兼顾公平"成为经济体制改革的总方针时，我国反就业歧视法倡导

---

[1] 参见 R. Cotterrel, *Law as Constitutive*, in Neil J. Smelser & Paul B. Baltes（chief eds.），International Encyclopedia of the Social & Behavioral Sciences, Oxford: Elsevier Science Ltd., 2001.

"量能就业"的平等观，保留了宏观政策中竞争和择优的内核，从而赢得了发展空间（详见本书第一章、第二章）。而当宪法上的平等观获得宏观政策的更多体认时，平等法就有望凭借宪法，实现价值基础的更新——这就是反歧视法的"宪法模式"（详见本书第一章）。

其二，变法的手段和改革的目标必须相互匹配。法律作为改革的工具，必须合用、称手，否则反而成为改革的障碍。正因如此，本书对于热议中的法律移植多持审慎态度。比如，美国的平等就业机会委员会（Equal Employment Opportunity Commission，简称 EEOC）虽有支持受害人起诉的职能，但是为了避免滥诉，不得不严格限制支持条件；虽有前置于诉讼的过滤职能，但是由于调查处理案件速度过慢，大部分案件最终仍要诉诸法庭。如果采取败诉方承担胜诉方律师费的做法，同样能够避免滥诉，并且减轻受害人负担；如果歧视案件数量不多，法院有能力全部接纳，就无须过滤。所以 EEOC 未必适合搬到中国来（详见本书第二章）。又如，许多国家都采纳了所谓"间接歧视"（indirect discrimination）学说：如果某行为表面上对各群体一视同仁，但是对于受保护的群体产生了较之其他群体更为不利的影响，那么无论行为人的主观状况如何，都成立间接歧视。然而，数十年来的实践表明，间接歧视制度并不具备通说所宣称的两大优越性——降低歧视受害者的证明难度和化解新型歧视（详见本书第三章）。如果某项制度在产生国家效果不彰，就很难指望移植到中国后会"墙里开花墙外香"。

近年来，由于乙肝病原携带者群体争取平权的显著成就，妇女、残疾人等其他弱势群体均尝试仿效其道路，将反对乙肝歧视的法律制度运用于自身。但是，这种"国内移植"效果不佳。重要的原因在于：妇女和残疾人不仅要求"量能就业"，而且进一步要求用人单位迁就其生理特征，弥补其生产力劣势。这就超出了"效率优先、兼顾公平"的宏观政策边界（详见本书第一章、第二章）。本书主张，这些群体应该在宪法中为自身诉求寻找依据，构建"新平等观"，并且抓住依宪治国的机遇，通过社会运动将这一观念注入宏观政策（详见本书第一章、第五章）。如果这样做，则这些群体定会发现，实现"新平等观"的法律工具需要更新，而新工具却似曾相识，那便是遭到否弃的"旧机制"：通过家务劳动社会化来消除性别歧视的经济根源，通过宣传教育来消除歧视的思想根源，等等（详见本书第二章）。

其三，变法措施必须尽量符合法律体系的成规。虽然变法必然对"成法"有所改变，但是变革的幅度应当与所欲达成的目标成比例。当存在多条变法路径时，应当选择对"成法"变动最小的一条。所以，既然直接歧视的证明难度已经下降到与间接歧视相当，那就无须为了引入间接歧视制度而修改《就业促进法》来设置歧视的无过错责任（详见本书第二章、第三章）。所谓"成法"并不局限于法律制度，还包括法律资源的配置。比如，在执法资源有限的前提下，不宜将过多群体纳入反歧视法的保护范围，而是应当集中打击危害最大的歧视类型（详见本书第二章）。各个法律机构间的资源配置就是权限。比如，就业歧视纠纷中的裁审关系，依《立法法》属于法律保留范围；个别地方自行规定之举虽属创新，但是因越权而违法（详见本书第二章）。除了制度和资源，法律体系的存续还依托于习惯。比如，对于性别歧视行为，20世纪90年代制定的《妇女权益保障法》和《劳动法》等均表述为"拒绝录用妇女或者提高对妇女的录用标准"；"拒绝录用"的表述还写入了2007年的《就业促进法》。如果废弃这一成例，另从国际公约中翻译出"区别、排斥或优待"的说法来替代，就可能发生司法和执法机关不熟悉、不理解、不适用法律的问题（详见本书第二章）。[1]

总之，在平等领域，"改革必先变法"凸显了法律的工具性。因此，变法要想促成改革，就必须遵循工具理性，与改革的目标相适应。另外，无论改革还是变法，都内嵌于宏观政策和法律背景之中，虽然相对独立，但是注定无法、也不应当脱离，否

---

[1] 就本例而言，情况并不绝对。2014年的一份民事裁定书就宣称："就业歧视是指没有法律上的合法目的、原因和工作上的关联性而是基于民族、种族、性别、宗教信仰等原因，采取区别排斥或者给予优惠等任何违反平等权的措施侵害劳动者劳动权的行为。"河南省新乡市中级人民法院民事裁定书，(2014) 新民管终字第73号 (2014年4月16日)。但是，裁定书中并未解释"区别排斥或者给予优惠"的含义。

则就无法实现。工具性（instrumentality）和内嵌性（embeddedness）是理解改革与变法之间关系的要义——这便是平等事业为转型中国所做的特殊注脚，更是探索者们所留下的丰厚遗产。

四

本书正文分为五个章节，渐次开示这份遗产。就业问题是我国平等改革和变法的主要领域，笔者用功也较多，所以本书基本围绕就业平等展开。

第一章"分与合：平等法治的一般理论"是本书的总论。经过十余年发展，国内反就业歧视法的实践和研究已经基本没有空白点，反就业歧视法的"有无"问题已然解决。但是，无论实践还是研究都以局部的、具体的制度为着眼点，宏观研究也往往对制度间、学说间的不一致性缺乏警觉。这导致我国反就业歧视法有碎片化的危险。有鉴于此，本章认为，我国反就业歧视法研究亟须反思美国经验和教训，建构对于制度和理念、实然与应然的系统理解，创立一般理论。一般理论围绕歧视所对应的平等观念展开，而我国已经树立了以用人绩效为价值追求的主流平等观，据此初步生成了反就业歧视法的"侵权法模式"。但是，侵权法模式面临挑战，其根源在于主流平等观无法处理用人绩效与其他价值之间的冲突。为此，我国反就业歧视法应当树立以改善群体弱势地位为价值追求的新平等观，界定其与既有平等观之间的关系。新平等观获得宪法文本和行宪机关的支持，落实为制度，就可能产生反就业歧视法的"宪法模式"。

第二章"旧与新：平等规范的生成逻辑"和第三章"土与洋：平等制度的移植之忧"则处理改革与变法中的两对伴生矛盾：破旧与立新的关系，以及本土与他国的关系。它们可以不严格地概括为"古今中西之争"[1]。对于后发现代化国家而言，古今之争大抵乃中西之争的变种，"揖美追欧"就意味着"旧邦新造"[2]。反映到我国反歧视法上，就是一手抓引进发达国家法治经验，一手抓否弃固有实践传统，两手都要硬。本书无意就古今中西之争选边站，惟主张变法的"两手"都要受到工具性和嵌入性两把尺子的衡量。为此，第二章从如何评价《劳动法》在反就业歧视法中的地位入手，复原最近二十余年间我国反就业歧视法的生成逻辑，指出《劳动法》所开辟的道路和确立的范式从未过时，更没有失去影响力。另外，该章认为：从 1949 年直至《就业促进法》出台的近六十年中，我国为规制就业歧视积累了大量经验，这些经验理应得到善待、善用。第三章则从是否引进间接歧视制度入手，以工具性为尺度，逐一检讨了该制度对于实现预期目标的实效，主张法律移植应当严格控制进度和范围。

---

〔1〕 参见甘阳：《古今中西之争》，生活·读书·新知三联书店 2006 年版。
〔2〕 参见章永乐：《旧邦新造：1911—1917》，北京大学出版社 2011 年版。

第四章"虚与实：平等观念的内涵之争"讨论平权改革的嵌入性问题。前文述及，不破除绝对化的平等观，就看不到平等观之间、特定平等观与其他政策目标之间的冲突，就不可能理解平等改革的嵌入性。另外，还应当对虚无主义的平等观保持审慎，防止将平等逐出价值序列的风险。这其中的微妙平衡，历来为学者所乐道。该章就从 20 世纪最后二十年间美国法学界的争论切入，探讨平等观念的空洞性问题。而第五章"民与官：平等运动的宪法回应"则讨论变法的嵌入性问题。该章认为，我国已经出现了一种新的变法模式——回应型法律改革。新模式以官民互动为特征，而与先前的变法一样，都嵌入我国法制体系之中。近年来，我国法制体系的重要变化之一，便是宪法政治地位的抬升和规范效力的增强。虽然尚不成熟，但是回应型法律改革已经尝试顺应和利用这一变化，以公民行动激发官民互动，以官民互动解释宪法价值，以宪法价值指导法律实践。这是我国平等改革和法治变迁中的新因素。该章主要以美国为样本，讨论了社会运动对于宪法变迁理论的冲击，其核心关切在于通过解释宪法，平衡并维护宪法的法律权威和政治权威。

本书是笔者的第一部学术专著，不足之处尚多，恳请读者谅解，并希方家指正。

第一章　分与合：平等法治的一般理论

导　论

　　2014 年，中美两国同时迎来了反思本国反就业歧视法的契机。五十年前，美国国会通过了《1964 年民权法》，其中第七章专门规定就业歧视问题，将反歧视的禁令从公职推广到私人部门，并建立了独立的执法机关。十年前，全国人大常委会修订了《传染病防治法》，将传染病人增列为平等就业的保护对象，由此开启了中国反就业歧视法快速发展的新阶段。此后，公务员招录不再排斥乙肝病原携带者，《妇女权益保障法》修法新增禁止性骚扰等内容，就业歧视受害人的诉权写入《就业促进法》……十年一大步。如今，中国学界面临梳理反就业歧视法发展脉络、提出一般理论加以解释和评价的任务。

　　什么是一般理论？一般理论是指对反就业歧视法制度和理念

的系统理解。它具有三个根本特征：第一，一般理论是对具体问题研究的抽象和体系化。第二，一般理论注重揭示制度与理念之间的互构和张力。第三，一般理论同时具备描述性和规范性。由是，一般理论区别于具体问题研究，区别于单纯的制度之辨与理念之争，也区别于纯粹实然或应然层面的解说。一般理论堪称反就业歧视法研究的"元问题"，也是美国反就业歧视法研究成熟的标志。

研究中国反就业歧视法，需要直面"元问题"。尽管法律制度发展的头绪日增，改革方案亦接踵而出，但是中国反就业歧视法的一般理论仍不发达。学者在具体制度层面借鉴和反思美国经验的努力甚多，在抽象理念层面引进美国学说的尝试也不鲜见。可是，两个层面之间的联结尚很松散，缺乏融通。与实践一样，中国反就业歧视法的理论面临碎片化的危险。

近半个世纪以来，美国学界普遍主张：建构反就业歧视法一般理论的关键，在于阐明法律所追求的"平等就业"概念。平等的观念是空洞的，其内容有待于外在价值的填充。[1] 而"平等"与"歧视"乃一体两面，平等的概念取决于如何定性歧视的"错"：歧视究竟错在违背择优用人理念，还是将某些群体置

---

[1] 阎天：《平等观念是空洞的吗？——一页学术史的回思》，载强世功主编：《政治与法律评论（第二辑）》，法律出版社2013年版。

于弱势地位，抑或其他[1]，对于这个问题的回答，决定了反就业歧视法保护谁、如何设定证明标准及分配举证责任、如何配置规制手段和法律责任等制度问题；而制度问题的回答，又反过来影响甚至塑造着法律对于歧视性质的理解。反就业歧视法的一般理论就是围绕平等概念的"纲"展开的。反就业歧视法的发展，就是平等观逐步形成、遭遇挑战、寻求出路的过程。

本章从平等观入手，尝试建构中国反就业歧视法的一般理论。经过短暂的混沌之后，围绕乙肝病原携带者的平等就业问题，中国树立了以用人绩效为价值追求的主流平等观，认为歧视的本质是否定"量能就业"[2]，并据此建构起反就业歧视法的"侵权法模式"：注重歧视的主观要件，以隐私保护为杜绝偏见的重要手段，为此突出平等所包含的精神利益，倚重司法救济途径。但是，侵权法模式立即遭遇三方面挑战：（1）法院只接受以直接证据证明歧视；（2）劳动者在健康等方面的虚假陈述被定性为欺诈；（3）获得支持的精神损害赔偿金额偏小。在本质上，这些挑战都源于主流平等观无法处理用人绩效与其他价值之

---

[1] 对于歧视之"错"可以从多个角度加以区分，比如，是损害机会平等还是损害结果平等、是源自主观偏见还是源自客观排斥、是导致新生不公还是延续既往不公，等等。这些角度都曾出现在美国的司法学说之中，也为国内学界所不同程度引介。但是正如下文第一节将论证的：究竟追求个体择优还是群体地位改善，是平等与歧视观念最重要的区分，其他区分基本可用这个区分来解释。

[2] 这一概念源自喻术红、杜莹：《量能就业原则引入我国劳动就业中的可行性探讨》，载《法学评论》2008 年第 5 期。

间的位阶关系。而当反就业歧视法的保护重心从乙肝病原携带者转向妇女，侵权法模式的不足就显露无遗：无论是退休年龄歧视之争，还是生育成本分担之争，以及职场性骚扰问题，都要求局部牺牲用人绩效，建立反就业歧视法的目标分层。为此，中国反就业歧视法应当树立以改善群体弱势地位为价值追求的新平等观，界定其与既有的、以用人绩效为追求的平等观之间的关系；新平等观获得宪法文本和行宪机关的支持，落实为制度，就可能产生反就业歧视法的"宪法模式"[1]。

第一节 从反归类原则到反屈从原则

一、理念与制度之间的中介原则

在美国，平等就业的宪法文本依据主要是第十四修正案平等保护条款。一方面，"平等保护"一语含义宽泛，无法直接适用，需要以解释作为中介。而另一方面，为保持法律的融贯性及安定性，对"平等保护"的解释不可一事一议，必须较为稳定和超脱，也即原则化。这种中介性与原则性兼具的解释，被称作

—————————

[1] 限于篇幅，本章主要讨论两个群体（乙肝病原携带者和妇女）的就业歧视问题。

"中介原则"（intermediate principle）。[1] 中介原则具有描述性，概括了制度和个案在追求何种平等；中介原则又具有规范性，表达了宪法和法律要求制度和个案实现何种平等。中介原则就是美国反就业歧视法一般理论的"纲"之所在。

中介原则并非制（修）宪时就确定，而是在具体制度建构和个案裁判中逐步生成，并由学者加以阐发。1971 年，时任芝加哥大学法学院副教授的欧文·费斯发表《公平就业法论》[2]，"首次系统论证了《1964 年民权法》第七章"[3]。在此基础上，费斯于 1976 年写就《平等保护条款之群体观》[4]，将主流的司法学说总结为"反歧视原则"（antidiscrimination principle），并提出以"群体劣化原则"（group disadvantaging principle）加以补充。上述两原则很快被分别改称为"反归类原则"（anticlassification principle）和"反屈从原则"（antisubordination principle），并主导了自由派宪法学者的平等观。[5] 尽管最高法院对反屈从

---

〔1〕 这一概念源自 Owen M. Fiss, *Groups and the Equal Protection Clause*, 5 Phil. & Pub. Aff. 107 (1976).

〔2〕 Owen M. Fiss, *A Theory of Fair Employment Laws*, 38 U. Chicago I. Rev. 235 (1971).

〔3〕 George A. Rutherglen & John J. Donohue Ⅲ, *Employment Discrimination: Law and Theory*, New York: Foundation Press, 2005.

〔4〕 Owen M. Fiss, *Groups and the Equal Protection Clause*, 5 Phil. & Pub. Aff. 107 (1976).

〔5〕 其他学者曾将反屈从原则称作"反等级制（anticaste）原则""反压迫（antisubjugation）原则"等。例如，Cass R. Sunstein, *The Anticaste Principle*, 92 Mich. L. Rev. 2410 (1994); J. M. Balkin, *The Constitution of Status*, 106 Yale L. J. 2313 (1997).

原则态度暧昧[1]，但是反归类原则与反屈从原则之争已然成为美国反就业歧视法最重要的一般理论争议。[2] 二十五年后，已成为耶鲁大学法学院思特灵讲座教授的费斯撰写《另一种平等》，回顾争议的后续发展，回应了二十位教授的评论。[3] 费斯教授的著作是建构反就业歧视法一般理论的范本，也是讨论中国问题的主要参照。

二、反归类原则的提出

反归类原则认为，歧视就是依特定标准归类，就业歧视错在归类标准与目标不匹配。最常见的情形是：归类目的在于选拔劳动能力最强的劳动者，而归类标准——如种族或性别——却会将某些劳动能力强的求职者排斥在外。反归类原则的核心是工具理性，"因为行为是否获准并不取决于其所增进的目标的价值，抑或其所造成的损害的严重度，而是取决于手段与目的之间的关

---

[1] 尽管如此，有学者认为，"反屈从价值已然且将继续在反归类原则实践意涵的塑造中扮演关键角色"。Jack M. Balkin & Reva B. Siegel, *The American Civil Rights Tradition: Anticlassification or Antisubordination?* 58 U. Miami L. Rev. 9, 13 (2003). 费斯则认为，联邦最高法院在某些判决中的推理只能用反屈从原则来解释。Owen M. Fiss, *Another Equality*, in Issues in Legal Scholarship, Volume 2, Issue 1 (Aug 2002): The Origins and Fate of Antisubordination Theory. 该文由阎天翻译，载章剑生主编：《公法研究·第16卷（2016·秋）》，浙江大学出版社2017年版。

[2] 关于这一争议的代表文献，可参见 John H. Garvey, T. Alexander Aleinikoff & Daniel A. Farber, *Modern Constitutional Theory: A Reader* (5th ed.), St. Paul: West, 2004.

[3] Owen M. Fiss, *Another Equality*, in Issues in Legal Scholarship, Volume 2, Issue 1 (Aug 2002): The Origins and Fate of Antisubordination Theory. 评论文章均收入该期专号。

系"[1]。围绕这一核心，最高法院建构了所谓"上层建筑"。其中包括对于归类目标本身的审查，更重要的则是对于手段与目标匹配程度的不同要求：如果归类标准属于种族等"嫌疑归类"（suspected classification），或者归类影响到某些"根本权利"（fundamental right），则手段与目标之间的匹配要更严格；而如果允许立法或行政机关"分步实现"（one-step-a-time）平等目标，或者所追求的某些正当利益"压倒"（compel）了平等目标，则手段与目标之间的匹配可更宽松。[2] 举例来说，我国学者普遍要求引入所谓"真实职业资质"（Bona Fide Occupational Qualifications）抗辩：对求职者的归类标准只要确系履职所需，就不构成歧视。该抗辩背后的逻辑即为：择优用人、提高效率的正当利益压倒了平等目标。

反归类原则何以能够成为最高法院的主流观点？费斯提出了五点原因。[3] 第一，反归类原则所主张的平等，大体与司法过程中所贯彻的、法律适用的平等相当。第二，反归类原则据信可以实现法官的"价值中立"，防止法官带入个人价值判断、侵夺立法职权。第三，反归类原则可以实现裁判的客观性，亦即，原

---

[1] Owen M. Fiss, *Another Equality*, in Issues in Legal Scholarship, Volume 2, Issue 1（Aug 2002）: The Origins and Fate of Antisubordination Theory.

[2] Owen M. Fiss, *Groups and the Equal Protection Clause*, 5 Phil. & Pub. Aff. 107, 111-116（1976）.

[3] Owen M. Fiss, *Groups and the Equal Protection Clause*, 5 Phil. & Pub. Aff. 107, 118-129（1976）.

则的要求可以较为清楚地表达出来，适用时无须过多调查事实或做程度判断，且结论不会因时而变。第四，反归类原则信守个人主义，只需要考虑个人是否获得了恰当的对待，而无须引入群体观念，这就防止了法律促成阶级（群体）意识的觉醒。第五，反归类原则的保护在表面上具有普遍性，而不是仅仅保护一部分人。这类似于"禁止性别歧视"与"禁止歧视妇女"之分。

三、对反归类原则的批评

费斯批评反归类原则的第一步是：指出该原则的上述"优点"基本限于其核心部分——手段与目的的匹配性。一旦越出核心、进入上层建筑，"优点"就会减损乃至消失。比如，工具理性诚然不要求作出价值判断，但是何种目标正当、何种归类可疑、何种权利根本、何种利益有压倒性、何种匹配适度，此类判断都须以价值标准为前提。[1] 又如，虽然标榜个人主义，最高法院却经常引入群体观念来判断目标正当性和利益优先性；所谓"不可改变性"（immutability）也无法解释为何种族构成、身高却不构成嫌疑归类——唯有引入黑人群体相对于矮个子群体的特殊性方可理解。[2]

---

〔1〕 Owen M. Fiss, *Groups and the Equal Protection Clause*, 5 Phil. & Pub. Aff. 107, 121（1976）.

〔2〕 Owen M. Fiss, *Groups and the Equal Protection Clause*, 5 Phil. & Pub. Aff. 107, 143-146（1976）.

费斯对反归类原则的第二步批评则变换角度，主张反归类原则无法解释两类重要的法律制度：禁止某些表面无害的归类标准，以及优待黑人。禁止表面无害的归类标准即所谓"差别结果"（disparate impact）学说。在大多数此类案件中，系争行为既可用法律禁止的归类标准来解释，也可用法律许可的归类标准来解释。反归类原则无所适从。为此，最高法院对反归类原则作了三种修补，而费斯指出：这些修补不仅将突破反归类原则的工具理性、减损其吸引力，而且未必能够解决问题。[1] 修补之一是将涉案的个人权利认定为基本权利，从而收紧匹配程度的要求。然而，反归类原则本身并不包含判断何种权利"基本"的标准。修补之二是引入过去歧视（past discrimination）的概念，主张涉案的归类延续了过去的歧视，从而纳入打击范围。然而，确定过去歧视的存在势必要求大量的事实调查，这会令反归类原则的"客观性"落空。并且，反归类原则也不能解释为何要将法律的关注点从现时移向过往。某些个人即便过去受过歧视，但是歧视者通常并非涉案的用人单位；让用人单位对他人行为承担责任，违背反归类原则的个人主义追求。再者，用人单位完全可以主张涉案的归类能够提高效率，究竟为何要牺牲效率、成全平

---

[1] Owen M. Fiss, *Groups and the Equal Protection Clause*, 5 Phil. &Pub. Aff. 107, 143-146 (1976).

等，反归类原则也无力解释。[1] 修补之三则是引入歧视效果（discriminatory effect，又称事实歧视 de facto discrimination）概念，主张不论归类标准如何，只要造成了相当于法律所禁止的归类的结果，就违背平等保护。然而，如此将彻底放弃反归类原则的关注焦点——归类，使得该原则名不副实。

如果说，禁止某些表面无害的归类标准案件需要对反归类原则作出较大修补，那么，优待黑人的案件则因为广泛涉及价值判断，而与反归类原则尖锐冲突，无法通过修补来调和。[2] 优待黑人的做法即所谓"纠偏行动"（affirmative action）。根据反归类原则，首先要寻找优待做法的正当目的。而正如费斯所言，能够找到的目的——如提高黑人的社会地位——几乎都以群体为导向，与反归类原则的个人主义取向不合。[3] 并且，手段与目标之间几乎肯定会发生严重的匹配不当。为了解释这种不当的合宪性，反归类原则同样可作三种修补。修补之一是引入行政便利

---

[1] Owen M. Fiss, *Another Equality*, in Issues in Legal Scholarship, Volume 2, Issue 1 (Aug 2002): The Origins and Fate of Antisubordination Theory.

[2] Owen M. Fiss, *Groups and the Equal Protection Clause*, 5 Phil. & Pub. Aff. 107, 129-136 (1976).

[3] 在 Grutter v. Bollinger 案中，奥康纳大法官将"呈现多样观点以丰富教育环境"认定为高校录取中纠偏行动的目标。539 U. S. 306 (2003). 费斯的质疑可概括为两点：（1）能够促进观点多样性的不仅有种族的多元，而且包括宗教、经济等方面的多元，那么宗教少数群体之类为何不能要求纠偏行动？（2）多样性这个价值的规范力量很小，何以主张其能够压倒平等价值、支持将匹配标准从嫌疑归类大幅放松到"加高审查（heightened scrutiny）"？两个问题都必须通过引入群体观念和黑人群体的特殊性方可获得解答。Owen M. Fiss, *Another Equality*, in Issues in Legal Scholarship, Volume 2, Issue 1 (Aug 2002): The Origins and Fate of Antisubordination Theory.

（administrative convenience）的概念，主张为了行政便利可以牺牲平等。然而，既然可以为了保护黑人之便而牺牲白人的平等，为什么不能为了保护白人之便而牺牲黑人的平等呢？反归类原则不包含损益权衡的标准，且固守保护的普遍性，无法回答这个问题。[1]修补之二是引入污名化（stigmatization）的概念，主张优待黑人的目的是纠正对于黑人身份的普遍污名化，为此可以牺牲平等。这样做不仅仍然需要权衡损益，而且将法律的关注点从归类转向了后果，无法用反归类原则来解释。修补之三则是主张优待黑人仅为第一步，要允许分步实现各种族待遇的普遍提高。然而，反归类原则既不能解释为何应当准许分步提高，也不能解释为何应当先改善黑人而非其他种族的待遇。优待黑人必然导致对于其他种族成员的不公，反归类原则的根本局限就在于无法证立这种不公符合平等保护。

四、反屈从原则的证成

针对反归类原则的局限，费斯提出新的原则——反屈从原则。"反屈从原则的总体理念是：歧视等社会实践应受谴责，其

---

[1] 又如，某些政策将黑色人种视作消极指示物（proxy），与违法犯罪等联系起来［如种族分析（race profiling）］；另一些政策则将黑色人种视作积极指示物，与利益的倾斜分配联系起来（如纠偏行动）。反归类原则无法解释为何前者应被禁止、后者应获许可。Owen M. Fiss, *Another Equality*, in Issues in Legal Scholarship, Volume 2, Issue 1（Aug 2002）: The Origins and Fate of Antisubordination Theory.

原因并不在于手段与目的匹配不当所引发的单项事务的不公，而在于这些做法导致或延续了受拒斥者所在群体的屈从地位。"[1] 反屈从原则在保护对象和禁止行为两方面区别于反归类原则。首先，反屈从原则所保护的是"弱势群体"（disadvantaged group）。弱势群体具有三项特征：一是社会性，既独立于成员个人而存在，其身份和福祉又与成员相互依存（interdependence）；二是经济上不仅居于底层，而且状况长期得不到改善，形成屈从地位；三是政治上无权，由于人数有限而无法影响选举，由于财力微弱而无法支撑竞选，由于"分散且孤立"而无法与有权群体结盟。黑人符合所有特征，是最典型的弱势群体和首要保护对象。其次，反屈从原则所禁止的是加重或延续弱势群体屈从地位的行为。虽然"加重"和"延续"的用语暗示了历史维度的存在，但是费斯认为，受歧视的历史并非获得反屈从原则保护的必要条件。无论屈从的现状从何而来，为了维护社会和平、维系共同体团结，以及赋予屈从群体成员充分的发展机会，反屈从原则都要求法律消灭屈从状态。[2]

---

[1] Owen M. Fiss, *Another Equality*, in Issues in Legal Scholarship, Volume 2, Issue 1 （Aug 2002）: The Origins and Fate of Antisubordination Theory.

[2] Owen M. Fiss, *Groups and the Equal Protection Clause*, 5 Phil. & Pub. Aff. 107, 147-155 （1976）; Owen M. Fiss, *Another Equality*, in Issues in Legal Scholarship, Volume 2, Issue 1 （Aug 2002）: The Origins and Fate of Antisubordination Theory.

　　与反归类原则相比，反屈从原则从打击归类手段与目标的不匹配转移到反对屈从地位；从个人本位转移到群体本位；从普遍保护转变为偏一保护。更重要的是，反屈从原则放弃了表面上的价值中立，转而挑明价值追求、设定价值位阶、作出价值取舍。费斯提出：屈从地位的消除具有极高的价值位阶，为此作出价值牺牲是正当的。他的论述主要从三方面展开。一是社会整合度的牺牲问题。反屈从原则以群体为本位，短期内会强化群体身份认同、挑战社会的整合度。但是，身份认同的源头是共同的屈从地位，消灭这个源头就将最终弱化身份认同[1]，加强社会整合。二是其他群体利益的牺牲问题。反屈从原则具有强烈的再分配属性，其优待黑人等做法必然导致利益分布的此消彼长。但是，黑人的处境差于其他任何群体，如果要分步实现福利的普遍上涨，应该从改善境况最差者起步。并且，优待黑人只是在效果上导致其他种族失去机会，这与公然将黑人隔绝在机会之外不可同日而语，并不会造成地位损害。[2] 三是社会整体福利的牺牲问题。在就业领域，反屈从原则要求突破择优用人，这必然导致社会整体生产率的损失。对此，费斯认为，以反屈从原则为标准，某些所谓社会整体福利其实并不正当。比如，将某个人群排除劳动力

---

[1] Owen M. Fiss, *Another Equality*, in Issues in Legal Scholarship, Volume 2, Issue 1 (Aug 2002): The Origins and Fate of Antisubordination Theory.

[2] Owen M. Fiss, *Groups and the Equal Protection Clause*, 5 Phil. & Pub. Aff. 107, 163-164 (1976).

市场，当然有助于缓解就业机会的稀缺性，有利于其他人群，但这种利益不为法律所承认。即便是正当的整体福利，也会被消灭屈从地位的目标所压倒。[1]

尽管反归类原则与反屈从原则差异巨大，但是费斯认为，二者并非完全互斥，而是可以根据一定规则共存。他将反歧视法的制度分成三个顺位。第一顺位是禁止公然排斥黑人，无论根据反归类原则或反屈从原则均可证立，不存在取舍问题。第二顺位是禁止某些表面无害的归类标准。反归类原则必须作出较大修补方可证立这一制度，适用反屈从原则更佳。第三顺位是优待黑人，这与反归类原则冲突尖锐，应适用反屈从原则。[2] 费斯将反歧视法的各项制度视作一个连续的光谱：伴随顺位的下降，反归类原则的适用性呈递减态势，而对于反屈从原则的需求则愈加强烈。

第二节　从侵权法模式到宪法模式

费斯学说对中国的启示是多方面的。正如下文所示，中国反就业歧视法的诸多具体制度及论证，都可以在费斯的学说中找到

---

〔1〕 Owen M. Fiss, *Groups and the Equal Protection Clause*, 5 Phil. & Pub. Aff. 107, 165-166 (1976).

〔2〕 Owen M. Fiss, *Groups and the Equal Protection Clause*, 5 Phil. & Pub. Aff. 107, 170-172 (1976).

参照物。这既反映了各国职场歧视病理的相通之处，也折射出我国改革中的"法律移植"逻辑。但是，中美国情不同，完全照搬照抄无异于削足适履。比如，中国没有美式司法审查制度，最高人民法院并非阐释宪法平等价值的首要权威；中国没有美式种族歧视问题，黑人长期遭受的、深入法律细部和社会骨髓的歧视并非法律打击的对象。这就注定了美国法律的很多东西中国学不了，也不该学。中美两国反就业歧视法的可比之处，并不在于某些制度或理论片段，而在于一般理论。

制度多变，理论常新。观察者与其勉力追赶，毋宁动中取静，寻找共通的、恒定的规律作为抓手。一般理论就是这个抓手。首先，美国经验表明了一般理论对于反就业歧视法的重要意义。费斯展示了一般理论对于繁杂的法律实践的解释力，而且呈现出理念与制度之间的张力。十多年来，中国的实践从稀缺到纷杂，制度从单纯到复合，理念从一统到分殊。"乱花渐欲迷人眼"，片段式的研究已无法统摄全局，一般理论的探索呼之欲出。其次，美国研究展示了反就业歧视法一般理论的结构和论证方法。费斯构造了反就业歧视法研究的纵深结构："元问题"是一般理论，一般理论的关键是平等就业的意涵，平等观的根本分歧在于价值冲突。为了逐步抵达问题的核心，费斯采取了四步论证法：首先概括主流理论——反归类原则，其次提出主流理论的一些局部的、非致命缺陷，再次指明其总体的致命缺陷并作超越，最后反思超越的产物——反屈从原则。[1]

一般理论的纵深结构与论证方法——而非具体观点——才是费斯学说的精髓，也是中美两国反就业歧视法的可比之处，更是两国学术和实践对话的公共平台。本章探索中国反就业歧视法的一般理论，不仅认同费斯对于纵深结构的判断，而且运用类似的论证方法：首先将我国反就业歧视法的主流概括为"侵权法模式"；其次分析其在乙肝病原携带者维权中的局限；再次揭示该模式对于维护妇女等群体平等权利的根本不足，提出新的平等观；最后讨论新平等观落实为制度，建立"宪法模式"的可能性。

一、侵权法模式的生成

自 20 世纪 80 年代中期起，随着《劳动法》与《就业促进法》的制定，中国反就业歧视法形成了侵权法模式。在理念上，侵权法模式以用人绩效为单一价值追求，借此提高用人单位和整个经济体的生产率。在制度上，侵权法模式以用人单位的主观状况为关注核心，要求"净化"人事决策过程，由此形成五大制度特征：一是倚重诉讼而非监察手段；二是主攻民事而非行政争

---

[1] 虽然费斯对于批判法学的主要观点并不苟同，但是类似的论证方式俨然已成为批判法学的通法："综合正统观点——局部批判——整体批判并超越——对批判的批判。"Robert W. Gordon, *Critical Legal Histories*, 36 Stan. L. Rev. 57, 58 n.3 (1984). 可见，论证方法并不与特定观点相连接，而可为立场不一的论者所采纳。

议；三是认为歧视引发的是侵权之债而非其他类型之债；四是同时主张平等就业权和隐私利益保护；五是突出精神损害而非经济损失赔偿，以人格权而非财产权纠纷立案。个人主义贯穿了理念和制度，成为侵权法模式的哲学基础。

（一）《劳动法》与侵权法模式的奠定

《劳动法》第一次规定了平等就业权，是当代中国反就业歧视法的正源。[1]"平等"乃"歧视"的对称。《劳动法》第12条规定："劳动者就业，不因民族、种族、性别、宗教信仰不同而受歧视。"根据立法者的解释，该条的意义是："每个劳动者在劳动力市场的求职竞争中具有同等的权利，站在同一起跑线上，享受同等的机会，也就是平等竞争。"[2]可见，就业的平等是指竞争机会的平等，平等竞争就是将法律所禁止的因素从人事决策中排除出去。

那么，以机会平等为内容的平等就业，其价值追求何在？原劳动部认为：平等就业是为了择优。[3] 而这一观点的依据则是

---

〔1〕 《劳动法》第 3 条。阎天：《重思中国反就业歧视法的当代兴起》，载《中外法学》2012年第 3 期。

〔2〕 全国人大常委会法制工作委员会国家法行政法室等编著：《〈中华人民共和国劳动法〉释义》，中国工人出版社 1994 年版。

〔3〕 1994 年 8 月 31 日，原劳动部下发《贯彻〈劳动法〉的依据和需立法的项目》，将 1986 年颁行的《国营企业招用工人暂行规定》作为《劳动法》第 12 条的"执行依据"。《国营企业招用工人暂行规定》通篇未提"平等"或"歧视"，而是强调企业招工必须"择优录用"。可见，原劳动部认为"择优录用"与歧视相对，而与平等相符。

《劳动法》立法的指导思想之一："效率优先、兼顾公平。"虽然这一思想直到《劳动法》出台前夕才获得中央采纳[1]，但其根源可追溯到 1986 年发表的《效率优先、兼顾公平——通向繁荣的权衡》一文。[2] 文章提出两种平等观，将"效率"对应到机会均等，将"公平"对应到结果均等。对结果均等的追求暴露出了重大不足：一方面，为了实现公平，不得不将分配权集中于国家，限制了劳动者和用人单位的自由，阻碍了劳动力资源通过市场的配置；另一方面，结果均等违背按劳分配，挫伤了劳动者的积极性。综上，结果均等的要害就在于降低经济效率。作者主张树立保障效率的新平等观："社会主义平等观的实质——机会均等本身就是一条效率原则。"不过，作者并不主张全盘舍弃公平，而是尝试以责任分配的方式来界定效率与公平、机会均等与结果均等的关系：公平由国家来实现，而企业只负责提高效率，并不承担实现公平的成本。

"效率优先、兼顾公平"在两种平等观——机会均等与结果均等——之间作出了抉择。《劳动法》基本接受了这个抉择：一方面，将用人单位的责任限定在保障平等竞争、择优用人；另一

---

[1] 《中共中央关于建立社会主义市场经济体制若干问题的决定》第 2 条、第 23 条，中国共产党第十四届中央委员会第三次全体会议 1993 年 11 月 14 日通过。此决定是《劳动法》立法的直接依据。

[2] 周为民、卢中原：《效率优先、兼顾公平——通向繁荣的权衡》，载《经济研究》1986 年第 2 期。

方面，规定由国家建立社会保障制度。《劳动法》评价人事决策的依据，是选人标准与目的——经济绩效——之间的匹配性，这与费斯笔下的反归类原则并无二致。但是，对于妇女问题，《劳动法》又突破了"效率优先、兼顾公平"。其一，《劳动法》在禁止性别歧视之外，专门规定不得歧视妇女；其二，《劳动法》规定了包括产假、职业禁忌在内的女职工的特殊保护；其三，《劳动法》在规定由国家兴办生育保险之外，又将女职工特殊保护的诸多责任赋予用人单位。为什么《劳动法》要打破对各性别的普遍保护？为什么要允许牺牲一些效率？为什么让企业分担实现公平的责任？立法者的回答是：因为女性有特殊的生理困难。[1] 然而，有生理困难的劳动者何其多！在机会均等的平等观之内，问题无解。

　　尽管存在无解之题，但在《劳动法》颁布后的十余年间，以用人绩效为追求的平等观并未遇到重大挑战，成为中国反就业歧视法的主流平等观。《劳动法》并未完成这一平等观的制度化。就业歧视行为长期不可仲裁、不可诉讼，也不在劳动监察范围之内。制度的生长、理念与制度的结合，有待《就业促进法》实现。

---

[1]　全国人大常委会法制工作委员会国家法行政法室等编著：《〈中华人民共和国劳动法〉释义》，中国工人出版社1994年版。

（二）《就业促进法》与侵权法模式的生成

《就业促进法》赋予就业歧视的受害者以诉权，这是侵权法模式下制度的关键——全部制度特征可以概括为"以精神损害赔偿为主要诉求的人格侵权民事诉讼"。在很大程度上，这一制度体系是乙肝平权运动与政府法治改革之间持续互动的产物。[1]乙肝病原携带者的行动策略和话语建构，不仅影响了制度设计，而且影响了执法机关对制度的理解。

1. 平等理念的确立

自20世纪90年代末期起，乙肝病原携带者通过虚拟结社等手段，逐步建立起身份的共同体——乙人[2]。2003年，乙人中的积极分子借公共事件发起平权运动，要求修改公务员招录体检中的歧视性标准。他们的主张有两方面：一是携带者并不具有传染性，不会威胁公共卫生；二是携带者身体机能无损，不会影响工作。综上，是否携带乙肝病原与正当的目的——公共卫生和用人绩效——之间并无关联，因此，乙肝不应成为人事决策的考虑因素，这就是乙人诉求的平等。用人绩效仍然是乙人平等的价值旨趣，行动者试图附和《劳动法》所奠定的主流平等观。

---

〔1〕 对这一互动的详细描述和讨论，详见 Tian Yan, *China's Responsive Legal Reform: The Case of Employment Discrimination Law*, J. S. D. Dissertation, New Haven: Yale Law School, June, 2014. 以下除非另行注明，讨论有关事实皆以该文为依据。

〔2〕 "乙人"的说法获得媒体的普遍采纳。例如，魏国剑：《特殊"乙人"特殊对待》，载《大河报》2010年11月17日，第22B版；苏兴敏：《女乙人：歧视下的忧伤》，载《山东法制报》2010年3月10日，第4版。

其实，乙肝病原携带者虽可能长期不发病，但仍有可能在任内转为肝炎病人；一旦发病，不仅传染性剧增，且症状将会影响履职，导致用人单位承担批准病假、调整岗位、另聘他人等风险成本。然而，行动者刻意隐去了这些影响效率的因素。他们不要求照顾和迁就，只要求择优录用的机会。这当然是为了尽量弱化诉求的再分配属性，争取健康人群的支持。同时也与行动者的骨干多毕业于法学院或从事律师工作有关：他们受到法学界流行的机会平等观念影响，且自身专业背景较强，有能力通过平等竞争获得工作。

2. 制度改造的进展

理念一经确立，乙肝平权运动就进入制度改造阶段。法律作为乙肝歧视的最大源头，首当其冲地成为改造对象。随着《传染病防治法》的修订，《就业促进法》、《公务员录用体检通用标准（试行）》和《就业服务与就业管理规定》相继颁行，以及一系列行政规范性文件[1]的发布，法律本身的改造基本告竣。平权运动的重心移向法律实施。个案执法有两大途径：劳动监察和劳

---

[1]　主要有：《劳动和社会保障部关于维护乙肝表面抗原携带者就业权利的意见》（劳社部发〔2007〕16号）；《人力资源和社会保障部、教育部、卫生部关于进一步规范入学和就业体检项目维护乙肝表面抗原携带者入学和就业权利的通知》（人社部发〔2010〕12号）；《卫生部办公厅关于加强乙肝项目检测管理工作的通知》（卫办医政发〔2010〕38号）；《人力资源和社会保障部、教育部、卫生部关于切实贯彻就业体检中乙肝项目检测规定的通知》（人社部发〔2011〕25号）；《卫生部办公厅关于进一步规范乙肝项目检测的通知》（卫办政法发〔2011〕14号）；等等。

动诉讼。而诉讼成为行动者所依赖的主要途径，有实体和程序的原因。在实体上，劳动监察部门缺乏释法权限，无力对法律规定不清的歧视概念加以建构；劳动监察仅适用于劳动关系，无力管辖公共部门的就业歧视；劳动监察部门也无权就损害赔偿诉求作出裁决。而在程序上，劳动监察中法律专业人士发挥作用的空间较小，支持平权的律师和学者无用武之地；劳动监察的持续性、阶段性均不及诉讼，不利于行动者配合案情宣传理念、制造社会影响。此外，劳动监察部门对就业歧视问题的高度审慎，以及美国将私人诉讼用作首要执法工具的做法，也对劳动诉讼独大局面的形成起到了作用。

反就业歧视诉讼有行政和民事两种途径。与民事诉讼相比，行政诉讼中的法院受制更多：法院缺乏受理就业歧视纠纷的法律依据，又不愿轻易开罪行政机关，导致立案难。即便受理，政府的歧视行为往往也有文件作为依据。法院无权审查行政规章以上文件的合法性；虽然有权拒绝适用规章及以下文件，通常也因顾虑与行政机关的关系而作罢。即便法院认定了歧视，由于《国家赔偿法》没有明文规定，法院对于判决赔偿极其谨慎。民事诉讼遂成为反就业歧视诉讼的主要类型。

要提起民事诉讼，就必须将用人单位与受歧视的劳动者之间的关系塑造为某种债的关系。合同之债、缔约过失和侵权之债都曾列入选项，而侵权之债最终成为主流。与侵权之债相比，其他选项各有缺陷。就合同之债特别是违约之债而言，精神损害赔偿并不适用[1] 并且，违约责任以劳动合同的成立和生效为前提，无法涵盖求职阶段的歧视。就缔约过失之债而言，虽然北京、深圳均有判决援用缔约过失框架，且影响颇大[2]，但是劳动立法终究并未一般性地建立劳动缔约过失责任制度，两地判决的法律依据成疑。况且，缔约过失责任的赔偿范围通常只及于信赖利益和经济损失，不包含履行利益和精神损害[3] 更严重的是，假如用人单位在招录启事中就公然宣称"不招乙肝病原携带者"等，则应聘人无从信赖劳动合同将会建立，不可主张损害赔偿，而公然的歧视恰恰应是法律打击的重点。如此一来，法律构成要件较为清晰、损害赔偿范围较为广泛的侵权之债就成为上佳之选[4]"侵权法模式"轮廓渐显。

3. 理念与制度之间

但是，侵权之债之所以广获采纳，根本原因在于它契合了以用人绩效为价值追求的平等观。舍此则即便具备前文谈及的优

---

[1] 虽然学界较多支持将精神损害纳入违约责任范围，但是最高人民法院的否定态度并未松动。参见韩世远：《合同法总论（第三版）》，法律出版社 2011 年版。

[2] 俞里江：《劳动者在乙肝歧视案中的利益保护》，载《人民司法》2008 年第 24 期；汪洪：《用人单位招工时歧视乙肝病原携带者的责任认定——深圳中院判决肖春辉诉环胜公司劳动争议纠纷案》，载《人民法院报》2010 年 11 月 4 日，第 6 版。

[3] 关于缔约过失不赔偿履行利益，参见王泽鉴：《债法原理（第二版）》，北京大学出版社 2013 年版。关于缔约过失不赔偿精神损害，参见季宝军：《非财产损害赔偿与缔约过失责任》，载《当代法学》2003 年第 3 期。

[4] 笔者掌握判决书的 28 宗反就业歧视案例中，有 23 宗以侵权类案由立案。

势，也不可能获得主导地位。正如反归类原则那样，中国的主流平等观要求"净化"人事决策，关注决策者的主观状态。而侵权之债的过错责任原则提供了评价主观状态的基础。相比之下，违约责任一般属于无过错责任，不评价主观状态。缔约过失责任虽然属于过错责任，但是过错内容仅限于缺乏通过磋商达成合意的意愿[1]，这与大多数就业歧视案件不符。唯有侵权之债下的故意、过失、过错推定和无过错责任形成完整序列，为法院认定歧视的主观状态提供了充分空间。

侵犯平等就业权之债是对人事决策的事后评价，不免"缓不济急"。与其事后否定，不如事前阻止非法因素进入决策。为此，实务上将乙肝病原携带者的健康信息当作隐私，纳入名誉侵权的保护范围。[2] 正因为名誉权的人格属性，乙肝歧视纠纷的原告多以精神损害赔偿为主要诉求[3]，法院也多以人格侵权方面的案由立案。[4] 而经济损失的赔偿除缔约成本外，尚缺乏法定标

---

[1] 韩世远：《合同法总论（第三版）》，法律出版社 2011 年版。至于可否根据诚实信用原则扩张缔约过失所涵盖的过错内容，实务和学理上尚有争议。

[2] 隐私利益被当作名誉权的内容，始自《最高人民法院关于贯彻执行〈中华人民共和国民法通则〉若干问题的意见（试行）》（已失效）第 140 条。原劳动和社会保障部 2007 年即发文提出保护乙肝病原携带者的隐私权。2010 年，人力资源和社会保障部等三部门发出通知，要求乙肝检测必须由受检者提出方可进行。2010 年、2011 年，原卫生部办公厅连续发文，禁止入职体检时检测乙肝，受检者要求检验的权利被限定于在职体检。

[3] 笔者掌握判决书的 28 宗反就业歧视案例中，全部提出了精神损害赔偿诉求。18 宗案件的法院认定了侵权存在，其中有 15 宗都判决了精神损害赔偿，获赔率达到 83%。

[4] 笔者掌握判决书的 23 宗反就业歧视以侵权案由立案的案例中，有 15 宗以人格权或隐私类案由立案，有 7 宗为兼顾精神损害和经济损失赔偿诉求而以就业权或更宽泛的侵权类案由立案，仅有 1 宗以财产权纠纷立案。

准，获得支持的机会不大、程度不高，故非原告主张的重点。[1]

主流平等观对于人事决策主观状况的高度关注，同样决定了劳动监察和行政诉讼不可能成为平权运动所倚重的制度。主观状况往往需要通过原被告的多回合对抗来逐步查明，而监察执法缺乏展开对抗的结构条件，更适合于调查客观而非主观的情况。事实上，《劳动保障监察条例》所列举的、应当承担法律责任的情形，其归责基础均为行为或后果的违法性，至于行为人的主观状况则在所不问。同样，就行政诉讼而言，由于要求招录机关重新作出行政行为、录用原告缺乏现实条件（职缺已被递补考生占据），原告一般只能主张国家赔偿。而国家赔偿遵循违法归责原则，同样不评价侵权人的主观状态。[2] 与之类似的是：美国最高法院对于国家歧视行为的归责，早先也并不以过错为条件。[3]

总之，中国反就业歧视法的发展，贯穿了以用人绩效为追求的主流平等观。影响法治发展的因素很多，而主流平等观是唯一

---

[1] 笔者掌握判决书的 28 宗反就业歧视案例中，9 宗的原告提出了缔约成本的赔偿诉求并均获支持。22 宗的原告要求赔偿履行利益或消极损害，其中，14 宗由于法院认定侵权不成立、应先由劳动仲裁管辖等原因而未获支持；获得支持的有 8 宗（获赔率仅 36%），其中只有 6 宗提及损失的计算方法，且观点各异、尚无定论。

[2] 参见杨小君：《国家赔偿的归责原则与归责标准》，载《法学研究》2003 年第 2 期。

[3] 美国联邦最高法院的主要理由包括：尊重立法和行政机关，避免扣"歧视者"帽子；取证困难；即使认定存在主观的歧视，立法和行政机关完全可以换个非歧视的理由重作行为，使得司法审查沦为无用。Daniel A. Farber, William N. Eskridge, Jr. & Philip P. Frickey, *Cases and Materials on Constitutional Law: Themes for the Constitution's Third Century* (4th ed.), St. Paul: West, 2009.

对五大制度特征都发挥重大塑造作用的因素。理念与制度的结合催生了"侵权法模式",而个人主义则成为哲学基础。[1] 虽然平权运动的行动者宣称为本群体代言,但是他们所要求的并非整个群体地位的提升。至少,他们并不要求群体各成员的地位同步提高,而是希望遵循绩效原则,能者先就业、先提高地位。行动者的言不由衷,无疑构成巨大的讽刺,也预示着侵权法模式下平等观的危机。

二、侵权法模式的危机

侵权法模式的危机,首先从乙肝歧视案件显现,到性别歧视之争中则暴露无遗。从表面上看,危机发生在制度层面:法院不接受以间接证据证明歧视,不承认劳动者有权在健康方面作出虚假陈述,也不支持大额精神损害赔偿请求。男女同龄退休的修法尝试接连受挫,大幅延长产假的动议引发争执,反性骚扰的法定义务遭到用人单位抵制,等等。然而,制度危机的根源在于理念。侵权法模式秉持主流平等观,固守用人绩效为单一价值追求,无法论证为了用人绩效而牺牲其他价值,更无法论证为了其他价值而牺牲用人绩效。

---

[1] 《侵权责任法》的立法者明确指出:"过错责任原则的理论基础,是个人主义哲学。"王胜明主编:《中华人民共和国侵权责任法释义(第2版)》,法律出版社2013年版。

（一）乙肝歧视案件的难题

1. 法院只接受以直接证据证明歧视

"证明难"一直是就业歧视诉讼的首要障碍。大多数法院要求提供用人单位过错的直接证据，尤其是歧视性言词的记录[1]，而这对原告来说越发困难。用人单位往往并不暴露自己知晓原告携带乙肝，或者不承认考虑过乙肝因素。有鉴于此，学界要求改造证据规则，允许单纯以间接证据证明歧视，并适时转移证成责任。原告只需要以间接证据满足初步证明要求，证成责任就转移给被告；被告如果不能提出人事决策的正当理由，就要承担败诉风险。[2] 这与美国差别对待（disparate treatment）歧视的证明方式非常接近。[3] 然而，只有少数法院接受了学界意见。[4] 原因何在？学者的主张看似只涉及证据类型和举证责任，实质上却改变了证明对象，将过错水平从故意降低为过失。在以直接证据证明歧视的案件来说，用人单位过错的性质显然是故意。而在学者的方案中，法律不再禁止歧视的故意，而是要求用人单位在作出

---

[1] 笔者掌握判决书的 28 宗反就业歧视案例中，除 1 宗未提歧视的证明问题以外，剩余 27 宗中，有 7 宗通过用人单位当庭承认来认定歧视存在，14 宗通过劳动者提交用人单位具有歧视性的言词证据来认定，只有 6 宗完全不涉及直接证据。

[2] 例如，蔡定剑教授生前主持拟定的《反就业歧视法专家建议稿》第 46 条。参见蔡定剑、刘小楠主编：《反就业歧视法专家建议稿及海外经验》，社会科学文献出版社 2010 年版。

[3] 参见 Steven J. Kaminshine：《差别对待歧视理论：重述的必要》，载阎天编译：《反就业歧视法国际前沿读本》，北京大学出版社 2009 年版。

[4] 典型者如俞里江：《劳动者在乙肝歧视案中的利益保护》，载《人民司法》2008 年第 24 期。

涉及乙肝病原携带者的人事决策时，提高注意水平：从通常无须顾虑决策理由是否正当，提升到必须有正当理由。[1] 违反注意义务就构成过失。[2] 学界方案将故意歧视改为过错歧视，不仅改程序，而且改实体。这需要从价值上论证：用人绩效何以如此重要，以致要求新建过失歧视制度来进一步限制用人自主权？主流平等观无法提供用人绩效与用人自主两个价值的权衡标准。一旦引入价值权衡，就会如同美国的反归类原则那样，越出工具主义的内核，属于"上层建筑"了。

2. 就乙肝问题所作的不实陈述被认定为欺诈

乙肝病原携带者求职时，往往遭遇用人单位询问健康状况。例如，是否携带乙肝病原，是"大三阳"还是"小三阳"等。《劳动合同法》将如实说明内容限于"与劳动合同直接相关的基本情况"，而"与劳动合同直接相关"就是与履职能力相关。是否携带乙肝病原无关履职能力，不仅不在说明义务之内，而且为了防止用人单位将是否携带乙肝病原这一信息纳入人事决策过程，还需要将其作为隐私保护起来。[3] 据此，劳动者享有拒绝

---

〔1〕 美国学者对差别对待和差别结果歧视中被告法律义务的实质作出了相同解读。Richard Thompson Ford, *Bias in the Air: Rethinking Employment Discrimination Law*, 66 Stan. L. Rev. 1381, 1396-1403 (2014). 有人据此提出"过失歧视"的概念。David Benjamin Oppenheimer, *Negligent Discrimination*, 141 U. Pa. L. Rev. 899 (1993).

〔2〕 此系《侵权责任法》立法者观点。并且，我国法律上也有提高特定情况下注意义务的先例。王胜明主编：《中华人民共和国侵权责任法释义（第2版）》，法律出版社2013年版。

〔3〕 立法者认为，《劳动合同法》第8条主要是为了防止用人单位侵害劳动者的隐私权。信春鹰、阚珂主编：《中华人民共和国劳动合同法释义（第2版）》，法律出版社2013年版。

告知的权利。这与追求用人绩效的主流平等观一致。但是，"不说"的权利不等于"说假话"的权利。劳动者如果并不拒绝回答，而是告知虚假信息，为何不构成欺诈，使得用人单位在违背真实意思的情况下签约，从而导致劳动合同无效？[1]

对这个问题有三种解释。第一种解释是：构成欺诈的要件之一是隐瞒或不实陈述内容与履职能力相关。虚假陈述只要不涉及履职能力，就不构成欺诈。[2] 然而，这种观点假定：用人单位决策是否聘用某人，只考虑履职能力。事实上，履职能力以外的因素当然也会影响决策。只要这些因素并不被法律所禁止，就是正当的。比如，在若干履职能力相当的求职者中，某人谎称系用人单位领导同乡，于是获得聘用。按照法官的逻辑，由于籍贯与履职能力无关，一旦谎言被揭穿，用人单位不能以欺诈为由主张劳动合同无效。这显然是荒谬的。第二种解释是：构成欺诈的另一要件是违背用人单位真实意思。用人单位发问的目的在于排斥乙肝病原携带者，其真实意思具有歧视性，不受法律保护。然而，法律在认定欺诈时，并不评价真意本身是否合法，而只关心真意是否遭到违背。打击歧视故意自有法定途径，不应以非法打击另一非法。只有最后一种解释可以说得通：如果劳动者拒绝告

---

[1]《劳动合同法》第 26 条："下列劳动合同无效或者部分无效：（一）以欺诈、胁迫的手段或者乘人之危，使对方在违背真实意思的情况下订立或者变更劳动合同的……"

[2] 牛元元：《法律辩弈：职场隐婚 VS 就业歧视——北京朝阳法院判决志荣维拓公司诉徐娜娜劳动争议案》，载《人民法院报》2014 年 5 月 1 日，第 6 版。

知是否携带乙肝病原的情况,则用人单位几乎可立即推断拒绝是为了掩饰,乙肝因素也几乎肯定会进入人事决策,导致歧视。这与整个隐私保护的思路一致。然而,为了实现用人绩效、保护乙肝病原携带者的隐私,为什么可以、甚至必须违反《劳动法》第 26 条的文义,牺牲用人单位根据真实意思缔约的用人自主权?主流平等观再次面临挑战:在追求用人绩效之外,如何确定各价值的位阶?

3. 获得支持的精神损害赔偿金额偏小

精神损害赔偿是就业歧视案件原告的主要诉求。但是,法院判赔的金额通常只占诉求数目的很小比例,一般仅数千元。[1]原因在于,法院认为乙肝歧视所造成的精神损害并不严重。[2]有的法院将受歧视者的再就业当作判断精神损害程度的重要因素:因为歧视而求职受挫后,如果找到其他工作,并且另找工作所费时间不多,则精神损害并不严重。也就是说,精神损害源于怀才不遇的事实,而非导致怀才不遇的歧视。这符合主流平等观:法律所救济的精神损害的成因仅限于没有按照自身绩效获得评价。

为了获得更多精神损害赔偿,必须证明损害的严重性。原告大多求助于医学,希望将精神损害诊断为精神病变。但是,达到

---

[1] 笔者掌握判决书的 28 宗反就业歧视案例中,有 15 宗判决了精神损害赔偿,总金额 8.8 万元,仅占诉求金额的 14% 左右,平均每宗案件获赔不足 6000 元。

[2] 损害的严重性是精神损害赔偿的必要条件。参见《侵权责任法》第 22 条(《民法典》第 1183 条)。有的法院认为,由于损害轻微,判决赔礼道歉即足以弥补。

病变程度的案例很少，而未病变的事实反过来被用人单位当作损害不严重的证据。唯一的出路在于：论证精神损害与歧视之间存在特殊关联，歧视受害者遭受了其他怀才不遇者所不曾遭受的损害。普通怀才不遇者即便偶遇挫折，只要另寻开明单位，或者提高个人绩效竞争力，总能够摆脱困境。而乙肝歧视的受害者却不能。由于乙肝歧视普遍存在，即便另寻工作，也很可能再度遭遇歧视；由于乙肝并不能治愈，受害者也无法通过改变自身条件来避免歧视。于是，乙肝歧视的受害者近乎绝望，这与普通怀才不遇者"偶尔的痛苦和不高兴"[1]不可同日而语。任何一次歧视都会催生和加重这种绝望，歧视者因此应付出更多赔偿。这一观点与美国法上的"过去歧视"理论异曲同工。然而，上述论证突破了以用人绩效为价值追求的平等观：其一，主流平等观在决定精神损害时只考虑是否怀才不遇，并不考虑造成怀才不遇的歧视。其二，绝望情绪并非全由某一单位造成，而是社会环境及负面体验累积的产物。让某一单位承担先前歧视者乃至整个社会的行为后果，违背了自己责任原则，突破了主流平等观的哲学基础——个人主义。至此，主流平等观在乙肝歧视案件中的危机已充分暴露。

（二）保护群体转换的困境

妇女、残疾人、同性恋者、艾滋病毒携带者等许多其他社会

---

[1] 王胜明主编：《中华人民共和国侵权责任法释义（第2版）》，法律出版社2013年版。

群体，仿效乙肝平权运动，倡导法律改革。他们都在一定程度上接受了以用人绩效为价值追求的平等观。乙肝歧视案件的难题大多源于为了用人绩效而牺牲其他价值，而新群体所抛出的价值危机却要尖锐得多：他们要求为了其他价值而牺牲用人绩效。价值危机集中反映在方兴未艾的妇女平权运动之上。

1. 退休年龄歧视之争

我国确立了强制退休制度，规定男性60岁退休，女干部55岁退休，女工人50岁退休。改革开放以后，国家允许处级以上女干部和女性专业技术人员将退休年龄延长到60岁，但是大部分用人单位仍然强制女干部在55岁退休。[1] 学界普遍认为，男女不同龄退休构成性别歧视，并将男女同龄退休的正当性建立在用人绩效之上：女性年过半百之后，婚育和家庭负担减轻，工作经验丰富，工作能力更强；如果强制退休，不但剥夺了女性根据自身能力就业的机会，而且阻止了用人单位录用高绩效的女性员工。问题在于：工作能力因人而异，"一刀切"地断言55岁以上的女干部能力强，会让绩效判断失准，也违背了个人主义的取向。为此，一些地方将最迟退休年龄的决定权部分还给劳资自治：女干部满55周岁、女工人满50周岁后，经过协商，既可以

---

[1] 参见退休年龄问题研究课题组：《退休年龄问题研究报告》，载刘小楠主编：《反就业歧视的策略与方法》，法律出版社2011年版。以下除非另行注明，引用有关事实及学术观点均源于此文。

延长到 60 岁退休，也可以立即退休。

然而，女性的最迟退休年龄既然已经统一，最低退休年龄为什么仍要区分女干部和女工人？干部与工人之别，是基于身份而非绩效，为什么不构成歧视？与女干部大多从事脑力劳动相比，女工人主要从事体力劳动。这种劳动对劳动者身体损耗较大，导致女工人的劳动绩效到一定年龄后即呈下降趋势，年龄较大的女工人很容易失去与年轻人竞争的能力。可见，要求女工人比女干部提前退出职场符合绩效考量，并不构成歧视。然而，既然最迟退休年龄可以具体分析，那么最低退休年龄为什么仍要"一刀切"？国家和地方在这一问题上从未退让，其原因可用美国法上的"行政便利"来解释：如果允许劳资协商确定最低退休年龄，会给国家行使养老保险征管、社会救助等职能带来诸多不便，产生成本。但是，为什么可以为了降低行政成本而牺牲用人绩效？主流平等观无法解释。

2. 生育成本分担之争

妇女生育会影响工作能力。根据"效率优先、兼顾公平"的原则，企业人事决策应当只考虑用人绩效；生育成本应当由政府承担，生育保险制度即为一策。最近更有论者建议将产假延长至 3 年，其间由社会保险基金支付生育津贴。[1] 女员工怀孕、

---

[1]　邹乐：《人大代表建议产假延长至 3 年》，载《北京晨报》2014 年 8 月 11 日，第 A12 版。

生育、哺乳期间均不在岗，用人单位无须依《女职工劳动保护特别规定》提供减轻劳动量、调换合适岗位、安排休息、设置育婴室等便利，而这些便利所带来的用人成本与用人绩效是矛盾的。因此，这一方案减轻了女性劳动者工作能力的劣势，顺应了用人单位的绩效追求。然而，即便生育保险能够均摊部分成本，只要女员工休产假，用人单位就需要找人替工，付出招聘或调岗成本；产假期满后复职，用人单位又需要安置替工者。用人单位为什么无权以拒招或解聘女职工来规避这些成本？问题的关键仍然在于：为什么可以为了女职工生育而牺牲用人绩效、违背主流平等观？

3. 职场性骚扰之争

通说认为，性骚扰是性别歧视的一种。《女职工劳动保护特别规定》规定了用人单位预防和制止性骚扰的义务。性骚扰系男员工所为，为何要求用人单位承担注意义务？[1]诚然，男员工实施性骚扰，可能使得被骚扰者情绪低落、工作能力下降。单纯为了绩效考虑，用人单位也应遏制性骚扰。然而如此一来，追究单位责任就须以被骚扰者绩效下降为要件。这不仅很难证明，而且分明将女员工视作纯粹的工作机器。为此，学者将视角从加害人

---

[1] 不履行这种注意义务就构成组织过失，用人单位可能因此承担法律责任。参见班天可：《雇主责任的归责原则与劳动者解放》，载《法学研究》2012年第3期。

转向受害人[1]，主张性骚扰与侮辱、猥亵、强奸妇女等行为一样，都损害了妇女的人格，应受到制裁。这已经超出了"只问绩效、不顾人格"的主流平等观。并且，强奸入罪，侮辱猥亵也至少可以治安处分；而性骚扰并非犯罪，通常也不可治安处分，推论便是性骚扰对人格法益的损害最轻。这会给受害人寻求精神损害赔偿带来困难：性骚扰所致精神损害的赔偿应低于侮辱猥亵的赔偿。对此，受害人可以主张：虽然侮辱猥亵所造成的一次性精神损害更大，但毕竟不常发生，受害人总有时过境迁、甩掉思想包袱的机会。而性骚扰行为正如乙肝歧视一样，几乎是一种遍在。[2] 每一次性骚扰都会提醒受害人无处可逃，这种绝望情绪是侮辱猥亵的受害者很少会有的。然而，这一观点让用人单位承担先前骚扰者乃至整个社会的行为后果，进一步突破了主流平等观。

综上所述，侵权法模式的所有危机——无法论证为了用人绩效而牺牲其他价值，也无法论证为了其他价值而牺牲用人绩效——都迫切需要引入新原则，建立价值权衡标准，而这恰恰是追求单一价值的主流平等观所无法实现的。

---

[1] 美国反歧视法上亦有从"延续歧视者的视角"到"受害人视角"的转变。Alan David Freeman, *Legitimizing Racial Discrimination through Anti-discrimination Law：A Critical Review of Supreme Court Doctrine*, 62 Minn. L. Rev. 1049, 1052-1057（1978）.

[2] 何瑞琪、穗妇宣：《九成女大学生身边有过性骚扰》，载《广州日报》2014 年 6 月 13 日，第 AII2 版。

三、走向宪法模式？

侵权法模式的危机，关键在于主流平等观只追求用人绩效，无法处理用人绩效与其他价值的冲突。这与美国反归类原则的缺陷是一致的。反归类原则在表面上只讲求工具理性，并不亮明价值取向，而费斯鞭辟入里地指出了工具理性所力图掩饰的价值矛盾。掩盖是徒劳的，只会削弱法律对于价值矛盾的调节能力，减损法律的权威。从 20 世纪 30 年代的法律现实主义者批评法律形式主义[1]，到批判法学和当代自由派法学家批评法律过程学派[2]，这一观点可谓一以贯之。

费斯认为，克服反归类原则的缺陷必须具备两个条件：一是树立新的平等观；二是让新的平等观成为中介原则，也即主流的宪法解释，并落实宪法。对于中国而言，解除侵权法模式的危机，需要树立以改善弱势群体地位为价值追求的新平等观。对于牺牲其他价值、保证用人绩效的情形，新平等观能够论证牺牲的正当性，加固主流平等观；而对于牺牲用人绩效，保证其他价值的情形，新平等观同样能够论证牺牲的正当性，克减主流平等

---

[1] 有关文献选编为 William W. Fisher III, Morton J. Horwitz & Thomas A. Reed（eds.）, *American Legal Realism*, New York: Oxford University Press, 1993.

[2] 批判法学对法律过程学派的批评，例如，Morton J. Horwitz, *The Transformation of American Law*, 1870-1960: *The Crisis of Legal Orthodoxy*, New York: Oxford University Press, 1992. 当代自由派法学家对法律过程学派的批评，例如，Robert Post, *Theorizing Disagreement: Reconceiving the Relationship between Law and Politics*, 98 Cal. L. Rev. 1319（2010）.

观。群体的弱势属性越强，为改善其弱势地位而牺牲用人绩效的程度就越深，新平等观对于主流平等观的克减就越重。

费斯展现了新平等观经由宪法实现制度化的诱人前景。新平等观的宪法化，既需要在 1982 年《中华人民共和国宪法》（以下简称《八二宪法》）中寻得依据，又需要说服行宪机关、启动行宪机制。我国宪法文本和实践提供了建立反就业歧视法宪法模式的可能。

（一）新平等观的理念与制度

为了克服侵权法模式的危机，中国反就业歧视法应当从反思主流平等观入手，参考反屈从原则，建立以改善弱势群体地位为价值导向的新平等观。"弱势群体"的概念与费斯的用法基本相当。它首先是"群体"：既可以是基于某种自然属性而生——如乙肝病原携带者、妇女，也可以是基于社会建构而来——如干部、工人，更多的时候则兼具区别于其他人群的自然和社会特质——如进城务工人员。它又居于"弱势"：与其他人群比较，不仅处在较低层级、占有较少资源，而且地位长期得不到改变。任何加重或延续群体弱势地位的人事决策，都违反新平等观，应受反就业歧视法打击。

新平等观信守群体本位，偏一保护弱势群体，追求地位改善，要求矫正人事决策的消极效果。而主流平等观遵从个人主义，对所有人一视同仁，追求用人绩效，要求排除人事决策的无关因素。二者的差异一望可知。不过，在不涉及价值冲突和选择的时候，适用哪种平等观的效果并无区别，二者可以相互替代。毕竟，正如费斯所言，群体与成员的福祉相互依存，如果主流平等观命令改善个人处境，那么对于提高群体地位也会有所裨益。然而，当价值冲突显露出来的时候，就需要同时适用两种平等观。一方面，对于需要为了用人绩效而牺牲其他价值的情形，新平等观能够为牺牲提供依据，从而扫除主流平等观的适用障碍。比如，将歧视的主观要件从故意降低为过失，以及将乙肝病原携带者的陈述义务从可以拒绝陈述降低为可以虚假陈述，都会进一步限制用人自主权，也都可以视作为改善乙肝病原携带者群体的弱势地位而付出的必要代价。另一方面，对于需要为了其他价值而牺牲用人绩效的情形，新平等观同样能够为牺牲提供依据，从而克减主流平等观的适用范围。比如，让用人单位分担生育成本、赔偿因先前歧视和性骚扰所造成的损失，均可视作改善妇女和乙肝病原携带者地位的要求；为了便利行政机关改善妇女地位，即便对妇女最低退休年龄"一刀切"、禁止结合个人情况具体分析，也是值得的。并且，新平等观克减主流平等观的程度根据群体属性而有所区别。费斯就意识到，各群体的弱势程度不同，矫正时应优先改善"特别弱势群体"（specially disadvantaged group）——黑人——的处境。[1] 进一步地，可以将群体依其弱

---

〔1〕 Owen M. Fiss, *Groups and the Equal Protection Clause*, 5 Phil. & Pub. Aff. 107, 155 (1976).

势程度排列成谱系：群体的弱势越严重，往往就需要更大程度地牺牲用人绩效方可改善其地位，则新平等观对于主流平等观的克减就越重。

（二）新平等观的"宪法化"？

新平等观如何落实到制度上，成为中国反就业歧视法的指针，从而建立理念与制度合一的新模式？当费斯提出反屈从原则的时候，他毫不犹豫地诉诸宪法。唯有宪法能够落实反屈从原则的制度改造蓝图。这是因为宪法居于法律体系的顶端，具有最高的法律效力；也是因为宪法文本、修宪和释宪历史等可以支撑反屈从原则作为中介原则的地位。反屈从原则的"宪法化"由此分成两个逻辑步骤：首先要在诸多平等观的竞争中胜出，其次要将反屈从原则输入执行宪法的机器。

费斯的局限性恰恰在于：他既没有充分论证反屈从原则比其他平等观更合乎宪法，也没有说服最高法院，启动美国最重要的行宪机制——宪法裁判。尤其是，他没有讲清为什么可以因为反屈从而牺牲社会整合度、其他群体利益和社会整体福利。对于社会整合度的损失，他认为只是一时的问题，却没有论证如何确定"一时"的长度。比如，纠偏行动何时应当停止，以免矫枉过正？[1]对于其他群体利益的损失，他认为效果上的排斥和主观上

---

[1] 关于矫正时效问题的重要讨论见于 Paul Gewirtz, *Choice in the Transition: School Desegregation and the Corrgctive Ideal*, 86 Colum. L. Rev. 728 (1986).

的公然隔绝不可等量齐观，却忽视了反屈从原则恰恰以结果为导向。[1] 而对于社会整体福利的损失，他认为应将承担损失定为公民义务，却回避了最基本的损益权衡问题。[2]《平等保护条款之群体观》发表后的数十年间，自由派宪法学者致力于加强费斯论证的薄弱环节，但是说服最高法院的努力收效甚微。这当然有说理不足的缘故，也和渐趋保守的最高法院自有价值判断并不那么"讲理"有关。

反屈从原则的美国宪政之旅受挫，"宪法化"是新平等观在中国落地的可行路径吗？宪法模式可能成长为与侵权法模式并立的理念和制度框架吗？答案同样取决于两个条件：新平等观能否在《八二宪法》中找到足够依据，以及能否将新平等观输入我国的行宪机制。对此，谨慎的乐观似乎是最合理的态度。

1. 新平等观的《八二宪法》依据

《劳动法》和《妇女权益保障法》承认《八二宪法》为立法依据，建立了反就业歧视法与《八二宪法》之间的联系。学界寻找反就业歧视法的宪法依据，均以行文类似美国宪法平等保护

---

[1] 一些利益受损的群体即"以其人之道还治其人之身"，主张对黑人的优待构成对自身的反向歧视。参见 Charles A. Sullivan, *Circling Back to the Obvious: The Convergence of Traditional and Reverse Discrimination in Title VII Proof*, 46 Wm. & Mary L. Rev. 1031 (2004).

[2] 由此引发了反歧视法是否有效率之争。参见 John J. Donohue III, *Is Title VII Efficient?*, 134 U. Pa. L. Rev. 1411 (1986)；Richard. A. Posner, *The Efficiency and the Efficacy of Title VII*, 136 U. Pa. L. Rev. 513 (1987)；John J. Donohue III, *Further Thoughts on Employment Discrimination Legislation: A Reply to Judge Posner*, 136 U. Pa. L. Rev. 523 (1987).

条款之故，诉诸《八二宪法》第 33 条第 2 款："中华人民共和国公民在法律面前一律平等。"但是，该款究竟仅适用于法律执行，抑或同样适用于法律制定，学界与实务界观点分歧甚大。其实，《八二宪法》较之美国的优势之一，便是大量明文规定了妇女和劳动问题。寻找新平等观的宪法依据，应当采用体系解释，推究文本内各条款之间的关系。[1]《八二宪法》支持新平等观的内容可分为两个方面：

第一，《八二宪法》在公民权利的普遍保护之外，支持对特定群体的偏一保护。这突出反映在关于妇女群体的规定：《八二宪法》不仅保障妇女"享有同男子平等的权利"，而且特别提出培养和选拔妇女干部、保护母亲、禁止虐待妇女。[2]《劳动法》上偏一保护妇女的条款与《八二宪法》相呼应。偏一保护否定了主流平等观的绝对个人主义和用人绩效导向，为群体本位和地位改善导向的新平等观开辟了空间。

第二，《八二宪法》中突出劳动的政治和社会意义，为新平等观克减主流平等观、超越单纯的经济绩效目标提供了依据。如果将《八二宪法》上的"劳动"等同于"劳动权"，进而等同于《劳动法》所建构的劳动关系中的权利，就陷入了误区。[3] 这种

---

[1]　参见 Adrian Vermeule & Ernest A. Young, *Hercules, Herbert, and Amar: The Trouble with Intratextualism*, 113 Harv. L. Rev. 730 (2000).

[2]　《八二宪法》第 48 条、第 49 条。

[3]　王德志：《论我国宪法劳动权的理论建构》，载《中国法学》2014 年第 3 期。

释宪思路将劳动矮化为劳动契约的标的，不仅为用人单位待价而沽、只论绩效的做法提供了依据，而且剥离了劳动的政治和社会意涵，违背了《八二宪法》的规定。[1] 无论在中国还是美国，宪法视野下的劳动从来都不仅仅是谋生手段。美国宪法精神的开创者主张：工作取酬是公民身份的前提。他们既反对"不劳而获"的贵族，又反对"劳而不获"的奴隶，否定了欧洲的贵族制和奴隶制；他们将工作视为美德和劝诫，否定了基督教将工作视为原罪之罚的消极观点。这种"社会公民身份"（social citizenship）理论虽然没有明文写入宪法，但是被各地移民所接受，成为维系美国共同体的隐性传统，并被视作美国对世界宪政的重要贡献。[2] 而《八二宪法》褒扬劳动，主张劳动光荣，提倡"爱劳动"，不但将参加劳动视作国家伦理，而且明确以劳动为获得公民身份的条件——劳动是公民的义务。[3] 在国家秩序的建构上，劳动纪律如同法律和道德一样不可或缺，发挥支柱作用。[4] 如果为了用人绩效而将劳动者排斥在职场之外，片面追

---

[1] 对《八二宪法》中劳动的政治意涵的开示，参见王旭：《劳动、政治承认与国家伦理——对我国〈宪法〉劳动权规范的一种阐释》，载《中国法学》2010 年第 3 期。

[2] 参见 [美] 莱迪·史珂拉：《美国公民权：寻求接纳》，刘满贵译，上海世纪出版集团 2006 年版。在传统政治日益衰败的当代，职场日益成为公共生活的重心，培养公民美德、维系共同体都有赖于职场内的融合。这使得劳动的社会政治意义更加突出。参见 Cynthia Estlund, *Working Together: How Workplace Bonds Strengthen a Diuerse Democracy*, New York: Oxford University Press, 2003.

[3] 《八二宪法》第 24 条、第 42 条。

[4] 《八二宪法》第 53 条。

求劳动的经济价值而否定其政治和社会价值，不仅会损害劳动者的政治和社会人格，而且会伤及共同体的伦理和秩序基础。此时，引入新平等观、克减主流平等观的做法就获得了正当性。

但是，《八二宪法》又规定了"各尽所能、按劳分配"[1]，这与主流平等观"量能就业"的取向相吻合。由于《八二宪法》的承认，量能就业不再仅仅是劳动契约的原则，而是具备了对于共同体的一般意义。换言之，用人单位以绩效为标准作出人事决策时，不仅促进了自身利益，而且帮助了国家目标的实现。如此一来，该条款与劳动政治社会意义条款之间存在冲突。围绕这个冲突必然发生漫长的宪法对话和解释之争，新平等观能否最终胜出尚且未卜。

2. 新平等观与行宪机制的启动

如果新平等观能够在宪法平等的解释之争中胜出，那么如何将其输入我国的行宪机制，展开广泛的平权改革？答案取决于如何理解行宪机制。受美国影响，行宪机制往往被等同于司法审查。而与美国显著不同的是，法院、包括最高人民法院都不是我国行宪机制的主要部分。[2] 其主要原因大概并不在于法院不愿讨论宪法解释[3]，而在于法院缺乏行宪的机构胜任力（institu-

[1] 《八二宪法》第6条。
[2] 通过激活"违宪审查"来建构反就业歧视法的尝试均遭遇挫折。参见周伟、李成、李昊等编著：《法庭上的宪法：平等、自由与反歧视的公益诉讼》，山东人民出版社2011年版。
[3] 齐玉苓案等反映了法院释宪的强大冲动。

tional competence）。[1] 事实上，机构胜任力也长期困扰美国联邦
最高法院：在理论层面，"九人"的宪法判断凌驾于民选部门，
导致"反多数难题"，威胁人民主权和民主政治[2]；在实践层
面，法官的政治经验和审慎不足，判决引发严重政治后果，如
Dred Scott 案成为内战导火线、Plessy 案导致种族隔离、Lochner
案阻碍进步主义改革。[3] 平等问题牵涉广泛、矛盾交织，如何
解决会影响到社会转型的方向和进程，内战的血腥、民权运动的
动荡就是明证。兹事体大，即便美国学者都不主张全权交给法院
处置，而是提出加强立法和行政部门的决策，发挥行宪的协作优
势。此即所谓"部门宪政主义"观点。[4] 可是，全国人大和国
务院虽然远比法院有行宪能力，但是长期缺乏讨论宪法解释的意
愿。[5] 中国的现状不仅与"司法中心主义"的行宪理念[6]不

---

〔1〕 "机构胜任力"的观念兴起于20世纪初叶的美国公法思想，并为后来的法律过程学派等所
继承和发展。William N. Eskridge, Jr. & Philip P. Frickey, *An Historical and Critical Inteoduction to* The Legal Process, in Henry M. Hart Jr. & Albert M. Sacks, *The Legal Process: Basic Problems in the Making and Application of Law*, Westbury: Foundation Press, 1994.

〔2〕 Alexander M. Bickel, *The Least Dangerous Branch: The Supreme Coourt at the Bar of Politics*, Binghamton: Vail-Ballou Press, 1986.

〔3〕 参见 Jamal S. Greene, *The Anticanon*, 125 Harv. L. Rev. 379 (2011).

〔4〕 强调立法部门行宪角色的：如 William N. Eskridge & John Ferejohn, *A Republic of Statues: The New American Constitution* New Haven: Yale University Press, 2010；强调行政部门行宪角色的：如 Sophia Z. Lee, *Race, Sex, and Rulemaking: Administrative Constitutionalism and the Workplace, 1960 to the Present*, 96 Va. L. Rev. 799 (2010).

〔5〕 唯一的例外可能是全国人大对准宪法——香港基本法的活跃解释。

〔6〕 对中美法学界司法中心主义行宪理念的批评，参见田雷：《重新发现宪法——我们所追求的宪法理论》，载强世功主编：《政治与法律评论（2010年卷）》，北京大学出版社2010年版。

合，也与"部门宪政主义"理念不合。行宪机制的启动似乎无解，新平等观的落实似乎无望。

然而，行宪不是国家的禁脔。行宪机制应当，且已经包括民众。随着宪法的深入人心，《八二宪法》在公共讨论中的能见度明显提高。越来越多的群体将诉求论证为《八二宪法》的要求，期望凭借《八二宪法》的最高政治和法律效力加以实现[1]。宪法诉求虽然法律意义微弱，但是由于民众支持，其所包含的政治和道德力量日增，往往促使国家作出回应[2]。正是在国家与民众之间诉求—回应的不断循环中，宪法的意涵得以开示和更新。如果新平等观能够进入这一循环，未尝没有获得国家支持的机会。反就业歧视法的宪法模式就有了可能。

同时包容官民双方的行宪机制并非空想。即使在司法审查传统深厚的美国，民众在行宪机制中也不曾缺席。动员起来的民众或者通过压倒多数的选举彰显力量，唤起各个国家机关的响应，协力缔造行宪的"宪法时刻"[3]；或者在最高法院大法官遴选之争中展现意志，促使总统和国会服从民意，改变最高法院的阵型

---

[1] 近年的"物权法违宪之争"和"异地高考之争"都是例证。
[2] 学者将民众影响下的行宪概括为"公民行宪"。参见张千帆：《宪法实施靠谁？——论公民行宪的主体地位》，载《比较法研究》2014年第4期。
[3] Bruce Ackerman, *We the People*, *Volume 3*: *The Civil Rights Revolution*, Cambridge: The Belknap Press of Harvard University Press, 2014.

和版图，将宪法审查引向民众欲求的方向。[1] 更重要的是，美国民众发起许多绵延多年的社会运动，通过同一主题的连串案例和事件，与各个行宪机关不断沟通，锲而不舍地渗透和改造它们对于宪法意涵的认知，并最终落实在立法、判例和行政决策中。[2] 这可称作行宪的"宪法对话"模式。如果说，中国并没有"宪法时刻"这样一举而定乾坤的机遇，那么，至少"宪法对话"这样润物无声、滴水穿石的路径，对于中国并非完全的奢侈品。

宪法对话是实现新平等观的行宪机制。它的运转取决于两个条件：一是社会动员，将新平等观阐释为《八二宪法》的愿景，将民众集合在《八二宪法》的旗帜下；二是官民互动，推动民众与政府的相互交流、学习、磨合和妥协，让《八二宪法》成为公共讨论的文法，让新平等观成为公共生活的议题，潜移默化地进入法治体系。宪法对话需要宪法的阐释者，需要民众的组织者，需要立法和行政规则制定中的公众参与，需要政协和其他机关的协商民主，需要舆论监督，需要理性讨论，需要开放的治道，以及最重要的——需要耐心。对于中国反就业歧视法来说，上一个时代那样高歌猛进的时代已然结束。下一个时代会是怎

---

〔1〕 Jack M. Balkin & Sanford Levinson, *Understanding the Constitutional Revolution*, 87 Va. L. Rev. 1045 (2001).

〔2〕 Reva B. Siegel, *Constitutional Culture, Social Movement Conflict and Constitutional Change: The Case of the de facto ERA*, 94 Cal. L. Rev. 1323 (2006).

样？最可能的答案是：通过宪法对话，落实新平等观，建立中国反就业歧视法的宪法模式。

结　语

"中国需要持续的平权改革"[1]——这是中国反就业歧视法研究者和行动者的共识。从乙肝平权运动起算，改革已经走过了十余年历程。随着平权运动的不断展开和深入，其内部张力越发显著。越来越多的行为被主张成歧视，越来越多的人群要求平等保护，越来越多的主体参与平等观的塑造。矛盾、断裂乃至冲突，而非融贯、连续以及和谐，日益成为这场运动带给研究者的主要观感。矛盾来自"平权"的"持续"：时间的推移展拓平等的疆土，不但令其边界愈发模糊，而且使得核心与边缘、本质与外延之间的联系趋于松散——平等碎片化了，改革随之碎片化。碎片化损害了改革的道德力量，也阻碍了改革的思想和组织动员。碎片化还削弱了平等作为共同体价值基础的凝聚力，并模糊了平等作为宪法愿景的感召力。时间是每一个伟大共同体和伟大理想的天敌。

对于中国反就业歧视法来说，时间在十多年前重新开始。后

---

[1]　戴志勇：《中国需要持续的平权改革》，载《南方周末》2011年7月21日，第E31版。

来者的使命，便是努力开掘和建构法律内部的融贯性，用反就业歧视法的一般理论来不断整合平等观，不断凝聚改革共识。在美国最高法院渐趋保守、平等观走向分裂的时代，费斯提出反屈从原则，为民权运动的重新出发鼓呼。在中国反就业歧视法的侵权法模式面临危机的今天，探索反就业歧视法的一般理论，是继承先行者志业的最好方式。

第二章　旧与新：平等规范的生成逻辑

导　论

当代中国反就业歧视法起源于 1994 年。是年颁布的《劳动法》第一次明确了劳动者享有平等就业权，并相应禁止就业歧视。多年来，主流学界对《劳动法》反歧视规范的看法以批评为主，认为其没有突出平等就业的重要地位，不仅没有界定就业歧视的内涵，而且所列举的歧视理由过分狭窄、封闭，更没有设置诉讼、劳动监察等救济歧视受害者的法律途径，因而实施效果不彰。[1] 相形之下，2007 年颁布的《就业促进法》设专章规定"公平就业"，增列携带传染病病原等重要歧视理由，并赋予歧视受害者以诉权，与《劳动法》可谓霄壤之别。照此说来，《劳

---

〔1〕 对主流学界看法的整理，参见朱懂理：《促进就业与反歧视研究综述》，载《中国劳动》2004 年第 2 期。

动法》反歧视规范的制度价值几乎为零，其意义基本限于权利宣示，而《就业促进法》才开启了权利向现实转化的进程。如果要书写中国当代反就业歧视法的历史，作为起点的《劳动法》几可忽略不计，抑或仅作为《就业促进法》的反面而提及——事实果真如此吗？

本章尝试对上述问题作出新的解答。通过梳理《劳动法》出台前后的法治实践，本章将重新开掘《劳动法》反歧视规范的历史和现实意义，并进而重新审视中国反就业歧视法在当代的发展脉络。在笔者看来，《劳动法》已经提出了反就业歧视法的三个基本问题——什么是歧视、为什么反歧视及如何反歧视，不仅作出了大体符合当时条件的应对，更开辟了以制度规范回应社会需求的道路，确立了反就业歧视法的规范生成逻辑。此后，中国反就业歧视法不断回应社会变迁，调整和完善对基本问题的回答，而《劳动法》所确立的规范生成逻辑则贯穿始终。这一发展脉络越清晰，对继承《劳动法》"遗产"的要求就越迫切。

第一节　什么是歧视？——反就业歧视法调控对象的起源

一、就业歧视的内涵界定与《劳动法》

法律概念的界定包括内涵和外延两个方面。《劳动法》常被诉病为没有明确定义就业歧视的内涵，这一问题甚至延续到《就业促进法》之中。其实，《劳动法》第 13 条已经定义了就业性别歧视行为，即"以性别为由拒绝录用妇女或者提高对妇女的录用标准"。作为参照，学界推崇的国际劳工组织《1958 年消除就业和职业歧视公约》（第 111 号公约）将歧视定义为"基于种族、肤色、性别、宗教、政治见解、民族血统或社会出身的任何区别、排斥或优待"[1]；美国反就业歧视最重要的成文法——《1964 年民权法》第七章将歧视定义为"由于个人的种族、肤色、宗教信仰、性别或民族出身而舍弃、拒绝雇佣或解雇该人"[2] 不难看出，三个法律文件定义就业歧视的方式是一致的，均包含三个要素：一是劳动者具有某些个人特质；二是用人单位实施了诸如拒录、解雇或区别、优待等行为；三是行为与特质之间存在关联，即行为是基于劳动者的特质而作出的。事实上，第 111 号公约的歧视定义方式获得国际公认，也被后来的《消除一切形式种族歧视的国际公约》《消除对妇女一切形式歧视公约》等人权公约所效仿[3]；《就业促进法》也继承了歧视的三要素界定法，不仅重申了《劳动法》第 13 条的内容（第 27

---

〔1〕 根据公约英文正本翻译，参见国际劳工组织数据库。

〔2〕 42 U. S. C. §2000e-2（a）（1）. 译文参见阎天编译：《反就业歧视法国际前沿读本》，北京大学出版社 2009 年版。

〔3〕 Henrik Karl Nielsen, *The Concept of Discrimination in ILO Convention No.* 111, 43 Int' l & Comp. L. Q. 827, 830（1994）.

条），还以相同方式将对传染病病原携带者的歧视定义为"以是传染病病原携带者为由拒绝录用"（第 30 条）。可见，《劳动法》对歧视内涵的界定方式与发达国家并无明显差距，因此至今沿用。

当然，《劳动法》的就业歧视定义对审判实践的指引并不充分。特别是三要素中的"关联性"要素含义不清，这在美国也不例外。美国国会将这一问题留给司法者，而联邦最高法院是从证据制度角度作出回应的：其一，关于证明对象，"关联性"被等同于主观上的意图（intention）。其二，关于证明高度，要求原告遵守民事诉讼的一般原则，以优势证据证明关联的存在。其三，关于举证责任分配，要求原告承担说服责任，而推进责任则多次转移：首先由原告以若干证据初步证明歧视存在，即建立"歧视的假设"（presumption of discrimination）；其次由被告提出争议行为"正当的、非歧视的理由"；最后由原告举证被告的说法只是"借口"，并不真实，完成此步骤即可证明关联及歧视存在，亦即推进责任与说服责任融合在一起。上述回应被认为建立了所谓"差别对待"（disparate treatment）歧视类型[1]，在欧洲多被称为"直接歧视"（direct discrimination），占就业歧视诉讼

---

[1] 差别对待歧视理论的奠基判例包括 McDonnell Douglas Corp. vs. Green（427 U. S. 273）、Texas Department of Community Affairs vs. Burdine（450 U. S. 248）等。对该理论的扼要介绍，参见 George Rutherglen, *Employment Discrimination Law: Visions of Equality in Theory and Doctrine*（3rd ed.）, Foundation Press, New York, 2010.

的绝大部分。[1] 在法院释法权限相对于美国被严重抑制的情况下，我国有学者建议将类似司法经验吸收到未来立法中[2]，不失为一策；但司法经验同样建立在立法的三要素界定方式之上，不应以司法建构的不足来否定《劳动法》立法本身的合理性。

二、就业歧视的外延界定与《劳动法》

对《劳动法》的指责不仅来自歧视内涵的界定，而且来自歧视外延的界定。诚然，以现时标准视之，《劳动法》反歧视规定所保护的劳动者个人特质较少（仅有四个）；所针对的用人单位的行为也局限在招录阶段，至少没有诸如"区别、排斥或优待"之类的抽象用语涵盖面广；对"关联性"的含义保持沉默，至少没有如学者期望的那样效法英国等做法，明确"关联性"应以客观标准判断，毋庸考虑歧视者的主观状态，从而引入主观无过错、客观有损害的所谓"间接歧视"（indirect discrimination）类型。[3] 但是，对法律规范的评价不能脱离语境，应当

---

[1] 关于美国就业歧视诉讼案的类型构成，参见 John J. Donohue III & Peter Siegelman, *The Changing Nature of Employment Discrimination*, 43 Stan. L. Rev. 983, 1015-1021 (1991).

[2] 例如，蔡定剑教授生前主持拟定的《反就业歧视法专家建议稿》第 44 条、周伟教授主持拟定的《中华人民共和国反歧视法学术建议稿》第 66 条第 1 款。参见蔡定剑、刘小楠主编：《反就业歧视法专家建议稿及海外经验》，社会科学文献出版社 2010 年版。周伟：《中华人民共和国反歧视法学术建议稿》，载《河北法学》2007 年第 6 期。

[3] 例如，谢增毅：《美英两国就业歧视构成要件比较——兼论反就业歧视法发展趋势及我国立法选择》，载《中外法学》2008 年第 4 期。间接歧视大致相当于美国的"差别影响"歧视类型。

"设身处地地、历史地"进行[1]，《劳动法》也不例外。如果还原《劳动法》的立法背景，就会发现其对就业歧视外延界定的合理性：

第一，关于法律所保护的劳动者个人特质，论者多批评《劳动法》第 12 条的封闭式列举模式，主张在"民族、种族、性别、宗教信仰"四种明示列举特质之后加"等"字，改为开放式列举模式。[2]《就业促进法》第 3 条第 2 款采纳了这种主张，但这样做究竟是否妥当？第 111 号公约和美国《1964 年民权法》第七章均采取了封闭式列举模式[3]，与《劳动法》相同。这不是偶然现象，而是出自法律现实主义的考量。其一，法律资源并非无限，为求得有限资源的最大社会效果，必须分清主次，集中力量打击危害最严重、民众呼声最高的歧视类型，而不能搞"敞开大门""多多益善"。《1964 年民权法》第七章就是以种族歧视为首要打击对象的：虽然该法列举了种族和性别等五种受保护特质[4]，但联邦最高法院最初集中阐释种族歧视，此后才逐步将重点转向性别歧视，解决怀孕、性骚扰等是否属于性别歧视等一

---

〔1〕 苏力：《也许正在发生：转型中国的法学》，法律出版社 2004 年版。

〔2〕 参见朱懂理：《促进就业与反歧视研究综述》，载《中国劳动》2004 年第 2 期。

〔3〕 论者多以为第 111 号公约采用了开放式列举模式，实系误译所致。该误译很可能源自国际劳工组织北京局编：《国际劳工公约和建议书 1919—1993（第一卷）》，国际劳工组织北京局 1994 年版。我国批准该公约后，《中国劳动保障报》曾刊出该局译文，致使讹错流传至今，见该报 2005 年 10 月 1 日第 2 版。

〔4〕 这五种特质是民族出身（national origin，亦有"国族出身"之义）、种族、肤色、性别和宗教，几乎与《劳动法》所列举的四种特质完全吻合。

系列重大问题。其二，法律不应、也不可能要求用人单位摒弃一切与生产力无关的考量因素。许多歧视的社会危害性远不及种族或性别歧视，法律为此干预用人单位用人自主权的理由并不充分。可以设想，如果雇主因为有私人恩怨而拒绝录用某位资质合格的求职者，而法律连这个都要过问乃至禁止，那么法律不仅难以得到公众支持，而且会不堪重负。总之，改变《劳动法》的封闭列举模式，需要更多的论据来支持。

　　反观《劳动法》第 12 条所规定的四种受保护特质，均有《宪法》、人大立法和国际公约作为基础。其中只对性别歧视以专门条文加以阐释（第 13 条），可见性别歧视是打击重点。这也符合当时就业歧视的社会现状：现今占据反就业歧视法主角位置的"乙肝歧视"，《劳动法》立法时表现尚不突出，至少乙肝病原携带者的权利意识尚未觉醒；党中央刚刚提出"鼓励和引导农村剩余劳动力逐步向非农产业转移和地区间的有序流动"，[1]"农民工"在全国范围内还是新鲜事物，尚谈不到"农民工身份歧视"——直到《就业促进法》才作出了有关规定。

　　第二，关于法律所针对的用人单位行为，论者多推崇第 111 号公约的概括——"区别、排斥或优待"。如今可查的、学界最

───────────────

〔1〕《中共中央关于建立社会主义市场经济体制若干问题的决定》第 13 条，中国共产党第十四届中央委员会第三次全体会议 1993 年 11 月 14 日通过。

早的反就业歧视立法构想即照搬这三个词[1]，十多年后学者仍持类同观点。[2] 但是，这三个词不但含义不清，而且关系成疑。有论者认为，"区别"是中性的，而"排斥"与"优待"则互补，对一个群体的排斥就意味着对其他群体的优待。照此说来，只要能证明系争行为符合三者之一，即可认定歧视存在。然而，国际劳工组织的条约实施监督机构并不这样认为，有时要求系争行为必须同时满足三个词的含义，有时则径行判定歧视存在与否。[3] 让我国政府将如此陌生而有争议的术语移植到立法之中，显然并不实际。相形之下，《劳动法》所列举的"拒绝录用或提高录用标准"行为，至少含义清楚，便于执法部门理解，这与美国《1964 年民权法》第七章所使用的"拒绝雇佣或解雇"一语可谓异曲同工。当然，《劳动法》将求职阶段以外的歧视行为排除出调控范围，与国际通例不符，学界对此的批评是中肯的。

第三，关于"关联性"要素是否采取客观标准，论者多认为美国法之主观标准在保护劳动者方面差于以英国法为代表的客观标准，并主张中国立法明确采纳后者。[4] 从表面上看，美国

---

〔1〕 石美遐：《劳动法律体系的新构想》，载《中国劳动科学》1996 年第 7 期。
〔2〕 蔡定剑教授生前主持拟定的《反就业歧视法专家建议稿》第 2 条第 1 款。参见蔡定剑、刘小楠主编：《反就业歧视法专家建议稿及海外经验》，社会科学文献出版社 2010 年版。
〔3〕 Henrik Karl Nielsen, *The Concept of Discrimination in ILO Convention No. 111*, 43 Int'l & Comp. L. Q. 827, 830 (1994).
〔4〕 例如，谢增毅：《美英两国就业歧视构成要件比较——兼论反就业歧视法发展趋势及我国立法选择》，载《中外法学》2008 年第 4 期。

的差别对待歧视要求证明歧视的意图，而主观状态一般也的确不如客观事实容易证明。但是，如果细致考察美国法的演进，就会发现主观状态的证明难度在持续下降：其一，虽然立法和司法都使用"intention"一词描述歧视的主观状态，但也强调要和侵权法上的"故意"概念区别开。侵权法上的故意不仅是指行为的故意，而且是对损害结果的故意；而反就业歧视法上至少不要求歧视者对损害结果存有故意，因此学者认为更宜表述为动机（motivation）。[1] 其二，虽然证明对象是主观状态，但允许使用间接证据，通过客观事实形成证据链来证明歧视的存在。这样，即便用人单位没有直接的歧视性言词，劳动者仍然可以获胜。其三，虽然说服责任始终归于原告，但推进责任很容易转移给被告：只要原告初步证明歧视存在[2]，被告就必须进行辩解，给出非歧视性的理由，比如原告缺乏职业资质等。而反驳被告的辩解要比证明被告的故意容易很多。形象地说，在"资强劳弱"的格局下，推进责任转移制度不再要求劳动者主动出招击败对

---

〔1〕 Steven J. Kaminshine, *Disparate Treatment as a Theory of Discrimination*: *The Need for a Restatement Not a Revolution*, 2 Stan. J. Civ. Rts. & Civ. Liberties 1, 16-17（2006）. 实际上，《1964年民权法》在1991年修正时，使用了"激发因素"（motivating factor）这个明显向动机靠拢的概念来表达歧视者的主观状态。参见 42 U. S. C. §2000e-2（m）.

〔2〕 原告要初步证明歧视存在即建立表面证据确凿案件（prima facie case），一般需要证明："（i）他属于某个种族少数群体；（ii）他申请了某个雇主正在寻求求职者的岗位，并且符合工作要求；（iii）尽管他的资质合格，他仍被拒绝了；且（iv）在拒绝他以后，岗位继续开放，雇主继续寻找具有原告资质的求职者。"根据案情不同，上述条件可以变通。参见 McDonnell Douglas Corp. V. Green, 411 U. S. 792（1973）. 对于原告来说，这一证明的难度并不大。

手，而只要求劳动者能够接住对方一招即可获胜。其四，虽然原告要反驳被告的辩解只是借口，但并不需要证明借口所掩盖的是歧视。换言之，只要证明被告在撒谎，那么不论撒谎的动机如何，都会认定歧视存在。[1] 通过这些制度安排，虽然美国法仍然坚守主观标准，但实践证明难度乃至证明步骤等和英国已经差别不大。已有美国学者注意到这一点[2]，进而指出：美国法所要求的劳动者受保护特质与用人单位行为之间的"关联性"，也符合必要因果关系的条件，即所谓"要不是"（but-for）标准[3]，而后者正是我国学者所主张引入的英国做法。[4]

总之，《劳动法》对就业歧视内涵和外延的界定基本符合国际通例，也具有语境的合理性，不应一概否定。

第二节　为什么反歧视?——反就业歧视法调控依据的起源

改革开放之初，平等就业权的对立面是阶级压迫，就业歧视

---

[1] 联邦最高法院在借口的证明上几经反复，但目前认为只要证明被告撒谎就应足以判定原告获胜。见 Reeves vs. Sanderson Plumbing Products, Inc., 530 U. S. 133（2000）.

[2] Shari Engels, *Problems of Proof in Employment Discrimination：The Need for a Clearer Definition of Standards in the United States and the United Kingdom*, 15 Comp. Lab. L. J. 340, 343（1994）；Gerald P. McGinley, *Judicial Approaches to Sex Discrimination in the United States and the United-Kingdom-A Comparative Study*, 49 Mod. L. Rev. 413, 421（1986）.

[3] Steven J. Kaminshine, *Disparate Treatment as a Theory of Discrimination：The Need for a Restatement Not a Revolution*, 2 Stan. J. Civ. Rts. & Civ. Liberties 1, 16-17（2006）.

[4] 例如，谢增毅：《美英两国就业歧视构成要件比较——兼论反就业歧视法发展趋势及我国立法选择》，载《中外法学》2008 年第 4 期。

被看作阶级冲突，反就业歧视法的调控依据（justification）是阶级专政的需要。[1] 如今，平等就业权的对立面是用人单位的用人自主权，就业歧视被看作权利冲突，反就业歧视法的调控依据是权利协调的需要。[2] 这一转变是通过《劳动法》出台前后的法治实践完成的。

一、"两权对立"格局的奠定与《劳动法》

从阶级观点到权利观点的转变，对于中国反就业歧视法的当代兴起具有关键意义。因为，《八二宪法》宣告"生产资料私有制的社会主义改造已经完成，人剥削人的制度已经消灭"，如果仍然认为就业歧视是阶级剥削和压迫的产物，就会逻辑地导出就业歧视已经不复存在的结论，反就业歧视法也就从根本上失去了存在的依据。《劳动法》出台前后的法治实践确立了用人自主权，并将平等就业权推广到全部劳动者，从而奠定了"两权对立"的基本格局。

《劳动法》出台的基本背景是劳动体制改革的全面铺开。[3] 早在起始阶段，劳动体制改革就被赋予了市场化的本质："以培

---

[1]　国内第一本统编劳动法教材就认为，劳动中的性别和民族歧视都是私有制和剥削制度的产物。参见关怀主编：《劳动法学》，群众出版社 1983 年版。

[2]　不少著述即从用人自主权和平等就业权的关系角度立论。例如，郝红梅：《企业自治权与就业者权利保护》，载《新视野》2011 年第 2 期；阎天：《就业歧视界定新论》，载姜明安主编：《行政法论丛（第 11 卷）》，法律出版社 2008 年版。

[3]　这一改革始自 1993 年，见《中共中央关于建立社会主义市场经济体制若干问题的决定》。

育和发展劳动力市场为中心""市场机制在劳动力资源开发利用和配置中起基础性作用。"〔1〕什么是"市场化"？从就业方面来说，政府认为主要问题在于"国有企业还没有完全实现自主用人"，而当时已经起步的改革"扩大了企业用人自主权和劳动者择业自主权"，未来方向则是"通过市场实现充分就业和劳动力合理流动"〔2〕可见，用人单位和劳动者的"双向选择、合理流动"，特别是企业用人自主权，被标定为市场化的主要内容。改革走向市场，市场要求自主。至此，"劳动体制改革—市场化—用人自主权"的逻辑链条，占据了劳动法起草之际主流话语的地位。时任劳动部部长在向全国人大常委会作起草说明时，明确将"市场经济体制要求以市场作为劳动力资源配置的基础性手段"作为立法必要性的核心依据。〔3〕

在上述立法背景下，《劳动法》虽然未直接使用"用人自主权"的术语，但在事实上以用人自主权的保障为核心来构建就业制度，从而使用人自主权成为一项重要的"默示权利"。一方面，《劳动法》将劳动合同确定为建立劳动关系的基本途径（第16条），而将"平等自愿、协商一致"的原则引入劳动合同（第17条），给劳动关系打上了私法自治的鲜明底色。同时，允许用

---

〔1〕《劳动部关于建立社会主义市场经济体制时期劳动体制改革总体设想》。
〔2〕《劳动部关于建立社会主义市场经济体制时期劳动体制改革总体设想》。
〔3〕李伯勇：《关于〈中华人民共和国劳动法（草案）〉的说明》，载王建新主编：《中国劳动年鉴（1992~1994）》，中国劳动出版社1996年版。

人单位自主决定工资问题（第 47 条）、允许劳资双方通过协商即可解除劳动合同（第 24 条）等规定，均在法律上否定了先前计划用工、国家统配、"能进不能出"等非市场的就业制度，而这些制度正是与用人自主权相抵触的。虽然诸如工时、休假和劳动保护方面的强制规范让《劳动法》同样染上了浓厚的公法色彩，但不可否认，这些强制规范均被视为私法自治的例外，属于对用人自主权的限制，而不是颠倒过来，以强制为主而以自治为例外。由此，《劳动法》在事实上确立了用人自主权及其在劳动关系中的主导地位。

另一方面，早在《劳动法》出台之前，《妇女权益保障法》《民族区域自治法》等分别承认了妇女、少数民族群体的平等劳动权利。《劳动法》将这些权利统一命名为"平等就业权"，并推广到全体劳动者（第 3 条），从而正式建立了用人自主权与平等就业权"两权对立"的格局。

二、"两权协调"路径的探索与《劳动法》

在《劳动法》出台前后，学界已经认识到：用人自主权的滥用会损害就业平等[1]，法律对平等就业权的规定必然会限制用人自主权。那么，究竟在多大程度上为了就业平等而牺牲用人

---

[1] 莫荣：《促进就业的法律武器——对〈劳动法〉第二章的理解》，载《中国劳动科学》1994 年第 10 期。

自主是正当的？换言之，如何既维护平等就业权，又尽量减少对用人自主权的限制，从而实现"两权协调"？在《劳动法》确立"两权对立"格局之后，如何回答上述问题，就成为寻找反就业歧视法调控依据的关键。

对此，原劳动部在《劳动法》出台后，提出了将平等就业和择优录用联系起来的思路，即平等就业要求用人单位只考虑求职者的资质优劣，同等资质的求职者应获得同等的就业机会，亦即"择优录用"。"择优"是对用人单位录用决策过程的"纯化"，也构成对用人自主权的限制。"择优"也是平等的应有之义，以"择优"来限制用人自主权是正当的。1994 年 8 月 31日，原劳动部下发《贯彻〈劳动法〉的依据和需立法的项目》，将国务院 1986 年颁行的《国营企业招用工人暂行规定》（已失效）作为《劳动法》反歧视规范（第 12 条、第 13 条）的"执行依据"。《国营企业招用工人暂行规定》通篇未提"平等"或"歧视"，而是强调企业招工必须"择优录用"。"择优录用"具体是指该暂行规定第 7 条的规定："企业招用工人，实行德智体全面考核，其考核内容和标准，可以根据生产、工作需要有所侧重。招用学徒工人，侧重文化考核；直接招用技术工人，侧重专业知识技能考核；招用繁重体力劳动工人，侧重身体条件考核。"

原劳动部既然要求以"择优录用"来执行《劳动法》的反歧视规范，就承认了"择优录用"与歧视相对，而与平等相符。

这种以"择优"来解释"平等"的做法，与美国联邦最高法院不谋而合。在 Griggs v. Duke Power Co. 一案中，最高法院这样阐释国会制定《1964 年民权法》第七章的立法意图："国会绝没有蔑视工作资质，而是让这些资质居于统治地位，从而将种族、宗教、民族和性别因素排除出去""试金石是运营需要。"[1]亦即，法律所保护的平等，就是劳动者资质与企业运营需要的准确对接，排除歧视性因素导致的误差。无论中国还是美国，在就业歧视诉讼中，求职者是否具有岗位所需资质往往成为庭辩焦点：一旦原告证明自己的确符合资质却未被录取，被告就几乎必然面对败诉的命运。

值得讨论的是：企业为了取得市场竞争的优势，会自发地选择同等价格下资质最佳的劳动者，那些"择差录取"的企业会被市场自行淘汰。那么，如果平等的全部要求不过是择优录用，只消依靠市场的力量就能实现，为何还要以法律干预企业的用人自主权呢？这是对反就业歧视法调控依据的进一步追问。早先的歧视经济学曾认为：反就业歧视法是不必要的，只要保障企业用人自主权，市场就可以自发治愈歧视这种社会病。[2]然而，这种看法忽视了劳动力市场并不具有完全竞争性，自发的优胜劣汰

---

[1] Griggs v. Duke Power Co. , 401 U. S. 424 (1971) .
[2] 这种观点在法学界的代表，如 Richard A. Epstein, *Forbidden Grounds: the Case against Employment Discrimination Laws*, Harvard University Press, Cambridge, 1992.

机制存在缺陷，企业因而缺乏足够的激励去寻找资质最优的劳动者[1]《劳动法》出台之际，我国刚刚开始培育劳动力市场，诸如"内部招工""子女顶替"等用工实践将劳动力市场切割得四分五裂。统一的劳动力市场尚不存在，更谈不上利用市场竞争去引导企业。在这个背景下，国家以法律手段代替市场来引导企业，可谓正当其时。

第三节　如何反歧视？——反就业歧视法调控手段的起源

《劳动法》反歧视规范最为薄弱之处，当属调控手段部分。如果将司法、行政执法等法律手段视作法律调控手段的主体，那么《劳动法》及相关法律法规的缺陷就暴露无遗：第一，关于仲裁和诉讼手段，劳动仲裁和诉讼都以纠纷属于"劳动争议"为前提，而《劳动法》恰恰没有明确将就业歧视纠纷纳入劳动争议。事实上，《劳动法》并未定义劳动争议的范围，而下位规范、1993 年先行颁布的《企业劳动争议处理条例》将就业歧视纠纷排除在劳动争议之外，只留下一条狭窄的出路：今后可以通过法律、法规扩大劳动争议的范围（第 2 条）。并且，《劳动法》没有规定就业歧视的民事责任，即便法院受理，也无法判给歧视

---

[1] See generally John J. Donohue III, *Employment Discrimination Law in Perspective*: *Three Concepts of Equality*, 92 Mich. L. Rev. 2583 (1994).

受害者任何救济。因此，《劳动法》及相关规范堵绝了就业歧视纠纷的仲裁和诉讼之路。

第二，关于行政执法手段，《劳动法》授权劳动行政部门查处一切劳动违法行为，可以要求用人单位停止违法并改正（第85条）；先行制定的《劳动监察规定》也明确将"单位招聘职工的行为"列为监察内容（第8条）。但是，实践中对就业歧视进行劳动监察的案例极少。究其原因，《劳动法》对歧视定义不清，令劳动监察部门难以操作；即便勉强执法，一旦执法对象发起行政诉讼，劳动监察部门也将面临证据规则缺失的窘境[1]，不如不作为以规避诉讼风险。并且，《劳动法》允许施加给歧视者的行政责任过于轻微，公认较为有力的罚款手段仅限于用人单位的规章制度违法的情形（第89条），而公然在规章制度中明文歧视的企业终究不多。此外，《劳动法》还赋予其他政府部门和工会"监督"用人单位守法的权利（第87条、第88条），但监督权含义为何、效力如何，不仅法无明文规定，下位规范亦未解释，规范效果几可忽略不计。

总之，《劳动法》为就业歧视设定的法律调控手段相当薄弱，此为学者共识。然而，法律调控手段为什么缺位？难道就如

---

[1] 《就业促进法》未规定就业歧视应受到劳动监察，正是考虑到这个因素。

学者所暗示的，当时的立法者不了解国际经验、不知"法"?[1]
事实上，早在20世纪80年代后期，学者公认的集国际经验大成
的第111号公约就已经被介绍到中国[2]，立法者不可能不知。
本章认为，法律调控手段的缺失，主要是因为立法者将遏制就业
歧视的希望更多寄托在一套旧有的调控手段上。以性别歧视为
例，与法律调控手段相比，这套旧机制的特征有三：

第一，旧机制强调消除歧视的经济根源，认为遏制性别歧视
的根本之策在于打破不合理的生产分工，即所谓"男主外、女主
内"；主张通过国家和用人单位兴办公共食堂、托儿所等福利机
构，实现家务劳动社会化，将妇女从家庭负担中解放出来，走上
工作岗位。[3] 这是法律调控手段很少涉及的。

第二，旧机制强调消除歧视的思想根源，认为遏制性别歧视
主要靠宣传政策和法律、加强批评教育。[4] 法律调控手段则更
注重评价歧视的行为，通过设定法律责任惩罚歧视者、救济受

---

[1] 典型者如许多将《劳动法》与第111号公约进行对比并加以批评的研究。其中较早者，见
　　王昌硕：《消除就业与职业歧视——建议批准国际劳工组织第111号公约》，载《中国改
　　革》1999年第6期。
[2] 任扶善：《略论国际劳动立法的性质和作用》，载《中国工运学院学报》1987年第3期。
[3] 即使在政府已经开始从社会福利领域大幅撤出的时代，全国妇联仍强调："应该看到，随
　　着生产的发展，绝大部分家务劳动将逐步朝着社会化的方向发展。"参见康克清：《奋发自
　　强，开创妇女运动新局面——在中国妇女第五次全国代表大会上的工作报告（一九八三年
　　九月二日）》，载《人民日报》1983年9月14日，第2版。
[4] 例如，全国妇联曾主张，"对于重男轻女的错误言行，我们要加强思想教育，主要运用批
　　评和自我批评的方法来解决"；为了保护妇女权益，"还要做大量的建设性工作"——主
　　要就是"宣传教育"。

害者。

第三，旧机制主要依靠单位内部处理来解决就业歧视纠纷，辅以上级命令，并注重发挥妇联的斡旋作用。例如，1992 年《妇女权益保障法》就设专条规定了歧视者"所在单位或者上级机关"有"责令改正""给予行政处分"的职权（第 50 条）。而法律调控手段则更多依靠法院、劳动仲裁机构等中立第三方来解决纠纷，并将执法权限赋予专业执法部门——劳动监察机构。

应当看到，旧机制的上述特征均依附于计划经济体制，而在向市场经济转型过程中必然面临失灵的命运。其一，关于家务劳动社会化，市场经济要求家政服务的供求由市场来调控，不能再单纯依赖政府财政和企业的投入，这导致传统的公共食堂、托儿所、养老院等面临"断奶"的困境。其二，关于思想教育和宣传，市场化令传统的单位制日趋瓦解，专时、专人进行教育和宣传的做法失去了基础。同时，正如前文所说，与用人自主权有关的一套言词占据了劳动体制改革的主流话语地位，这也令提倡平等、限制自主权的宣传陷入边缘化境地。其三，关于单位内部处理、上级命令和妇联斡旋，情况稍复杂些。计划经济体制下，企业内部劳动力市场流动性很小，加之企业要承担福利、政治、文化等多重功能，企业与员工之间、员工与员工之间存在多维度的、稳定的紧密联系，形成了"网络化熟人社会"。在这种背景下，歧视者不仅要服从上级的管理权威，更会面临道德和舆论压力；并且，歧视者与被歧视者往往要长期共事，存在多次博弈的可能，通常不希望把关系闹僵。这些正式和非正式的制度共同构成了行之有效的反歧视调控手段。而进入市场经济以后，劳动力市场流动性大增，用人单位与劳动者的交往以一次性博弈为主，员工之间交往的减少又削弱了舆论压力，这都使得单位内部解决歧视纠纷的能力下降，不得不更多诉诸外部的法律机制。[1] 另外，在计划经济体制下，企业嵌入行政科层体制之中，政府对企业无所不管、无所不包。当政府以行政命令要求企业纠正歧视行为时，其所依凭的权威首先不是来自潜在的法律责任，而是来自经济计划（例如，下发用工指标时明确要求企业招用一定数量女工）、政治权威（例如，当地主要行政官员亲自过问）等。妇联出面斡旋歧视纠纷时，也往往借助乃至主要依靠政府的政治权威。一旦进入市场化体制，政府职能限于法定范围，对企业的干预转向间接手段为主，不仅发布经济计划和指令的权力严重萎缩，而且不再轻易动用政治力量来介入民事纠纷。这些都令旧有的就业歧视调控手段面临失效。

总之，《劳动法》诞生于计划经济向市场经济过渡正式开启之际，因循旧调控机制有余，而开创新的法律调控手段不足。值得注意的是，《劳动法》出台前后的法治实践，已经开始了向以

---

[1] 关于从熟人社会向陌生人社会过渡对法治的影响，参见苏力：《阅读秩序》，山东教育出版社1999年版。

法律调控过渡的进程，其主要表现是迅速出现的第一波反就业歧视专门立法设想。究其动因，既有对旧机制逐步失灵的警觉，更有国外法治经验的影响。《劳动法》颁布后仅一个多月，原劳动部即提出就第 13 条所规定之性别歧视问题立法[1]，旋即提出须就第 12 条制定《防止就业和职业歧视办法》。[2] 这是我国官方首次提出制定国家层面的反就业歧视法律规范。"就业和职业"（employment and occupation）这一术语极为稀见，目前所见使用情形均源于第 111 号公约[3]；据此，原劳动部在提出立法设想时，几乎肯定受到了国际劳工组织的影响。这一影响也延伸到民间的立法建议中。1996 年，我国学者提出制定《反就业歧视条例》，这是首个非官方立法设想，其中对歧视的定义完全取自第 111 号公约。[4] 多年后，首部民间反就业歧视立法建议稿问世，命名为"反就业与职业歧视法"[5]，仍不出第 111 号公约的影响范围。

---

〔1〕《劳动部关于贯彻实施〈劳动法〉的意见》（劳部发〔1994〕358 号，1994 年 8 月 22 日）："要抓紧研究制定保障妇女平等就业权利……的法规……"
〔2〕原劳动部《贯彻〈劳动法〉的依据和需立法的项目》（劳部发〔1994〕372 号，1994 年 8 月 31 日）。
〔3〕关于第 111 号公约为何将"就业"与"职业"两个英文含义相当的词语连用，尚无确切解释。我国最早引入这一术语的学者是任扶善。见前注 36 揭文。当时将"歧视"写作"岐视"。
〔4〕石美遐：《劳动法律体系的新构想》，载《中国劳动科学》1996 年第 7 期。
〔5〕周洪宇：《〈反就业与职业歧视法〉立法构想及建议稿》，载《武汉商业服务学院学报》2006 年第 2 期。

第四节　历史与未来：中国反就业歧视法兴起之路的重新展开

综上所述，《劳动法》已经提出并初步回答了反就业歧视法的三个基本问题：调控对象、调控依据和调控手段。前文归结于一，就是主张以历史的、发展的观点来分析和评价中国反就业歧视法，将反就业歧视法治的演进理解为通过制度供给不断回应社会变迁的动态过程；而不是脱离语境地以今日之法治需求苛评当时之制度供给，或者无视中国之法治需求而推崇外国之制度供给。由是观之，《劳动法》对当代中国反就业歧视法的影响，绝不局限于规范字句的得失演变，而更反映在其所揭示和规定的规范背后的生成逻辑。这些生成逻辑贯穿在反就业歧视法的每个微小脚步中，勾连起历史与未来，从而展开了中国反就业歧视法的当代兴起之路。

一、调控对象的规范生成逻辑与发展方向

对于反就业歧视法的调控对象即"什么是歧视"问题，《劳动法》确立了劳动者特质、用人单位行为和特质与行为关联性三要素式的定义。此后关于歧视概念的规范，都遵循相同的生成逻辑，即在三要素框架内，寻求各定义要素内容与社会现实的

结合。

第一，关于歧视的劳动者特质要素，近年来法律的主要保护对象经历了从妇女到乙肝病原携带者的变迁。在美国，《1964 年民权法》的主要保护对象是黑人，"性别"作为一种受保护的劳动者特质甚至是为了抵制立法才添进去的；此后，主要由于社会运动的影响，"身份政治"愈演愈烈，不仅催生了新的群体身份，而且令原先隐于无形的群体身份显现出来[1]；新诞生的群体为了获得反就业歧视法的保护，往往仿效法律的主要保护对象，甚至将自己比附为"法律上的黑人"，并循着黑人的道路开展维权行动。[2] 中国的反就业歧视法经历了类似的过程：劳动法颁布之初即有学者指出，这部法律是以妇女为主要保护群体、以性别歧视为主要打击对象的。[3] 主要由于轰轰烈烈的乙肝法律维权运动的推进，"乙肝病原携带者"成为新的法律保护的身份特质。与美国不同的是，由于《劳动法》并没有像《1964 年民权法》那样提供理想的法律调控手段，乙肝病原携带者并未仿效妇女，而是开辟了一条前所未有的法律保护之路。从 2004 年修改《传染病防治法》并新增反歧视条款开始，2005 年出台的

---

〔1〕 Kenji Yoshino, *The New Equal Protection*, 124 Harv. L. Rev. 747, 751-752（2011）.

〔2〕 例如，同性恋者群体。Craig J. Konnoth, *Creatde in its Image: The Race Analogy, Gay Identity, and Gay Litigation in the 1950s-1970s*, 199 Yale L. J. 316（2009）.

〔3〕 莫荣：《促进就业的法律武器——对〈劳动法〉第二章的理解》，载《中国劳动科学》1994 年第 10 期。

《公务员录用体检通用标准（试行）》不再将携带乙肝病原视为体检不合格，2007 年的《就业促进法》将乙肝歧视的禁令扩展到私人部门，2010 年原卫生部等又进一步明确取消就业体检中的乙肝检测项目[1]……一系列的法律制度进步使得乙肝病原携带者成为反就业歧视法的主要保护对象。乙肝歧视的法律规范乃至维权道路，正日益成为学者和行动者眼中的"范本"；将有关经验推广到妇女、农民工、残疾人、同性恋者等受歧视群体的呼声也渐成主流。[2]

但是，单纯仿效乙肝歧视的法律规范，并不能够解决其他群体的平等保护问题。这与乙肝歧视的客观特征密不可分：其一，携带乙肝病原基本不会降低劳动者的生产力，因此乙肝病原携带者所诉求的平等仅限于纠正偏见、获得与其他人完全一致的竞争机会。相比之下，妇女和残疾人由于生理原因、农民工由于教育等原因，在生产力上比对照组——男性、健全人和城市工——更低。用人单位的歧视因此主要并非出自偏见，而是追求效率最大化的经济理性使然，这就是"理性歧视"（rational discrimina-

---

[1] 《人力资源和社会保障部、教育部、卫生部关于进一步规范入学和就业体检项目维护乙肝表面抗原携带者入学和就业权利的通知》（人社部发〔2010〕12 号）。

[2] 例如，乙肝歧视维权组织的代表——北京益仁平中心，就有将其经验拓展到性别和残疾领域的尝试。

tion）[1] 如果法律要消除理性歧视，仅仅纠正偏见的意义不大，而必须让用人单位牺牲部分效率追求来迁就生产力低的群体，或者采取措施消灭群体间的生产力差距。其二，是否携带乙肝病原必须通过体检才可获知，因此法律只需要将乙肝病原血清学信息界定为隐私，屏蔽在用人单位的决策之外，就可以起到与纠正偏见相当的作用。正如前文指出的，纠正偏见需要首先证明偏见存在，而用人单位主观状态的证明往往最为困难。因此，乙肝病原携带者的维权，近年来越来越依赖隐私保护的手段[2]。而作为劳动者的女性、残疾人或农民工等身份则一望可知，无法设定为隐私加以保护。总之，今后要破解女性、残疾人和农民工等群体受歧视的难题，不能单纯照搬乙肝歧视的经验，而必须针对歧视的成因采取不同手段，例如，实施性别就业配额制、划定用人单位迁就残疾人的界限、优化教育资源的城乡分配等。

第二，关于歧视的行为要素，近年来各省就业促进立法[3] 延续《劳动法》明示列举的方式，不断根据实际情况增加新行为。就用人单位而言，新增歧视行为有：向高校毕业生收取抵押

---

[1] 关于理性歧视在残疾人就业法上的应用，参见 Samuel R. Bagenstos, "*Rational Discrimination*," *Accommodation, and the Politics of（Disability）Civil Rights*, 89 Va. L. Rev. 825 （2003）．

[2] 最新文件如《卫生部办公厅关于加强乙肝项目检测管理工作的通知》（卫办医政发〔2010〕38号）、《卫生部办公厅关于进一步规范乙肝项目检测的通知》（卫办政法发〔2011〕14号）。

[3] 各省一般由人大常委会出台《就业促进条例》或《实施〈就业促进法〉办法》。

金（吉林）、设置不同的薪酬标准（陕西、广东等）、以解决城镇劳动力就业为由清退和排斥农民工（海南），等等；就政府而言，新增歧视行为有：制定含有就业歧视内容的政策和规范性文件（吉林、江西）、对进城就业的农村劳动者设置歧视性登记项目和职业限制（河北），等等。为了通过保护隐私来遏制歧视，一些地方还禁止医院提供乙肝病原血清学指标检测（湖北）。今后，一方面应继续增列歧视行为，另一方面应明确就业全过程不得歧视的原则，将规制对象扩展到求职阶段以外，特别是薪酬待遇、晋升、解除劳动合同等方面。美国的经验表明：随着时间推移，解除劳动合同将取代求职阶段，成为就业歧视纠纷高发期。[1] 对此，我国立法应有所预见，早做准备。

第三，关于歧视的关联性要素，《劳动法》并未明确采取主观标准或客观标准，近年来的立法实践没有触及该问题，有限的判决亦语焉不详。如前所述，无论采取主观标准还是客观标准，对于劳动者来说证明难度大致相当。那么究竟借鉴何者为佳？《就业促进法》倾向于将就业歧视纳入侵权行为，而《侵权责任法》（已废止）以过错责任为基本归责原则，设定无过错责任须有立法明文规定。与其寄希望于修改《就业促进法》、明确就业歧视案件适用无过错责任，不如立足于现有法律，采用歧视的过

---

[1] John J. Donohue III & Peter Siegelman, *The Changing Nature of Employment Discrimination*, 43 Stan. L. Rev. 983, 1015-1021（1991）.

错责任，而借鉴美国降低主观要件证明难度的做法。

二、调控依据的规范生成逻辑与发展方向

对于反就业歧视法的调控依据即"为什么反歧视"问题，《劳动法》确立了用人自主权与平等就业权两权对立的分析框架。此后关于歧视概念的规范，都遵循相同的生成逻辑，即在两权对立框架内，根据两权地位的消长，寻求两权协调的现实方案。

第一，关于用人自主权与平等就业权的地位消长，近年来发生了一系列影响性事件。首先是 2006 年党的十六届六中全会集中关注社会建设问题[1]，将"和谐社会"确立为法治体系的目标之一。反就业歧视法被论证为构建和谐劳动关系、促进和谐社会建设的手段[2]，获得了强大的调控依据；平等就业权的地位相对上升，直接促成了 2007 年《就业促进法》设专章规定公平就业。然而，《就业促进法》一出台，2008 年夏秋就爆发了席卷全球的金融和经济危机。"保增长"和"促就业"成为政府优先考虑的政策目标[3]，直接冲击了包括《就业促进法》在内的劳

[1]　《中共中央关于构建社会主义和谐社会若干重大问题的决定》（中发〔2006〕19 号）。

[2]　类似的叙述在学者中十分普遍，例如，李雄、刘山川：《我国制定〈反就业歧视法〉的若干问题研究》，载《清华法学》2010 年第 5 期。

[3]　参见温家宝：《政府工作报告——2009 年 3 月 5 日在第十一届全国人民代表大会第二次会议上》，人民出版社 2009 年版。

动立法的实施。其背后的逻辑是：限制用人自主权的法律（如劳动合同法、劳动基准法和反就业歧视法等）会抬高用人成本，令经济危机之下的用人单位"雪上加霜"，不利于经济增长。由此，用人自主权的地位相对上升，平等就业权的地位则相对下降。为了扭转这种局面，学界尝试淡化平等就业权与用人自主权的对立性，例如，主张"企业只要守法（就）不会增加用工成本"。[1] 但是，两权对立和冲突的本质毕竟无法抹杀；更现实的做法，一方面，应重新梳理平等就业与经济增长的关系[2]，打破"限制用人自主权就一定会减慢经济增长"的观点；另一方面，应强调削弱法律干预并不会减少就业歧视纠纷，反而会令纠纷解决脱离法律轨道，影响社会和谐。在经济危机最为严重之际，最高人民法院反而表态要加强审理就业歧视案件[3]，就表明了积极解决纠纷、维护社会和谐的价值取向。

第二，关于用人自主权与平等就业权的协调之道，《劳动法》出台前后提出了择优原则，以择优解释平等，为择优限制自主。这种思想也体现在我国后续的反歧视立法中。例如，原人事

---

[1] 刘宏：《法学专家力驳劳动合同法"生不逢时"论》，载《法制日报》2008 年 12 月 23 日，第 8 版。

[2] 发展经济学已有大量相关研究，例如，Guanghua Wan（ed.），*Inequality and Growth in Modern China*，Oxford University Press，Oxford，New York，2008. 关于性别歧视与经济增长的相互关系，参见 Günseli Berik，Yana van der Meulen Rodgers & Stephanie Seguino（eds.），*Inequality，Development，and Growth*，Routledge，Oxford，2010.

[3] 最高人民法院《关于当前形势下进一步做好涉农民事案件审判工作的指导意见》（法发〔2009〕37 号）。

部 2007 年颁布的《公务员录用规定（试行）》要求，"公务员主管部门和招录机关不得设置与职位要求无关的报考资格条件"（第 16 条）；《就业促进法》实施后，《重庆市就业促进条例》规定，"劳动者在能够满足生产工作需要，具有同等工作能力水平下，不得因民族、种族、性别、年龄、宗教信仰等不同而受歧视"（第 34 条）；《湖北省就业促进条例》也规定，"用人单位不得以民族、种族、性别、宗教信仰、户籍、婚姻状况、体貌等为由拒绝招用能够满足生产工作需要并具有同等工作能力的人员"（第 30 条）。

但是，"择优"仅能保护不具有生产力劣势的受歧视群体，如乙肝病原携带者；而如前所述，妇女、残疾人、农民工等群体受制于非可归咎于个人的因素，生产力相对较低，用人单位往往打着"择优"的旗号排斥他们。如果过分强调"择优"，使之垄断"平等"的内涵，会导致反客为主，令平等价值丧失独立的地位。为此，必须引入"择优"之外的平等观念，在让妇女、残疾人等参与市场竞争和择优之前，先采取措施弥补他们的生产力劣势。较之择优，一方面，一个包含了弥补措施的平等观念显然更具有实质性，这也是有学者称之为"实质平等"的原因所在[1]；另一方面，"实质平等"毕竟还保留了竞争择优的内核，

---

[1] 例如，田成有：《寻求乡土社会"农民"到"公民"的法律平等》，载《云南财贸学院学报》2003 年第 3 期。

这与完全不考虑择优的平均主义做法（如最低生活保障金制度）不能等同。在美国，差别对待歧视对应着择优的平等观，而引入差别影响歧视概念最初是为了纠正"过去歧视的现时结果"，亦即弥补黑人等受歧视群体在历史上形成的生产力劣势，其价值指向即为"实质平等"；类似地，要求用人单位"合理迁就"残疾劳动者特殊需求的立法，同样超越了单纯的择优需求。[1] 以"单纯择优"为取向的"形式平等"，和以"先弥合劣势再择优"为取向的"实质平等"，究竟如何协调，应成为今后中国反就业歧视法调控依据问题的核心。

三、调控手段的规范生成逻辑与发展方向

对于反就业歧视法的调控手段即"如何反歧视"问题，《劳动法》确立了旧的非法律调控手段与新的法律调控手段并存的制度框架。此后关于歧视调控手段的规范，都遵循相同的生成逻辑，即在两种手段并存的框架内，立足于法律与非法律手段的相互配合，因应不断变化的歧视现象。

第一，《劳动法》出台后这么多年间，调控手段的发展主线是法律机制逐渐替代旧机制。在仲裁和诉讼制度方面，《就业促

---

[1] 也有学者主张，差别对待歧视理论同样包含着择优之外的价值追求，所以和差别影响歧视理论的区别并不绝对。参见 Christine Jolls, *Antidiscrimination and Accommodation*, 115 Harv. L. Rev. 642 (2001).

进法》明确赋予受歧视的劳动者以诉权，但未澄清就业歧视纠纷是否可以仲裁的问题，致使裁审关系的混乱延续至今。作为唯一尝试作出澄清的省份，吉林省人大规定受歧视的劳动者可在仲裁和诉讼之间任择其一[1]，但省高院则规定要先仲裁方可诉讼[2]。何况，"诉讼和仲裁制度"是《立法法》规定的法律保留项目之一[3]，《劳动法》《就业促进法》《劳动争议调解仲裁法》也均未授权地方就劳动争议的裁审关系立法，则吉林省的上述规定均有越权之嫌。因此，裁审关系的澄清，有赖全国人大启动立法程序，或者由最高人民法院释法。

那么，就业歧视纠纷的裁审关系应如何规定？由于诉讼渠道必须保持通畅，问题的焦点转移到是否应当规定仲裁前置，乃至是否应当保留劳动仲裁。在美国，最高法院自 20 世纪 80 年代起提倡将仲裁等替代性纠纷解决机制（ADR）引入就业歧视案件[4]，其主要目的至少有两方面：一是就业歧视案件数量大、

---

[1] 《吉林省就业促进条例》第 53 条："……实施就业歧视的，劳动者可以向劳动争议仲裁委员会申请仲裁，也可以向人民法院提出诉讼。"

[2] 《吉林省高级人民法院关于审理劳动争议案件的指导意见》（吉高法〔2010〕232 号）第 7 条："……因用人单位就业歧视所发生的纠纷，当事人不服仲裁裁决而起诉的，应当受理……"

[3] 全国人大常委会法工委曾明确表态，认为人事争议仲裁属于"仲裁制度"而不是行政处理行为，在法律保留范围之内，地方不得就此立法。可据此推论：劳动争议仲裁也属于"仲裁制度"。见全国人大常委会法制工作委员会：《关于立法法等有关问题的询问答复》，载《中国人大》2005 年第 9 期。

[4] See generally Charles B. Craver, *The Use of Non-Judicial Procedure to Resolve Employment Discrimination Claims*, 11 Kan. J. L. & Pub. Pol'y 141, 150-162 (2001).

审理困难，需要减轻审判负担；二是许多就业歧视案件标的小、审理价值不大，需要集中审判资源。反观我国，目前就业歧视案件数量并不多，审判压力不大；与其他劳动纠纷相比，就业歧视案件的标的也并不偏小。所以，要在就业歧视纠纷解决中保留仲裁环节，需要另寻立法目的。并且，与诉讼相比，劳动仲裁存在诸多弱点：一是救济形式有限，特别是无法裁定给予歧视受害者精神损害赔偿；二是拖延纠纷解决进程，仲裁裁决后仍可上诉，平白增加一道程序，增大歧视受害者维权成本；三是仲裁时效原先仅为 60 日，直到《劳动争议调解仲裁法》出台后才改为 1 年，但仍无法与一般民事诉讼的时效相比，这就抬高了歧视受害者维权的门槛。即便保留就业歧视纠纷的仲裁手段具有正当的立法目的，也必须克服上述弱点；而这几乎相当于重建仲裁制度，现实可能性不大。

在劳动监察方面，2004 年出台的《劳动保障监察条例》废止了《劳动监察规定》，却将"单位招聘职工的行为"划出监察内容，致使对就业歧视的监察失去了直接的法律依据。直到 2007 年《就业服务与就业管理规定》出台，才将用人单位强行检查乙肝、职业中介机构发布歧视性就业信息的行为纳入劳动监察。至于对其他群体的歧视，包括以求职者携带乙肝为由拒不录用的做法是否应当受到监察，至今仍处于待解状态。近年来，国内关于劳动监察的主流呼声是扩权：要求扩大劳动监察部门对就业歧视行为的处罚范围，并提高处罚额度；要求赋予劳动监察部门支持起诉权；要求将劳动监察确立为反就业歧视诉讼的法定前置程序（即监察前置）；等等。很多学者还主张建立专门的反就业歧视监督机构，行使上述权力。[1]

本章认为，分析劳动监察机关的职权，应当将其置于包括审判、仲裁等在内的整个法律调控体系中来评价。就行政处罚权而言，处罚对象应当扩及更多的歧视行为，当无异议。而处罚额度的高低，应当以产生必要的威慑作用为标准来设置。在美国，对歧视者的威慑多通过民事诉讼的惩罚性损害赔偿（punitive damage）来实现；而设定这一制度须有法律明文，我国目前为此专门立法的可能性又很小。如此看来，高额行政处罚可以替代惩罚性损害赔偿的威慑功能，不失为法治完善之策。[2]

就支持起诉权而言，论者多以美国联邦平等就业机会委员会（EEOC）的类似职权为蓝本。而美国之所以授权 EEOC 免费代理歧视的受害人提起诉讼，主要功能在于减轻原告负担的诉讼成本，特别是高昂的律师费，从而鼓励劳动者起诉维权；为了防止滥诉，EEOC 又设定了严格的案件筛选程序，每年真正支持起诉

---

〔1〕例如，蔡定剑教授生前主持拟定的《反就业歧视法专家建议稿》第 35、46、49、50、52 条。参见蔡定剑、刘小楠主编：《反就业歧视法专家建议稿及海外经验》，社会科学文献出版社 2010 年版。

〔2〕一些地方已经照此办理。例如，对于用人单位强行将乙肝病原血清学指标作为录用标准的行为，《就业服务与就业管理规定》仅规定了 1000 元以下的罚款，而《湖北省就业促进条例》则将 1000 元定为下限，罚款上限可高达 5000 元到 10000 元（第 57 条）。

不过数百宗。[1] 那么，有没有一种制度可以既减轻诉讼负担，又防止滥诉，从而替代 EEOC 的免费支持起诉职能？《1964 年民权法》就规定：如果用人单位败诉，要承担对方的律师费。[2]这种安排一方面减轻了原告的负担，另一方面促使原告更加审慎地行使诉权，非有一定把握不会起诉。可见，我国究竟采取行政机关免费支持起诉方案，还是律师费转付方案；究竟是让行政机关筛选案件，还是让歧视的受害者"自行筛选"，有待进一步研究。

就监察前置而言，EEOC 再次成为学者讨论的范例。美国要求绝大部分就业歧视案件的受害人首先向 EEOC 提起申诉；EEOC 依法应在 180 天内作出决定，即使到期处理不完案件，也应当向申诉人签发诉权通知，申诉人可凭此直接起诉。[3] 这一制度安排的主要目的是减轻法院的审判负担，将大量不值得审理的案件提前过滤。但是，EEOC 实现上述目标的情况并不理想。首先，EEOC 调查处理案件的周期过长，平均要 1 年以上，导致多达 25% 案件都没有处理完毕，而是白白拖延 180 天后，签发诉权

---

[1] Anne Noel Occhialino & Daniel Vail, *Why the EEOC（Still）Matters*, 22 Hofstra Lab. & Emp. L. J. 671, 700-702（2005）.

[2] 42 U. S. C. §2000e-5（k）. 法律原文是要求败诉方承担胜诉方的律师费，但最高法院作出了对劳动者有利的解释，认为原告即使败诉也无须承担被告的律师费。参见 Christiansburg Garment Co. vs. EEOC, 434 U. S. 712（1978）.

[3] 对 EEOC 案件处理程序的描述，参见 George Rutherglen, *Employment Discrimination Law: Visions of Equality in Theory and Doctrine*（3rd ed.）, Foundation Press, New York, 2010.

通知了事。学者讽刺说，EEOC 的做法无异于在原告去法院的路上设卡"收费"，"金额"为宝贵的 180 天时间。[1] 许多案件的原告等不及 EEOC 的处理结果，自行委托律师起诉，却被法院以违反前置程序为由驳回。可见，我国如果要借鉴 EEOC 的做法，引入监察前置，必须设法提高劳动监察部门处理案件的效率，否则就可能重蹈劳动仲裁救济不力、空耗时间的覆辙。况且，如果我国根本没有美国那样多的就业歧视纠纷，过滤案件、减轻法院负担的需要就很小，设定监察前置程序就更没有必要了。

　　第二，近年来的法治实践表明，《劳动法》所保留下来的旧调控手段并非全无意义。在市场经济条件下，旧机制仍能发挥局部的，甚至难以替代的作用，或者为法律调控手段的建设提供启发。其一，就家务劳动社会化而言，"男外女内"的不合理劳动分工仍然是造成性别歧视的经济根源，而消灭性别歧视也仍然是中国宪法所庄严承诺的社会愿景（social vision）。市场化转型不意味着忽略歧视的经济根源，而是要求政府转变职能，以对市场介入程度较小的方式来削弱这个根源。例如，政府可以依法在公有制经济中为妇女保留一定的岗位配额；以对双职工家庭减税等法治化手段鼓励妇女出门工作；制定促进性法律，引导民间资本投向育儿、养老等家政服务事业。即使不以改变"男外女内"

〔1〕 Michael Selmi, *The Value of the EEOC: Reexamining the Agency's Role in Employment Discrimination Law*, 57 Ohio St. L. J. 1, 8 (1996).

的分工为目标，并相应地不以家务劳动社会化为手段[1]，政府也可以采取法律措施来缓和妇女因承担家务而在就业中受到的负面影响。例如，政府可以促进远程工作技术的开发和推广，减轻妇女因通勤而难以兼顾家庭和工作的问题；可以尝试家务劳动货币化，以家务收入抵偿所损失的在外工作收入；要求企业在工时、休假等方面合理迁就妇女的家庭需要。总之，在劳动体制市场化的时代，仍应谨记并以法律手段干预性别歧视的经济根源。

其二，就消除歧视的思想根源而言，应当重新认识歧视行为与思想的关系。旧机制强调思想教育，很大程度上是因为固守歧视的"经济决定论"，认为随着私有制和剥削的消灭，歧视现象已成无源之水，无本之木，仅存的歧视源于"封建残余思想、资本主义思想的影响"[2]。这种看法缺乏事实依据，反证之一便是

---

[1] 国内学者往往不大区分旨在减轻妇女所承担家务、使妇女从家务中解放出来的措施，以及不意图减轻妇女所承担家务、但希望减轻妇女因此在就业上所承受的不利的措施。前一种措施显然更符合"马克思主义关于妇女必须参加社会劳动才能获得彻底解放的基本原理"。参见康克清：《奋发自强，开创妇女运动新局面——在中国妇女第五次全国代表大会上的工作报告（一九八三年九月二日）》，载《人民日报》1983 年 9 月 14 日，第 2 版。后一种措施则更符合自由主义者的主张，因为他们认为：妇女应当有在家庭和工作之间作出选择的权利，任何程度的强制工作都可能构成奴役。例如，Anne L. Alstott, *Work vs. Freedom: A Liberal Challenge to Employment Subsidies*, 108 Yale L. J. 967, 971 (1999). 言外之意，如果妇女本人不愿意摆脱或减轻家务，那么只要让她尽量少因此而承受就业中的不利对待即可。一些比较激进的女权主义者则反对这种观点，而强调社会劳动对于性别平等的不可替代意义。例如，Vicki Schultz, *Life's Work*, 100 Colum. L. Rev. 1881, 1928-1963 (2000).

[2] 康克清：《奋发自强，开创妇女运动新局面——在中国妇女第五次全国代表大会上的工作报告（一九八三年九月二日）》，载《人民日报》1983 年 9 月 14 日第 2 版。一些学者特别强调非公有制部门就业歧视的严重性，也很可能受到这种看法影响。

国有企业的就业歧视仍很普遍，严重性至少不次于私营部门。[1]
但是，目前就业歧视法律调控手段的发展又似乎走向另一极端：
法律调控手段本来就着重评价行为；而学者从所谓降低歧视受害
者举证难度的考虑出发，提倡将主观要件从就业歧视的法律构成
中抹去，更令歧视的思想根源处于被刻意忽视乃至遮掩的地位。
其实，将就业歧视归结于"无知"或"无理偏见"，是各国反就
业歧视法治发展早期的常见现象。[2] 主观要件至今居于歧视证
明的核心地位，也是这一看法的延伸。诚然，越来越多的研究将
歧视归因于社会制度和工作组织形式，甚至发现无偏见之人也会
无意识地歧视他人。[3] 但是无知（包括知之不足）及由此造成
的嫌恶、恐惧等情绪仍然作用于歧视的再生产[4]，通过宣传教
育澄清认识误区仍能起到减轻歧视的作用。近年来，我国每出台
反乙肝歧视规范，往往辅以从科学角度解释乙肝流行病学特征的

----

[1] 民间组织调查发现，高达 61.1% 的国企仍然违法将乙肝病原血清学指标作为入职体检项目。参见辛红：《央企违规检测多于地方企业》，载《法制日报》2011 年 2 月 12 日，第 6 版。

[2] 例如，美国各州于 20 世纪 40 年代出现了最早的反就业歧视专门立法尝试。当时虽倡议建立反歧视专门行政机构，但往往将其职权限制于调解、斡旋等，就是因为人们普遍认为歧视源于观念，最合适的矫正方式是教育而非法律干涉。参见 David Freeman Engstrom, *The Lost Origins of American Fair Employment Law*: *Regulatory Choice and the Making of Modern Civil Rights*, 1943-1972, 63 Stan. L. Rev. 1071, 1086 (2011).

[3] 此即所谓"无意识歧视"（unconscious discrimination）。关于这一心理学发现的法学研究综述，参见 Samuel R. Bagenstos, *The Structural Turn and the Limits of Antidiscrimination Law*, 94 Cal. L. Rev. 1, 5-10, 17-20 (2006).

[4] 例如，沈岿：《反歧视：有知和无知之间的信念选择——从乙肝病毒携带者受教育歧视切入》，载《清华法学》2008 年第 5 期。

文件[1]，就是明证。

其三，就通过上级行政命令遏制歧视而言，虽然由专业行政机关进行的、个案式的行政执法已成主流，但由综合性行政机关进行的、针对规范的行政命令仍然存在，其作用不可替代。例如，2010年2月10日，人力资源和社会保障部与教育部、原卫生部联合发文，要求各地进一步明确取消入学、就业体检中的乙肝检测项目，保护乙肝表面抗原携带者隐私权；并命令三部门对应的地方机关清理与该文不一致的文件。[2] 虽然各地清理工作启动慢于该文要求，但毕竟大部分省份均执行了命令。[3] 2004年7月16日，国家发展和改革委员会等九部门也曾联合发文，要求各地进一步清理和取消针对农民跨地区就业和进城务工歧视性规定和不合理收费[4]。当然，为了执行这些行政命令，还需要建立配套的内部行政归责制度[5]；这种带有"运动式"色彩

[1] 例如，《〈关于进一步规范入学和就业体检项目 维护乙肝表面抗原携带者入学和就业权利的通知〉政策解读及热点答疑》，http：//www. moh. gov. cn/publicfiles/business/htmlfiles/mohjbyfkzj/s3582/201002/45986. htm。

[2] 《人力资源和社会保障部、教育部、卫生部关于进一步规范入学和就业体检项目维护乙肝表面抗原携带者入学和就业权利的通知》（人社部发〔2010〕12号）。

[3] 参见北京益仁平中心：《建议人保部、教育部、卫生部督促政策清理工作尽快完成》，http：//www. yirenping. org/article. asp？ id =381。

[4] 国家发展和改革委员会等九部门发布的《关于进一步清理和取消针对农民跨地区就业和进城务工歧视性规定和不合理收费的通知》（发改价格〔2004〕1405号）。

[5] 而不仅仅是从外部着眼，寻求政治控制或司法审查。关于三者的关系、特别是内部行政归责的不可替代性，参见 Jerry L. Mashaw, *Bureaucracy, Democracy, and Judicial Review*, in Robert F. Durant（ed. ）, The Oxford Handbook of American Bureaucracy, Oxford University Press, Oxford, 2010.

的法治发展方式也不宜轻易使用。

结　语

综上所述，劳动法不仅建立了反就业歧视法调控对象、调控依据和调控手段的制度框架，而且为日后纷繁涌现的反就业歧视规范设定了生成逻辑，从而开辟了反就业歧视法在当代中国的兴起之路。这一结论修正了学界贬低劳动法规范价值的通说，将中国反就业歧视法的起点向前推回 1994 年。循着劳动法的指引，本章对目前我国反就业歧视法的主要争论均作出回应，并初步构想了未来发展的方向。一百多年前，托克维尔告诫美国政治制度的学习者要"少照搬样本，多寻找指针；少照抄细节，多借鉴原理"[1]。今人研习反就业歧视法、继承《劳动法》的遗产，理当取法先贤。

---

[1] Alexis de Tocqueville（au.），Eduardo Nolla（ed.），James T. Schleifer（trans.），*Democracy in America*：*Historical-Critical Edition of De la democratie en Amerique*，Liberty Fund，Indianapolis，2010.

第三章　土与洋：平等制度的移植之忧

导　论

在反歧视法上，如果某行为表面上对各群体一视同仁，但是对于受保护的群体产生了较之其他群体更为不利的影响，那么无论行为人的主观状况如何，都成立间接歧视。我国本没有间接歧视制度，但是近年移植该制度之声渐起，以致成为学界通说。[1]据称，间接歧视制度乃各国通行做法，它一方面免去了歧视受害人证明歧视故意的重负，较之直接歧视制度更为优越；另一方面能够适应歧视现象的新变化，打击隐蔽的、潜意识的、结构性的歧视。因此，我国引进该制度刻不容缓。2013 年，《深圳

---

[1] 例如，两份反歧视法的专家意见稿均持该观点。周伟：《中华人民共和国反歧视法学术建议稿》中第 5 条，载《河北法学》2007 年第 6 期；蔡定剑、刘小楠主编：《反就业歧视法专家建议稿及海外经验》中第 2 条，社会科学文献出版社 2010 年版，第 11 页。

经济特区性别平等促进条例》施行，间接歧视制度终于在我国落地。[1] 照此看来，余下的任务不外乎将地方经验推广到全国——事实果真如此吗？

本章尝试对上述问题作出新的解答。通过检视间接歧视制度在原生国家、特别是美国和欧盟的运作实况，可以清楚地看到：制度优越性的理论假设并未获得充分验证。一方面，通过引入间接证据，直接歧视的证明难已经缓解，反而是间接歧视的证明面临规则模糊的难题。另一方面，间接歧视制度并不具备打击潜意识歧视的能力。通过引导受害者个人努力和设定外界帮扶义务，该制度能够打击结构性歧视。然而，个人努力的道路通向机会平等，外界帮扶的道路则通向分配平等，它们在价值取向上无法兼容；间接歧视制度游走于二者之间，必然陷入严重的不确定性和不稳定性而无法自拔。有鉴于此，我国应当对于移植间接歧视制度保持审慎态度。由于篇幅所限，本章的讨论主要以就业领域的歧视问题为例。

第一节　间接歧视制度的全球化

通说认为，我国之所以应当引进间接歧视制度，是因为该制

---

[1]《深圳经济特区性别平等促进条例》第 5 条中规定："本条例所称性别歧视，是指基于性别而作出的任何区别、排斥或者限制，其目的或者后果直接、间接地影响、侵害男女两性平等权益的行为。"其中，"目的"所对应的是直接歧视，而"后果"所对应的就是间接歧视。这一解释获得立法者支持。参见闵杰：《深圳立法促进性别平等》，载《中国新闻周刊》2012 年第 24 期。

度已在各国普遍建立，属于全球公认的法治经验。应当承认，通说并非空穴来风，而是在一定程度上反映了反歧视法的发展状况。自 20 世纪 70 年代以来，间接歧视制度自美国发轫，经由英国传入欧洲，又为英美法系诸国所仿效，而东亚各国也后起直追。间接歧视制度的全球化浪潮已经抵达中国。而间接歧视制度的发展之所以能席卷全球，确实与反歧视法的困境不无关联：尽管公然的歧视逐渐减少，但是旧时歧视的残余延续下来，在心理层面形成潜意识歧视，在社会层面形成结构性歧视。各国对间接歧视制度寄予厚望，期待用新制度来解决新问题。

一、间接歧视制度全球化的进程

最早建立间接歧视制度的是美国。1971 年，联邦最高法院在格瑞格斯诉杜克电力公司一案中指出：国会立法"不但禁止公然的歧视，而且禁止那些形式公平而实施具有歧视性的实践"[1]。后一种做法很快被命名为"差别影响（disparate impact）歧视"，这是"间接歧视"[2]的同义语。后来的《1991 年民权法》规定："当且仅当下述情形，成立基于差别影响的非法雇佣行为——（i）指控方证明被控方使用了导致基于种族、肤色、

---

〔1〕　阎天译：《格瑞格斯诉杜克电力公司案（Griggs v. Duke Power Co.）》，载张翔主编：《宪政与行政法治评论（第七卷）》，中国人民大学出版社 2014 年版，第 221 页。
〔2〕　为叙述统一起见，下文除非特别说明，一律将"差别影响歧视"称为"间接歧视"。

宗教信仰、性别或民族籍贯方面的差别的特定雇佣行为，而被控方未能证明该行为与系争职位的工作相干，且与运营需要相符；或（ii）指控方……提出了替代性的雇佣行为，而受控方拒绝采用该种替代性雇佣行为。"[1]至此，间接歧视制度在美国获得立法承认。

最高法院下判不久，"格瑞格斯案经由英国，移居欧洲，走上新路"[2]。1974年，正值议会审议《性别歧视法案》期间，英国内政大臣一行出访美国，就平等立法问题咨询美国法学家。时任耶鲁法学院院长路易斯·波拉克介绍了格瑞格斯案，并建议英国引进间接歧视制度。他的建议获得采纳。[3] 最终通过的《性别歧视法》规定：如果某项要求对男女都适用，但是无法满足该要求的女性比例明显小于男性比例，且女性因未能满足要求而受害，那么该要求除非具有与性别无关的正当依据，否则即构成歧视。[4] 这场从美国到英国的"反向法律殖民"[5]很快扩展

---

〔1〕 阎天编译：《反就业歧视法国际前沿读本》，北京大学出版社2009年版，第110页。

〔2〕 Julie C. Suk, *Disparate Impact Abroad*, Cardozo Legal Studies Research Paper No. 425, available at http：//ssrn. com/abstract＝2408143.

〔3〕 亲历者的证词，见 Anthony Lester QC, *The Overseas Trade in the American Bill of Rights*, 88 Colum. L. Rev. 537, 550-552 (1988); Lord Lester of Herne Hill QC, *Making Discrimination Law Effective：Old Barriers and New Frontiers*, 2 Int' l J. Discrimination & L. 167, 173 (1997) .

〔4〕 Sex Discrimination Act 1975 (Chapter 65), Section 1 (1) (b), as originally passed, available at http：//www. legislation. gov. uk/ukpga/1975/65/pdfs/ukpga_ 19750065_ en. pdf.

〔5〕 Rosemary C. Hunter & Elaine W. Shoben, *Disparate Impact Discrimination：American Oddity or Internationally Accepted Concept?*, 19 Berkeley J. Emp. & Lab. L. 108, 115 (1998) .

到种族歧视，[1] 后来又囊括了残疾歧视[2]。

以英国为桥梁，间接歧视制度进入欧洲。再一次的，突破首先发生在性别平等领域。在1981年的一宗案件[3]中，被告企业支付给非全日制工的时薪低于全日制工。欧洲法院（European Court of Justice）判决称，由于女工比男工更难全日制工作，被告企业的做法对女性的影响远大于男性，这违反了《罗马条约》第119条关于男女同酬的规定。[4] 值得一提的是，本案原告的代理人正是当年赴美国"取经"的一位英国律师。是他将格瑞格斯案的判决介绍给本案的助审官（General Advocate），并由后者说服了法院。[5] 到了1986年，欧洲法院又将性别问题上的间接歧视制度从薪酬扩展到退休金。[6] 欧盟成立后，于2000年接连发布指令，先是将间接歧视制度推广到种族问题，然后又拓及

---

〔1〕 Race Relations Act 1976 (Chapter 74), Section 1 (1) (b), as originally passed, available at http: //www. legislation. gov. uk/ukpga/1976/74/pdfs/ukpga_ 19760074_ en. pdf.

〔2〕 Disability Discrimination Act 1995 (Chapter 50), Section 6 (1) & 5 (2), as originally passed, available at http: //www. legislation. gov. uk/ukpga/1995/50/pdfs/ukpga_ 19950050_ en. pdf.

〔3〕 J. P. Jenkins vs. Kingsgate (Clothing Productions) Ltd. , Case 96/80, [1981] ICR 592, [1981] EUECJ R-96/80, [1981] WLR 972.

〔4〕 见该案判决书第13段。

〔5〕 Simon Forshaw & Marcus Pilgerstorfer, *Direct and Indirect Discrimination: Is There Something in between?*, 37 Indus. L. J. 347, 350 (2008).

〔6〕 Bilka-Kaufhaus GmbH vs. Karin Weber von Hartz, Case 170/84, 1986 E. C. R. I-1607. 见该案判决书第29段。

就业领域的宗教信仰、残疾、年龄和性取向问题。[1] 这些指令正式提出了"间接歧视"概念：如果表面中立的做法会使得受保护群体处于比其他群体不利的地位，那么除非该做法另有正当目的，否则就成立间接歧视。可见，无论从内容上还是生成过程上看，欧洲的间接歧视制度都直接渊源于美国。

间接歧视制度也从英美移植到了其他普通法国家。在澳大利亚，联邦和州立法机关紧跟英国的脚步，自 20 世纪 70 年代中期开始出台反歧视立法，将间接歧视制度涵括其中。[2] 新西兰和加拿大则免去了向英国学习的环节，直接师法美国。新西兰的平等机会裁判庭（Equal Opportunity Tribunal）仿效格瑞格斯案，将差别影响歧视制度引入《人权委员会法》（*Human Rights Commission Act*），又于 1993 年《人权法》中正式提出间接歧视概念。[3] 加拿大的裁判机关则早在 20 世纪 70 年代就将本国版的间接歧视制度投入使用，而最高法院几经周折，终于在 1985 年对此加以

---

〔1〕 Council Directive 2000/43/EC of 29 June 2000；Council Directive 2000/78/EC of 27 November 2000. 近年来，欧洲人权法院（European Court of Human Rights）通过一系列判决，逐步将间接歧视制度引入《欧洲人权公约》（*The European Convention on Human Rights*）。参见 Christa Tobler, *Limits and Potential of the Concept of Indirect Discrimination*, European Commission, Directorate-General for Employment, Social Affairs and Equal Opportunities, Unit G. 2, Luxembourg, 2008.

〔2〕 Rosemary C. Hunter & Elaine W. Shoben, *Disparate Impact Discrimination: American Oddity or Internationally Accepted Concept?*, 19 Berkeley J. Emp. & Lab. L. 108, 116-117 (1998).

〔3〕 Rosemary C. Hunter & Elaine W. Shoben, *Disparate Impact Discrimination: American Oddity or Internationally Accepted Concept?*, 19 Berkeley J. Emp. & Lab. L. 108, 117-118 (1998).

肯定。[1]

间接歧视制度在欧美遍地开花，影响着身怀"揖美追欧"雄心的东亚国家和地区。在韩国，1987 年的《男女雇佣平等法》建立了间接歧视概念。[2] 日本则于 2006 年修订《雇佣机会平等法》时，首次承认了三种间接性别歧视的情形：以身高体重为雇佣标准；要求管理岗位的申请者能够在全国范围内调动；要求晋升者有调动经验。[3] 我国台湾地区虽然尚无类似立法，但是学界要求仿效美国的呼声从未停息。[4] 近年来，我国关于移植间接歧视制度的倡议和实践，不过是这一制度向全球扩展的新篇而已。

二、间接歧视制度全球化的动因

依学界通说，间接歧视制度之所以能够征服列国，仰仗的是制度优越性。这种优越性是通过与直接歧视相比较而得出的。间接歧视的当事人缺乏主观故意，且行为在表面上一视同仁；而直接歧视的当事人不仅有歧视故意，而且行为厚此薄彼，所以被美

---

〔1〕 Rosemary C. Hunter & Elaine W. Shoben, *Disparate Impact Discrimination: American Oddity or Internationally Accepted Concept?*, 19 Berkeley J. Emp. & Lab. L. 108, 119-121 (1998).

〔2〕 蔡定剑、王福平：《韩国反歧视的法律框架》，载林燕玲主编：《反就业歧视的制度与实践：来自亚洲若干国家和地区的启示》，社会科学文献出版社 2011 年版。

〔3〕 Megan L. Starich, *The 2006 Revisions to Japan's Equal Opportunity Employment Law: A Narrow Approach to a Pervasive Problem*, 16 Pac. Rim. L. & Pol'y J. 551, 563 (2007).

〔4〕 例如，焦兴铠：《台湾地区的就业歧视》，阎天译，载林燕玲主编：《反就业歧视的制度与实践：来自亚洲若干国家和地区的启示》，社会科学文献出版社 2011 年版。

国法院命名为"差别对待（disparate treatment）歧视"。雇主面临反歧视法的高压，将歧视的故意隐藏得越来越深。比如，雇主不再公开宣布"不招女工"，但是找各种理由拒绝女性求职者。这导致歧视的受害人难以取得证明故意的直接证据，甚至败诉。相比之下，间接歧视以结果而非故意为中心，受害人无须证明故意的存在，只需要初步举证受害人所在群体的处境差于对照群体，举证责任即转移到用人单位一边，后者必须证明其用人决策具备正当理由。由此看来，受害人在间接歧视案件中的举证难度确实小于直接歧视案，而举证难度的降低有益于加强平等就业权的保护。

虽然间接歧视制度的诞生时间晚于直接歧视制度，但是通说认为，因为间接歧视制度具备优越性，从直接歧视到间接歧视乃是法律的发展趋势。进一步的，如果取消直接歧视的主观要件，甚至可以将直接歧视归并到间接歧视之中：只要受害者所在群体承受了比其他群体更为不利的影响，不论这种影响是来自表面中立的用人决策（间接歧视），还是来自表面不中立的决策（直接歧视），雇主都要承担证明决策正当性的责任。既然如此，"还应该维持直接歧视与间接歧视之间的区别吗"?[1]——在通说看来，这个区别应当以间接歧视"吸收"直接歧视来消弭。作为

---

[1] ［英］凯瑟琳·巴纳德:《欧盟劳动法（第二版）》，付欣译，中国法制出版社2005年版。

第一步，如今欧盟各国和加拿大、澳大利亚、南非等国在直接歧视案中都不再要求证明歧视故意了。[1]

间接歧视制度的优越性，不仅体现在减轻歧视受害人的举证负担，而且反映在有能力消除过去歧视的残余。"歧视并不突然终止；它是缓慢消退的。"[2]观念中的残余表现为默示偏见（implicit bias）或潜意识歧视（unconscious discrimination）；而行为上的残余表现为结构性歧视（structural discrimination），其特点在于延续过去歧视所造成的后果。

潜意识歧视理论产生于心理学界。人的行为并非全都是有意为之——虽然弗洛伊德的心理分析早就提出了这个观点[3]，但是直到近年与认知心理学等相结合，才发展成蔚为大观的新学术分支。[4] 利用默示连结测试（Implicit Association Test，简称IAT），学者发现：经过反歧视法的洗礼，绝大多数人已经明确反对各种歧视，但是他们仍会将受歧视的特征（如少数族裔、女性等）与消极事物连结在一起，这表明歧视仍根植在他们的潜意识

---

〔1〕　Ronald Craig、Lisa Stearns：《歧视概念的演变和发展》，李薇薇译，载李薇薇、Lisa Stearns 主编：《禁止就业歧视：国际标准和国内实践》，法律出版社2006年版。

〔2〕　Reva B. Siegel, *Race-Conscious but Race-Neutral*：*The Constitutionality of Disparate*，*Impact in the Roberts Court*，66 Ala. L. Rev. 653, 657（2015）.

〔3〕　法学界也曾有学者用弗洛伊德心理学分析潜意识歧视，并主张以差别影响歧视制度加以应对。Charles R. Lawrence III, *The Id*，*the Ego*，*and Equal Protection*：*Reckoning with Unconscious Racism*，39 Stan. L. Rev. 317（1987）. 此文是美国史上引用次数最多的法学论文之一。不过，由于弗洛伊德心理学的衰落，这一研究后继乏人。

〔4〕　参见 Anthony G. Greenwald & Linda Hamilton Krieger, *Implicit Bias*：*Scientific Foundations*，94 Cal. L. Rev. 945（2006）.

里。据统计，在数以百万计的 IAT 之中，超过 75% 的被试者表现出针对黑人等少数族裔的默示偏见。[1]

法律"对种族歧视绝不容忍，哪怕是隐晦的歧视也不例外"。[2] 然而，直接歧视制度只能打击有意识的歧视，对潜意识鞭长莫及。怎么办？不以故意为要件的间接歧视制度就派上了用场。既然默示偏见在社会中如此普遍，那么，即使没有证据表明存在歧视的故意，只要被告的行为对原告所在群体产生了较其他群体更为不利的影响，就可以推定：这种影响上的差别导源于潜意识的歧视。[3] 而被告要想击败这一推定，就必须举证其行为的正当依据，亦即证明自己并非被潜意识的歧视所支配。

如果默示偏见是旧时代的心理残余，那么结构性歧视就是社会残余。由于歧视在历史上长期存在，受歧视群体在资源占有和素质发展诸多方面均落后于其他群体。这种落后并不能归咎于受歧视者，而是反歧视法所要清除的社会后遗症。从积极方面着眼，法律可以采取再分配措施，帮助历史上受到歧视的群体迎头赶上，典型者即为纠偏行动（affirmative action）；而从消极方面

---

〔1〕 Cynthia Lee, *Making Race Salient: Trayvon Martin and Implicit Bias in a Not Yet Post-Racial Society*, 91 N. C. L. Rev. 1555, 1571-1572 (2013).

〔2〕 阎天译：《麦道公司诉格林案（McDonnell Douglas Corp. v. Green）》，载张翔主编：《宪政与行政法治评论（第七卷）》，中国人民大学出版社 2014 年版。

〔3〕 参见 Ralph Richard Banks & Richard Thompson Ford, *(How) Does Unconscious Bias Matter?: Law, Politics, and Racial Inequality*, 58 Emory L. J. 1053, 1101-1102 (2009).

着眼，法律需要禁止那些延续后遗症的做法，间接歧视制度就是措施之一。

　　间接歧视第一案——格瑞格斯诉杜克电力公司案就生动反映了结构性歧视的存在。[1] 该案中，被告公司要求新进或调岗员工必须拥有中学学历并通过两项职业测验，否则只能进入苦力部门工作。当时，黑人员工由于长期遭受种族隔离，所受教育水平低下，拥有中学学历的比例远低于白人，测试成绩也和白人有明显差距。如此一来，歧视的后遗症——黑人的教育劣势，将以职业隔离的形式延续下来。最高法院认为，被告的要求"即使表面中立，甚至意图也中立，但只要在实施中'固化'了先前歧视性雇佣实践的现时状况，就不能被容许"。类似的，前述欧洲男女同酬一案[2]中，女性由于历史上地位低下，家务负担偏重，职业发展受牵制，以致参加全日制工作的比例低于男性；被告企业向非全日制工人支付较低时薪，就会将歧视的后遗症——女性的劳动参与劣势——延续到薪酬之中，因而为欧洲法院所禁止。

---

〔1〕 以下关于本案的介绍均见阎天译：《格瑞格斯诉杜克电力公司案（Griggs v. Duke Power Co.）》，载张翔主编：《宪政与行政法治评论（第七卷）》，中国人民大学出版社 2014 年版，不再另行出注。

〔2〕 J. P. Jenkins vs. Kingsgate（Clothing Productions）Ltd., Case 96/80,［1981］ICR 592,［1981］EUECJ R-96/80,［1981］WLR 972.

第二节　反思"直接歧视证明难"

综上所述，间接歧视制度为各国所广泛采纳，学界通说呼吁我国搭上该制度全球化的顺风车，以享受其优越性。然而，理论的激情不应压倒实践的理性。以间接歧视制度多年来的实践为对照，逐一检讨关于其优越性的理论假说，可以看到：引入间接证据之后，证明直接歧视的难度已经大为减轻，无须通过间接歧视制度来缓解；而要证明间接歧视的存在，却会面临证明规则模糊的难题。"直接歧视证明难"并不能作为移植间接歧视制度的充分理由。

一、直接歧视的证明难题已获缓解

毋庸讳言，在直接歧视制度下，证明歧视的故意并不容易。雇主忌惮反歧视法，往往不露声色，使得受害者难以取得足以定案的直接证据，特别是带有歧视内容的言词和书面证据。使用直接证据来证明直接歧视的案件，在美国已经非常少见。[1] 但是，受害者并没有转投间接歧视制度而去，直接歧视案件仍然占据就

---

[1] 例外的，某些就业歧视案件中既有表明歧视故意的直接证据，又有表明用人决策正当理由的证据，这就构成所谓"混合动机（mixed-motive）"歧视。参见 Steven J. Kaminshine：《差别对待歧视理论：重述的必要》，阎天译，载阎天编译：《反就业歧视法国际前沿读本》，北京大学出版社 2009 年版。

业歧视诉讼案的绝大部分。[1] 原因在于：法院建立了以间接证据证明直接歧视的框架，大大降低了证明难度。这是通过三个步骤实现的。

首先，原告只需要举证少量事实，即可完成歧视故意的初步证明。原告的举证内容通常包括：（1）原告属于受法律保护的群体，（2）申请了被告的职缺，（3）符合职位要求，（4）被以其资质以外的原因加以拒绝，且（5）雇主仍对相似资质的申请人开放申请。实践中，根据求职、晋升、解聘等不同情形，这五项内容还可做灵活变通。[2] 它们排除了原告求职遭拒的最常见原因——没有职缺和没有资质，从而结为证据链，构成歧视故意的表面确凿案件（prima facie case）。

其次，一旦原告完成初步证明，包括证成责任在内的举证责任就转移给被告。被告除非可以举证其做法有正当理由，否则就要承担败诉风险。举证责任的转移使得原告处于非常有利的地位，庭审至此往往从"审原告"扭转为"审被告"：法律"不再要求劳动者主动出招击败对手，而只要求劳动者能够接住对方一招即可获胜"[3]。

---

〔1〕　关于美国就业歧视诉讼的类型结构，见 John J. Donohue III & Peter Siegelman, *The Changing Nature of Employment Discrimination*, 43 Stan. L. Rev. 983, 1015-1021 (1991).

〔2〕　Steven J. Kaminshine：《差别对待歧视理论：重述的必要》，阎天译，载阎天编译：《反就业歧视法国际前沿读本》，北京大学出版社 2009 年版。

〔3〕　阎天：《重思中国反就业歧视法的当代兴起》，载《中外法学》2012 年第 3 期。

最后，即使被告举出正当事由自辩，原告仍有机会揭穿该事由的虚假性并获胜。只要原告证明被告在撒谎，那么不论撒谎的动机如何、谎言所掩盖的事实是什么，法院都会认定歧视存在。[1]

不难看出，运用间接证据证明直接歧视的难度，已经和证明间接歧视差别不大了。美国并未取消直接歧视的主观要件，就达到了与采取主观不要件主义的英国接近的效果。[2] 因此，直接歧视的"证明难"问题在很大程度上并不真实，为此移植间接歧视制度有无的放矢之虞。

二、间接歧视的证明规则仍存模糊

从表面上看，间接歧视的证明步骤与用间接证据证明直接歧视颇有相似之处。它同样包含三个步骤：首先，由原告初步证明被告的行为对原告所在群体产生了比其他群体更为不利的影响；其次，由被告抗辩其行为与系争职位的工作相关，且与运营需要相符；最后，即使被告完成抗辩，原告仍可举证自己提出了效果

---

[1] 联邦最高法院在借口的证明问题上多次反复，目前认为原告只要证明被告撒谎就应足以获胜。Reeves vs. Sanderson Plumbing Products, Inc., 530 U. S. 133 (2000).

[2] Shari Engels, *Problems of Proof in Employment Discrimination: The Need for a Cleargr Definition of Standards in the United States and the United Kingdom*, 15 Comp. Lab. L. J. 340, 343 (1994); Gerald P. McGinley, *Judicial Approaches to Sex Discrimination in the United States and the United Kingdom-A Comparative Study*, 49 Mod. L. Rev. 413, 421 (1986).

相当的替代方案，而被告拒绝接受，从而获胜。[1]

但是，形式的相似并不意味着证明难度的相当。如果说，以直接证据证明直接歧视难在证据稀缺，那么，间接歧视的证明就难在规则模糊，特别是初步证明阶段的规则模糊。以格瑞格斯案为例，原告为了完成初步证明，将白人求职者的职业测试成绩与黑人加以对比，发现"白人的表现远好于黑人"[2]，据此主张被告的行为——安排求职者应试——对黑人的不利影响大于白人。这一证明过程包含了三条规则：其一，不利影响的计量对象是实际求职者；其二，不利影响的计量标准是比例，看合格者占实际求职者的比例高低；其三，不同群体所受影响的差异要达到"远好于"的程度，方才具有法律意义。然而，尽管格瑞格斯案至今仍是美国间接歧视制度最重要的先例，但是上述三条规则并未得到始终遵行，而是日益陷入不确定的境地。

1. 不利影响的计量对象

所谓影响的计量对象，就是指受到歧视性行为不利影响的人群范围。从理论上讲，凡是具备求职意愿的人，都应该列为计量对象。那么，格瑞格斯案将计量对象局限于实际求职者，就失之过窄，因为这会排除那些虽有意向、但是顾虑遭受歧视的风险而

---

[1]　参见 Robert Belton：《差别结果歧视的诞育、死亡与重生》，阎天译，载阎天编译：《反就业歧视法国际前沿读本》，北京大学出版社 2009 年版。

[2]　阎天译：《格瑞格斯诉杜克电力公司案（Griggs v. Duke Power Co.）》，载张翔主编：《宪政与行政法治评论（第七卷）》，中国人民大学出版社 2014 年版。

没有求职的人。[1] 可是，一个人如果没有实际求职，法律怎样确定他究竟有没有求职意向呢？逐一征询所有人肯定不现实，最高法院只能推测：只要一个人具备岗位资质，就推定他有求职意向。[2] 不过，这样推测未免失之过宽，因为一个人就算具备岗位资质，仍然可能因为歧视以外的原因而打消求职念头。最常见的原因就是居住地距工作地点过远，通勤不便。那么，究竟多远才会让人放弃求职呢？距离 100 千米？200 千米？最高法院还是只能推测，但从未统一过推测标准。实际上，就算统一了标准，也只确定了影响求职意愿的一个因素。而多重推测会导致误差累积，那么最终统计数据和实际受到歧视影响的人群范围之间究竟相差多远，答案显然不容乐观。

2. 不利影响的计量标准

格瑞格斯案涉及求职问题。这类案件适合以录用比例为计量标准。毕竟，法律至多可以要求黑人和白人获得等比例录用，而不能要求录用人数相等，否则对于基数更大的白人未免太不公平。但是，如果从求职转换到薪酬福利问题，情况就会不同。

比如，雇主决定给所有员工涨薪 500 元。如果以比例来衡量这一政策的影响，那么高薪员工获得涨薪的比例肯定小于低薪员工。而大部分单位都将年资与薪金挂钩，高薪员工多是资深的高

---

[1] 最早提出这一观点的是 Dothard v. Rawlinson, 433 U. S. 321 (1977).
[2] Wards Cove Packing Co. vs. Atonio, 490 U. S. 642 (1989).

龄员工。这样一来，高龄员工就可以主张单位的涨薪政策构成对高龄者的间接歧视。单位为了避免被高龄员工控告，只好调整政策，将定额涨薪改为定比例涨薪，所有员工均加薪10%。可是，如果以数量而非比例来计量新政策的影响，则资浅的低薪员工所获加薪数额肯定低于资深的高薪员工。这样一来，年轻的资浅员工就可以主张新政策构成对年轻人的间接歧视。雇主之所以动辄得咎、左右为难，根源在于计量标准的不确定：究竟应当以比例为准，还是以数量为准？问题无解。有学者主张，间接歧视制度根本不适用于薪酬福利问题[1]，而这会严重降低引进该制度的价值。

用比例衡量影响的另一项弱点是：当样本数量太小时，微小的数量变化就会带来比例的显著调整。比如，若有100名黑人求职者，录用人数从10人降为9人，录用比例只会相应降低1%；而若求职者只有10人，减招1人就会导致录用比例降低10%。多招或者少招1名黑人，很可能只是出于偶然，而法律却视之为推定种族歧视的重要依据，这未免太过武断。实际生活中，特别是在员工规模不大的企业之中，求职者和录用者数量都很小的情形占主流。统计性证据天然要求大样本，"数量过小"（small

---

[1] Michael J. Zimmer, Charles A. Sullivan & Rebecca Hanner White, *Cases and Materials on Employment Discrimination*, 8th ed., New York: Wolters Kluwer Law & Business, 2012.

number）问题看来会长期困扰美国法院。[1]

3. 影响的差异程度

某个行为对不同群体造成的影响有差异，这种差异要达到多大的程度，才构成法律上的"差别影响"？差异过小显然不行，比如，某次入职测试中，黑人的通过率是 50%，白人是 55%，二者差异只有 5%，这就很难推测是种族因素起了作用，而更可能反映了应试能力的不同，或者只是偶然现象而已。而如果黑人的通过率是 6%，白人却高达 58%，那么种族歧视的嫌疑就大到足以触发审查。[2] 究竟以什么标准来判断差异够不够大？平等就业机会委员会曾经"一刀切"地规定：只要受保护群体的通过率低于其他群体的 80%，就构成足够大的差异。[3] 法院通常也遵循这个规则。

但是，80% 规则的明确性是以灵活性为代价的。只要比例不低于 80%，雇主就可以为所欲为，这会导致用人单位"量身定做"录取结果的踩线行为。有法院就指出，80% 规则不应该为雇主创设"安全港"。[4] 况且，规则虽然明确，但是缺乏理据：既

---

〔1〕 参见 Michael J. Zimmer, Charles A. Sullivan & Rebecca Hanner White, *Cases and Materials on Employment Discrimination*, 8th ed., New York: Wolters Kluwer Law & Business, 2012.

〔2〕 这是美国平等就业机会委员会的一宗真实案例。见阎天译：《格瑞格斯诉杜克电力公司案（Griggs v. Duke Power Co.）》，载张翔主编：《宪政与行政法治评论（第七卷）》，中国人民大学出版社 2014 年版。

〔3〕 The Uniformed Guidelines on Employee Selection Procedures, 29 C. F. R. § 1607. 4D (July 30, 2015).

〔4〕 Isabel vs. City of Memphis, 404 F. 3d 404, 412 (2005).

缺乏足够的经验数据支持，又无法证明客观中立，而更像是任性而为或者偏袒受保护群体的产物。

总之，证明间接歧视需要计量歧视性行为的影响，并比较不同群体所受影响的差异。而无论是计量对象、计量标准，还是影响的差异程度判断，都缺乏明确的规则。间接歧视证明的关键是作比较，而比较的方法往往不唯一。美国法院有时将选择权交给原告[1]，欧盟则索性让各国自行立法决定[2]，这都只是推诿而非解决问题之道。从历史上看，多年前的黑人所遭受的歧视极为深重，涉诉歧视性行为往往对黑人极端不利，无论用什么方法来比较，结果都很类似。因此，当年的法院无须细究证明规则，只要遵循"常识评价"，依赖"公共知识""显著事实"乃至"内心确信"即可断案。[3] 而今，黑人所受的歧视趋于缓和，证明规则的难题便浮出水面。[4] 至于妇女、高龄者等其他群体，他们所受的歧视从未像黑人那般酷烈；法院更加严格限制间接歧视

---

〔1〕　Dothard v. Rawlinson, 433 U. S. 321 (1977).

〔2〕　Christa Tobler, *Limits and Potential of the Concept of Indirect Discrimination*, *European Commission*, Directorate-General for Employment, Social Affairs and Equal Opportunities, Unit G. 2, Luxembourg, 2008.

〔3〕　Christa Tobler, *Limits and Potential of the Concept of Indirect Discrimination*, *European Commission*, Directorate-General for Employment, Social Affairs and Equal Opportunities, Unit G. 2, Luxembourg, 2008.

〔4〕　也正因为黑人受到的歧视减轻了，如今的间接歧视案件数量持续减少，且大多涉及很久以前的歧视行为。Michael Selmi, *The Evolution of Employment Discrimination Law*: *Changed Doctrine for Changed Social Conditions*, 2014 Wisc. L. Rev. 937, 991.

制度的适用，也就在情理之中了。[1]

第三节　反思"新型歧视化解难"

反歧视法施行之后，直接歧视首当其冲，几乎被荡涤一空。但是，对受保护群体的负面印象仍然残存在人们内心深处，由此形成了潜意识歧视；受保护群体的弱势地位仍然延续在社会上，由此形成了结构性歧视。打击新型歧视，直接歧视制度力不从心，通说寄望于间接歧视制度。但是，间接歧视制度打击潜意识歧视的主要工具——IAT 存在不足，无法准确测量默示偏见，不能证明偏见对人事决策的支配作用，更无法根据测试结果确定法律责任。克服制度性歧视则有个人努力、外界扶持两大路径，而间接歧视制度游走在二者之间，表现出高度的不稳定性和不确定性。所以，间接歧视制度无力化解潜意识歧视，其化解制度性歧视的能力也很不可靠。

一、间接歧视制度与潜意识歧视

用间接歧视制度打击潜意识歧视的前提是：默示偏见普遍存

---

[1] 例如，美国最高法院直到 2005 年才判决间接歧视制度适用于超过 60 岁的高龄者，且作出额外限定，理由之一便是高龄者所受歧视与黑人不同。Smith vs. City of Jackson, 544 U. S. 228 (2005).

在于社会之中，以至于只要被告行为对原告所在群体产生了更为不利的影响，就有默示偏见的嫌疑。那么，默示偏见真的有那么普遍吗？测量默示偏见的工具几乎只有 IAT 一种。其创始人曾引经据典地作证说："在美国人中到处都充斥着默示偏见，检出率通常高于 70%，而他们大多认为自己并无偏见。"[1]这个结论是如何得出的呢？以种族歧视为例，IAT 所计量的是被试者将特定族裔人脸与负面词汇配对的速度。它假定：被试者对特定族裔作出负面联想的速度越快，对该族裔的默示偏见就越强。[2]

可是，影响配对速度的因素并不只有偏见。有时，被试者因为对某个族裔的人脸更为熟悉，就会加速配对；有时，被试者担心被指为种族主义者，于是有意无意地放慢将少数族裔与负面词汇配对的速度；等等。这些干扰因素都无法排除。[3] 加上种族与负面词汇之间的关联系数并不总是很大[4]，IAT 的出错率可想而知。如果应用到法律上，又会放过多少歧视者、冤枉多少没

---

[1] Karlo vs. Pittsburgh Glass Works, LLC, WL 4232600（W. D. Penn., July 13, 2015）.

[2] 美国的一家联邦地区法院这样描述 IAT 测试的内容：

这是一项利用计算机进行的测试，其依据是被试者看到不同性别、种族和民族的人的照片时所自动作出的词汇配对。每张图片仅展示数毫秒；之后就要求被试者进行配对。举例来说，如果被试者将非洲裔美国人的照片与负面特征词汇配对的速度，快于将欧洲裔美国人与相同负面特征配对的速度，那就认定被试者表现出了针对非洲裔美国人的默示消极成见。

Jones v. Nat'l Council of Young Men's Christian Associations of theUnited States of Am., 34 F. Supp. 3d 896, 899（N. D. Ill. 2014）.

[3] 参见 Gregory Mitchell & Philip E. Tetlock, *Antidiscrimination Law and the Perils of Mindreading*, 67 Ohio St. L. J. 1023, 1031 & 1033（2006）.

[4] Gregory Mitchell & Philip E. Tetlock, *Antidiscrimination Law and the Perils of Mindreading*, 67 Ohio St. L. J. 1023, 1033（2006）.

有歧视的雇主呢？

即便 IAT 经过修补，确实能够准确测量默示偏见，也不能推定偏见会指引人事决策行为。人事决策关涉劳动者权益和雇主发展，也包含诉讼风险，雇主莫不严肃对待。所以，决策行为通常都经过深思熟虑，受到潜意识支配的可能性很小。究竟有多大比例的决策行为是在默示偏见支配下作出的？有关的心理学研究还极其有限，结论也很不确定。更为致命的是：这些研究并非深入职场，而是在高校内招募大学生模拟职场进行的。[1] 正如模拟法庭迥异于真实的庭审，通过分析模拟职场也很难了解人事决策的实际状况。

即使 IAT 能够反映职场实况，也不容易根据测试结果来确定法律责任。因为，测试结果很难反映特定被告的情况。在实际诉讼中，IAT 专家都是作为原告证人出现的，而被告不会允许他们给自己的决策人员做测试，以免授人以柄，让原告取得对己方不利的证据。这样一来，原告只能把全国的普遍情况套用到被告头上。姑且不论如此套用的武断性，迄今为止，IAT 从未在任何国家全面推开；就算普查困难，也可以通过抽取有代表性的人口样本来替代普查，但是这项工作付之阙如。正如一家法院所指出的，虽然 IAT 已经进行了 1400 万次之多，但是测试对象高度随意，甚

---

[1] Michael Selmi, *The Evolution of Employment Discrimination Law: Changed Doctrine for Changed Social Conditions*, 2014 Wisc. L. Rev. 937, 977.

至有人多次被试，这怎么能反映全国乃至被告的状况呢？[1]

假设原告克服重重障碍，取得了被告人事决策人员的 IAT 结果，证明他们确实在潜意识里歧视原告所在群体，那么被告的行为是否构成间接歧视？前已述及，间接歧视制度的特征就在于主观不要件主义，法律并不评价歧视者的主观状况。默示偏见作为主观状况的一种，根本不在间接歧视制度的考察范围之中，以至有法院认为谈论默示偏见根本没有意义。[2] 换言之，间接歧视制度不仅无力打击潜意识歧视，而且与后者方枘圆凿、不相匹配。

其实，就算把间接歧视制度成功改造为打击默示偏见的利器，如果默示偏见真的无处不在，那么几乎所有人事决策都将面临歧视指控，不仅雇主无法运营，法院也会被积案压垮。这就不难理解：尽管学界将 IAT 应用于司法的呼声很高，但是截至目前，美国联邦法院受理的、涉及该测试的案件只有 3 宗，且均由测试的发明人担任专家证人；地方法院的案件也只有 3 宗。[3]

二、间接歧视制度与结构性歧视

1. 化解结构性歧视的两条通路

受保护的群体由于历史上的公然歧视而承受了教育、工作等

---

[1]　Karlo vs. Pittsburgh Glass Works, LLC, WL 4232600 (W. D. Penn., July 13, 2015).

[2]　Karlo vs. Pittsburgh Glass Works, LLC, WI 4232600 (W. D. Penn., July 13, 2015).

[3]　运用 WestlawNext 数据库检索，时间为 2015 年 8 月 12 日。

方面的劣势；即使公然歧视被法律所扫除，这些劣势仍然使得受保护群体遭遇不利影响。怎样消除这种影响？或者依靠个人努力，或者依靠外界帮扶。这是法律应对结构性歧视的两条通路。

所谓依靠个人努力，就是要让受保护群体的成员可以和其他群体的成员公平竞争，凭借自身实力赢得发展机会。正如最高法院在格瑞格斯案中所言，法律要让"工作资质居于统治地位"[1]。用工作资质来衡量求职者并作出人事决策，被称为绩效主义（meritocracy）。[2] 绩效主义有三个重要特征：其一，法律并不保护整个群体，只维护群体中努力的个人，所以采取个人主义而非群体主义的立场。其二，法律并不确保努力就会成功，只保障努力得到公正的评价，所以采取机会平等而非分配平等的立场。其三，为了确保评价的公正性，法律就要把与绩效无关，或者损害绩效判断准确度的因素从决策中剔除出去，净化决策过程，而不直接评价决策的效果，所以采取以过程而非效果为中心的立场。

个人主义、机会平等、以过程为中心，合起来就是个人奋斗的美国梦。它获得了美国人的高度认同，深植在美国文化当中，以至被学者称作法律未曾言明的、美利坚公民身份（American

---

〔1〕 阎天译：《格瑞格斯诉杜克电力公司（Griggs v. Duke Power Co.）》，载张翔主编：《宪政与行政法治评论（第七卷）》，中国人民大学出版社 2014 年版。

〔2〕 参见 Nicole J. DeSario, *Reconceptualizing Meritocracy: The Decline of Disparate Impact Discrimination Law*, 38 Harv. Civ. Rts. -Civ. Lib. L. Rev. 479, 485 (2003).

citizenship）的核心部分。[1] 这种认同表现为激进和保守两种形态。从激进的一面来看，美国梦与剥夺个人奋斗机会的社会制度尖锐对立，往往成为社会改革的意识形态起源。开国时代，美国人坚决拒绝移植欧洲封建制度，不但立宪禁止封爵、实行民主政治，而且崇尚依靠自食其力获得经济独立。这种社会经济观念可以浓缩成所谓公民的"自食其力权"（the right to earn）。[2] 民权革命时代，马丁·路德·金高呼"我有一个梦想"，打击奴隶制的残余——种族隔离制度，其本质仍然是将自食其力权还给黑人。《1964 年民权法》等重要反歧视立法正是在这一时期出台的。[3]

而从保守的一面来看，美国梦倾向于将人的不利处境归因于个人奋斗的不足。当从前受歧视的黑人贝拉克·侯赛因·奥巴马通过个人奋斗入主白宫之际，许多美国人就认为，美国已经步入了后种族时代（post-racial era）。[4] 歧视已是明日黄花，黑人如果仍然无法出头，就只能归咎于自己没有见贤思齐了。这种观念

---

〔1〕 参见 [美] 茱迪·史珂拉：《美国公民权：寻求接纳》，刘满贵译，上海世纪出版集团 2006 年版。

〔2〕 与惯常的误解不同，美国开国不仅是一场政治革命，而且是广泛的、平等主义的社会革命。参见 Gordon Wood, *The Radicalism of the American Revolution*, New York: Alfred A. Knopf, 1992.

〔3〕 参见 Bruce Ackerman, *We the People*, *Volume* 3: *The Civil Rights Revolution*, Cambridge: The Belknap Press of Harvard University Press, 2014.

〔4〕 参见 Michael Selmi, *Understanding Discrimination in a Post-Racial World*, 32 Cardozo L. Rev. 833（2011）.

塑造了美国人对于歧视的理解。心理学研究表明：美国人在遇到不平等的现象时，由于坚信绩效主义，会明显回避将不平等归因于歧视，倾向于指责受害人努力不足等个人因素。[1] 这是美国的主流民意。既然个人不争气，那么不平等的后果就应该由个人承担，而没有让国家分担的道理。

可是，在很多情况下，个人努力并不足以克服社会局限。奥巴马的成功，除了本人勤奋之外，也应当归功于他父亲一脉的较高社会地位，这使得他所面临的障碍远少于普通黑人。[2] 普通黑人无法"拼爹"，要想取得类似的成功，除了自强不息，更需要外界帮扶。显然，帮扶的思想与绩效主义正面抵触：其一，法律所帮扶的是整个群体，采取群体主义而非个人主义的立场。个人获得扶助的依据是其作为群体成员的身份，而非努力与否。其二，法律所意欲实现的是群体地位的整体提升，采取分配平等而非机会平等的立场。如果说，从前的不平等竞争向白人一边倾斜，那么，外界帮扶就要逆转不平等，使竞争向黑人倾斜。其三，法律并不关心决策过程，只关心结果，采取以效果而非过程为中心的立场。

群体主义、分配平等、以效果为中心，合起来就是新政自由

---

〔1〕 Katie Eyer, *That's Not Discrimination: American Beliefs and the Limits of Anti-Discrimination Law*, 96 Minn. L. Rev. 1275（2012）.

〔2〕 参见陶短房：《奥巴马传说：一些善意误会》，http：//star. news. sohu. com/s2013/obama/。

主义的传统。它和美国梦一样获得了高度认同，也在美国民众心里扎根。无论民意如何倾向保守，彻底否弃新政自由主义的观点都只能存活在舆论的边缘。于是，在结构性歧视面前，两条大路同时展开：个人努力之路与外界帮扶之路。两条道路都曾被最高法院所不同程度采纳，获得了宪法依据。早在1938年的卡洛琳物产案之中，最高法院就指出："针对分散且孤立少数的偏见是一个特殊情形，它可能会严重制约往昔赖以保护少数者的政治过程运作，并且相应的要求加强司法审查。"[1]这是过程论的平等观之始。用宪法学家约翰·哈特·伊利的话来说，"利益分配本身如果不是宪法所要求的，那么唯一可以认定其违宪的依据便是达成分配的方式"[2]。而效果论的平等观则起源于布朗案。最高法院指出，教育领域的种族隔离"引发了认为他们[3]的社会地位低人一等的感觉，这会给他们的心智造成难以消弭的损害"[4]。只有在结果上实现黑人地位的提升，才能够落实宪法的平等保护。

2. 纠结于两条通路之间的间接歧视制度

个人努力与外界帮扶两条通路，分别对应着一项反歧视法律制度。一方面，为了保证个人努力能够得到公正对待，必须防止

---

[1]　United States vs. Carolene Products, 304 U. S. 144, 152 n. 4 (1938).

[2]　John Hart Ely, *Democracy and Distrust: A Theory of Judicial Review*, Cambridge: Harvard University Press, 1980.

[3]　他们指黑人。

[4]　Brown vs. Board of Education, 347 U. S. 483, 494 (1954).

决策者在评价个人时考虑绩效以外的无关因素；一旦最典型的无关因素——偏见进入决策，就构成了歧视的故意，可以通过直接歧视制度追究责任。另一方面，政府和私人主体在分配就业机会时，为了降低受保护群体个人努力的难度，采取帮扶措施，包括降低录用标准、预留录用指标等，就构成纠偏行动（affirmative action）[1]。直接歧视制度对应个人努力，崇尚公平竞争，排斥外界帮扶；纠偏行动制度对应外界帮扶，主张倾斜保护，强调个人努力的不足。二者的区别可谓是泾渭分明。

现实中的政策选择绝少走极端，往往在个人努力和外界帮扶两条道路之间选择折中方案。在政策天平两端的托盘里，分别安放着直接歧视制度和纠偏行动制度两个砝码；而间接歧视制度的纠结之处，恰恰在于它可以同时服务于两条道路，俨然充当了游码的角色，随着政策风向的变化而在两端之间滑动。这导致了间接歧视制度的高度不稳定性和不确定性。

问题起初似乎并不存在。当最高法院就格瑞格斯案下判时，首席大法官伯格斩钉截铁地宣示：判断职场是否存在间接歧视的"试金石是运营需要"[2]。法律要求雇主按需用人，只看绩效，优胜劣汰，奖勤罚懒，分明鼓励求职者和员工走个人奋斗的道

---

[1] 又译"肯定性行动""积极行动"等。此译法取自张千帆教授。参见张千帆：《平等是一门科学——就业歧视法律控制的比较研究》，载《北方法学》2007 年第 4 期。

[2] 阎天译：《格瑞格斯诉杜克电力公司案（Griggs v. Duke Power Co.）》，载张翔主编：《宪政与行政法治评论（第七卷）》，中国人民大学出版社 2014 年版。

路。只要初步证明受保护群体遭遇的负面影响比其他群体更严重，法律就推定决策中混入了与绩效无关，或者降低绩效判断准确度的因素，并责令决策者自证清白。这种因素并不唯一。经过多年的法治实践，至少有三种主观因素受到了间接歧视制度的打击：

——第一种是敌意（animus）。对于受保护群体怀有敌意的决策者，在决策时根本不考虑绩效，宁肯牺牲绩效也不把机会分配给受保护群体。

——第二种是成见（stereotype）。对于受保护群体怀有成见的决策者，虽然意欲根据绩效作出决策，但是囿于成见，低估了受保护群体成员的绩效，导致误判。在美国，敌意多见于种族歧视，而性别歧视则更经常由成见所引发。

——第三种是误信（mistrust）。决策者错误地用绩效的某些指征物来评价绩效，导致误判。经常造成误信的指征物包括两类：一是测试成绩，决策者误以为成绩可以准确反映绩效；二是履历，决策者"把成功证书当成了绩效本身的等价物"[1]。

虽然上述三种因素都干扰决策者的绩效判断，但是它们的主观恶性差别明显。怀有敌意的决策者根本否定绩效对于决策的意义，恶性最大。抱持成见的人至少承认绩效主义，所以恶性小于

---

〔1〕 Nicole J. DeSario, *Reconceptualizing Meritocracy: The Decline of Disparate Impact Discrimination Law*, 38 Harv. Civ. Rts. -Civ. Lib. L. Rev. 479, 485（2003）.

敌意因素。而误信区别于敌意和成见之处，在于并不特别针对某个受保护群体：决策者并不觉得黑人不好，甚至可能是种族平等的积极支持者；他们以为统一测试已经给予了黑人平等机会，只是太相信测试的准确度了。除了在客观上不利于受保护群体，他们的误信实乃理性局限所致，与普通的商业判断失误并没什么差别。可见，误信的主观恶性小于成见，更小于敌意。

不幸的是，对于主观恶性不同的三种因素，法律却只有间接歧视这一套制度来应对。"一刀切"的做法造成了两难的后果。一方面，如果法律采取"宁纵勿枉"的态度，打击力度过轻，就会将主观恶性最轻的误信排除出打击范围。剩下的两种打击对象——敌意和成见——都构成歧视的故意，属于直接歧视制度的规制范围。如此一来，间接歧视制度专门针对隐蔽的故意，无异于直接歧视的变种。于是不可避免地，间接歧视制度的结构越来越向直接歧视制度靠拢，引发间接歧视制度的生存危机：为什么不干脆把间接歧视制度合并到直接歧视制度中去呢？1989 年，最高法院比照直接歧视制度，大幅调整了间接歧视制度下的原告初步证明内容、举证责任分配方案和原告抗辩机会[1]，以致学者惊呼：间接歧视制度已经"死亡"[2]。

---

〔1〕 Wards Cove Packing Co. vs. Atonio, 490 U.S. 642 (1989).

〔2〕 Robert Belton:《差别结果歧视的诞育、死亡与重生》，阎天译，载阎天编译:《反就业歧视法国际前沿读本》，北京大学出版社 2009 年版。

　　另一方面，如果法律采取"宁枉勿纵"的态度，打击力度过重，就会将轻微的误信都纳入打击范围。法律以深深怀疑的目光，审视着决策的几乎全部参考依据：工作经验、学历、统考成绩……决策者必须对绩效作出精确判断，哪怕很小的偏差都不被允许，这势必令雇主如履薄冰，深恐决策能力稍有不逮，便遭遇诉讼之累。为了防患未然，雇主一旦发现决策结果对受保护群体不利，就可能加以调整，或者干脆预留部分就业机会给受保护群体，实行配额制（quota system）。如此一来，法律诱导雇主将与绩效无关的因素——诉累——纳入决策过程，偏离了鼓励个人努力的道路；法律还迫使雇主采取配额制这种典型的纠偏行动，走上了外界帮扶的道路。1991 年，当国会试图立法让间接歧视制度"死而复生"时，配额制成为争议的焦点[1]。

　　如何评价间接歧视制度诱导雇主帮扶的现象？纠偏行动本来属于政府职责，雇主参与有越俎代庖之嫌[2]，而法律强制雇主实施则更需要强力论证。随着敌意的减少和成见的淡化，误信在打击对象序列中愈发重要，"严打"误信诱迫雇主纠偏的现象越来越突兀。2009 年，耶鲁大学所在的纽黑文市被一群白人消防员告到最高法院。当时，市消防部门组织晋级考试，结果白人成

---

[1]　参见 Ian Ayres & Peter Siegelman, *The Q-Word as Red Herring: Why Disparale Impact Liability Does Not Induce Hiring Quotas*, 74 Tex. L. Rev. 1487 (1996).

[2]　美国最高法院对与私人主体自愿实施纠偏行动的看法，参见 Paul N. Cox, *The Supreme Court, Title VII and "Voluntary" Affirmative Action—A Critique*, 21 Ind. L. Rev. 767 (1988).

绩明显优于黑人。顾及黑人消防员提起间接歧视诉讼的风险,消防部门将成绩作废。可是这样就把种族因素带入了决策,被白人消防员指责为直接歧视。两难之间,最高法院明显偏向保护白人的个人努力,给纽黑文市防患未然的做法设定了很高的门槛,判决政府败诉。[1] 斯卡利亚大法官更明言:"差别影响与平等保护之间的战争行将打响,这让我们应当开始思考:如何、以及在何种条件下让它们握手言和。"[2] 论者一时认为,距离间接歧视制度的第二次"死亡"已经不远了。

不过,在支持外界帮扶道路的人看来,战争根本不会打,因为差别影响与平等保护之间并没有矛盾。相反,根据间接歧视制度的要求,雇主承担一些纠偏的责任,恰恰是服务于平等保护的真谛——分配平等。诚然,雇主为此要局部牺牲绩效,但是,"这种牺牲可以被视作正当的公民义务,这很像为了实现第一修正案的更大目标——维持公共辩论的活力——而要求公民作出的牺牲:名誉的扭曲和损害"[3]。纠偏是雇主的社会责任,正如法律严格限制雇主解雇怀孕女工,从而缓解女工因为生育而在职场上遭受的不利影响。

可是,问题并没有完全解决:雇主的社会责任与政府的国家

---

〔1〕 Ricci vs. DeStefano, 557 U. S. 557 (2009) .

〔2〕 Ricci vs. DeStefano, 557 U. S. 557, 595-596 (2009) (Scalia, J. , concurring) .

〔3〕 [美] 欧文·费斯:《另一种平等》,阎天译,载章剑生主编:《公法研究·第15卷(2016·春)》,浙江大学出版社2016年版。

责任如何分割？法律规定以纠偏对雇主不构成"过分负担"（undue hardship）为限，但具体标准仍然模糊。[1] 并且，雇主之间的社会责任如何分割？受保护群体的不利处境往往是先前雇主长期歧视的结果，而新迁来的雇主对此并无责任，法律为什么把纠偏的义务加诸无辜者、而不是歧视者？……大量疑问不断开辟法庭斗争的新战场。归根结底，间接歧视制度的高度不确定性，肇因于其在两条道路之间的游移：面对结构性歧视，法律究竟应当鼓励个人努力，还是要求外界帮扶？

结　语

近年来，我国学界对于法律移植的应然讨论，多关注国家之间的张力，聚焦于移植之法能否适应国情。本章则强调：在思考这个问题之前，先要考察移植之法在原生国家的实际情况。作为当代最流行的意识形态，"平等"赋予间接歧视制度以巨大的理念感召力，驱策着全球几代学者为之鼓呼。然而，理念与现实之间同样存在张力，这一张力构成本章的核心关切。间接歧视制度并不具备通说所宣称的两大优越性——降低歧视受害者的证明难

---

〔1〕　以残疾歧视问题为例，参见 Jeffrey O. Cooper, *Overcoming Barriers to Employment: The Meaning of Reasonable Accommodation and Undue Hardship in the Americans with Disabilities Act*, 139 U. Pa. L. Rev. 1423 (1991).

度和化解新型歧视。对于这样一种制度的移植，保持审慎态度或许不失明智。毕竟，如果间接歧视制度在原生国都实效不彰，又怎么可以保证移植之后会"墙内开花墙外香"呢？

无论如何，间接歧视制度已经载入深圳特区立法。当务之急并非全面引进外国做法，而是摆正预期，明确间接歧视制度在本国的价值和功能。其一，为了解决当下歧视的证明难题，与其一头扎进间接歧视证明规则的泥沼，不如首先将用间接证据证明直接歧视的零星尝试[1]加以定型。其二，由于潜意识歧视既缺乏实证、更缺少规制工具，不宜将打击潜意识歧视列入间接歧视制度试点的议程。其三，对于长期城乡分隔、男女有别等所造成的结构性歧视，如果依靠外界帮扶来解决，不宜将间接歧视制度作为帮扶的主要工具，而是应当优先考虑配额制等纠偏举措。这些措施已经比较成熟，例如，在高校招生中预留名额给农村考生，在某些公职中确保女性不低于一定比例。另外，为了鼓励农村子弟及女性通过个人努力来对抗结构性歧视，需要打击针对他们的敌意和成见。如果直接歧视制度尚不足以完成这一任务，就可以考虑用间接歧视制度作为补充。这也是间接歧视制度试点最可能的发力之处。

---

〔1〕 笔者掌握判决书的 28 宗反就业歧视案例中，除 1 宗未提歧视的证明问题以外，剩余 27 宗中，有 15 宗通过直接证据来认定歧视是否存在，有 6 宗完全依靠间接证据定案，不涉及直接证据。

第四章　虚与实：平等观念的内涵之争

导　论

平等是反歧视法所依赖的最重要的宪法价值，"不歧视"和"平等"经常被学者看作可以互换的同义语。面对反歧视立法的迫切需求，平等必然走下抽象理念的神坛，回归生活，展开具体的规范意义——宪法学者从强调"平等原则"到关注"平等权利"乃至"平等审查"的转变即是明证。然而，一旦去除绝对真理的光环，平等所带给人们的与其说是确定的规范，毋宁说是更多的分歧、困惑与无所适从：平等的含义并不统一，不仅"形式平等""实体平等""机会平等""过程平等""结果平等"之类的术语多如牛毛，而且对每一术语含义的理解尚存歧见；平等与一些相邻概念纠缠不清，平等与自由、平等原则与比例原则[1]究竟存在何种关系，尚无头绪；平等会"自相矛盾"，一方面可以用来论证学校种族隔离的必要性[2]，却也可以论证去除种族隔离的必要性[3]……平等的规范意义为这些歧义和模糊所严重削弱，促使人们追问：平等的困境因何而起，又如何解脱？

1982 年，美国学者彼得·韦斯滕[4]给出了自己的答案：平等的观念完全是空洞的，它必须援引外部的权利规则方可获得实体内容，否则便毫无意义；而一旦搞清了这些规则，平等就变得多余。围绕平等衍生的看似矛盾和纠结的现象，其实都是平等背后的权利规则差异所致；而平等本身还会遮蔽人们对于这些规则的关注，引发混乱，所以应当被废弃。他的上述思想集中体现于《平等观念的空洞性》[5]一文，发表在 1982 年第 3 期的《哈佛法

---

[1] 对于比例原则与平等原则的关联，极少数学者主张为并列关系（参见李惠宗：《宪法工作权保障谱系之再探》，载《宪政时代》第 29 卷第 1 期。转引自薛长礼：《劳动权论》，吉林大学 2006 年博士学位论文），多数意见倾向认为比例原则是平等原则的量度（参见姜昕：《公法上比例原则研究》，吉林大学 2005 年博士学位论文）。对于二者关系的具体分析，参见阎天：《就业歧视界定新论》，载姜明安主编：《行政法论丛（第 11 卷）》，法律出版社 2008 年版。

[2] 例如，美国联邦最高法院在 Plessy v. Ferguson 一案中，曾论证了种族隔离的学校政策是"分离且平等"的。Plessy v. Ferguson, 163 U. S. 537 (1896).

[3] 例如，美国联邦最高法院在 Brown v. Board of Education 一案中，曾论证了种族隔离政策具有天然（inherent）的不平等性。Brown v. Board of Education, 347 U. S. 483 (1954).

[4] 彼得·韦斯滕曾任密歇根大学法学院 Frank C. Millard 教席教授。他毕业于哈佛大学，后获加州大学伯克利分校法学博士学位。他对平等问题的研究形成了若干论文，并有专著 *Speaking of Equality: The Rhetoric of Equality in Moral and Legal Discourse* 于 1990 年问世。

[5] Peter Westen, *The Empty Idea of Equality*, Harvard Law Review, Vol. 95, No. 3. (Jan., 1982). 译文参见阎天编译、叶静漪审校：《反就业歧视法国际前沿读本》，北京大学出版社 2009 年版。

律评论》上。其后两年间，这篇文章引发了众多学者的讨论和质
疑；难得的是，韦斯滕对代表性的质疑逐一发文反驳，在《耶鲁
法律杂志》[1]、《密歇根法律评论》[2] 和《哥伦比亚法律评
论》[3] 等一流法学期刊开辟了学术对话的平台，形成了 8 篇主
要交锋文章。多年后，《平等观念的空洞性》一文已成为美国法
学界引用最多的论文之一[4]，《哈佛法律评论》又刊出克里斯托
弗 J. 彼得斯[5] 撰写的《重思平等》[6]，对多年前的争论重新作
出诠释，由是掀起讨论的新高潮，不仅有上一轮争论的学者再次

[1] Steven J. Burton（斯蒂文·J. 伯顿），*Comment on "Empty Ideas"：Logical Positivist Analyses of Equality and Rules*（论"空洞观念"：平等与规则的逻辑实证主义分析），The Yale Law Journal，Vol. 91，No. 6.（May, 1982）；及回应文章：Peter Westen，*On "Confusing Ideas"：Reply*（论"引发混乱的概念"：一个回应），The Yale Law Journal，Vol. 91，No. 6.（May, 1982）. 斯蒂文·J. 伯顿是艾奥瓦大学法学院 John F. Murray 教席教授。

[2] Erwin Chemerinsky（厄文·凯末林斯基），*In Defense of Equality：A Reply to Professor Westen*（为平等辩护：回应韦斯滕教授），Michigan Law Review，Vol. 81，No. 3.（Jan., 1983）；Anthony D'Amato（安东尼·达马托），*Comment：Is Equality a Totally Empty Idea?*（评论：平等是完全空洞的观念吗?），Michigan Law Review，Vol. 81，No. 3，（Jan., 1983）；及回应文章：Peter Westen，*The Meaning of Equality in Law，Science，Math，and Morals：A Reply*（法律、科学、数学和道德意义上的平等：一个回应），Michigan Law Review，Vol. 81，No. 3.（Jan., 1983）. 厄文·凯末林斯基是加利福尼亚大学埃尔文分校法学院创始院长、高级教授；安东尼·达马托是西北大学法学院 Leighton 教席教授。

[3] Kent Greenawalt（肯特·格林沃特），*How Empty Is the Idea of Equality?*（平等观念如何空洞?），Columbia Law Review，Vol. 83，No. 5.（Jun., 1983）；及回应文章：Peter Westen，*To Lure the Tarantula from Its Hole：A Response*（引蛛出穴：一个回应），Columbia Law Review，Vol. 83，No. 5.（Jun., 1983）. 肯特·格林沃特是哥伦比亚大学法学院校级教授。

[4] See Fred R. Shapiro，*The Most-Cited Law Review Articles Revisited*，Chicago-Kent Law Review，Vol. 71，No. 3.（Jan., 1996）.

[5] 克里斯托弗·J. 彼得斯是韦恩州立大学法学院终身副教授。

[6] Christopher J. Peters，*Equality Revisited*（重思平等），Harvard Law Review，Vol. 110，No. 6.（Apr., 1997）.

上阵[1],《艾奥瓦法律评论》[2]和《波士顿法律评论》[3]等亦参与其中,形成了7篇有代表性的论争文字。平等观念空洞性的讨论,在学术史上留下了生动的一页,至今余音绕梁[4],而中国学者对这场论辩的关注还很少。[5]回思围绕《平等观念的空洞性》一文所产生的争论,对于理解和应对平等观念的困境,不无裨益。

本章以韦斯滕的观点为线索,以前述计15篇文本为主要素材,将主体分为三节:第一节介绍平等空洞性的证明过程,以及从方法论角度所作的批评,包括韦斯滕的回应;第二节全面铺展平等空洞性论战的图景,将学者争点集中于"平等的假设"、

---

[1] Kent Greenawalt, *"Prescriptive Equality": Two Steps Forward*("指令性平等":前进两步),Harvard Law Review, Vol. 110, No. 6. (Apr., 1997).

[2] Joshua D. Sarnoff(约书亚·D. 萨诺夫), *Equality as Uncertainty*(作为不确定性的平等),Iowa Law Review, Vol. 84, No. 3. (Mar., 1999);回应文章 Christopher J. Peters, *Slouching towards Equality*(滑向平等),Iowa Law Review, Vol. 84, No. 4. (May, 1999);及再回应文章 Joshua D. Sarnoff, *I Come to Praise Morality, Not to Bury It*(赞誉而非埋葬道德),Iowa Law Review, Vol. 84, No. 4. (May, 1999). 约书亚·D. 萨诺夫是美利坚大学华盛顿法学院 Glushko-Samuelson 知识产权法诊所主任助理。

[3] Kenneth W. Simons(肯尼斯·W. 西蒙斯), *The Logic of Egalitarian Norms*(平等主义规范的逻辑),Boston University Law Review, Vol. 80, No. 3. (Jun., 2000);及回应文章 Christopher J. Peters, *Outcomes, Reasons and Equality*(产出、理由与平等),Boston University Law Review, Vol. 80, No. 4. (Oct., 2000). 肯尼斯·W. 西蒙斯是波士顿大学法学院教授。

[4] 最近的讨论文章,如 Deborah L. Brake, *When Equality Leaves Everyone Worse Off—the Problem of Leveling Down in Equality Law*, William and Mary Law Review, Vol. 46 (Nov., 2004).

[5] 笔者所见的中国学者对《平等观念的空洞性》一文的征引,仅见于周勇:《少数人权利的法理》,社会科学文献出版社2002年版;孙传钊:《贫困的尺度》,载《读书》2002年第3期。转引亦仅见于朱振:《论人权公约中的禁止歧视》,载《当代法学》2005年第4期;周海霞、李玲:《论社会主义市场经济条件下公平与效率的关系》,载《辽宁广播电视大学学报》2005年第4期(未注明转引)。对该文内容较细致的梳理,仅见于邱小平:《法律的平等保护——美国宪法第十四修正案第一款研究》,北京大学出版社2005年版。

"实体平等" 及平等与规则统一适用问题三条战线，详加辨析；第三节介绍平等所引发的混乱问题，讨论废除平等的主张的充分性。

第一节　平等空洞性的证成

韦斯滕曾以三段论结构来表述他的基本观点：

大前提： 任何空洞且造成混乱的法律或道德概念，均应被排除作为解释性规范；

小前提： "平等" 的概念空洞且造成混乱；

结　论： 因此，平等的概念应被排除作为解释性规范。[1]

质言之，对于法律或道德概念而言，仅仅空洞还不足以证立对其加以废除的必要性，必须同时满足 "空洞" 和 "造成混乱" 两个条件才能够做到这一点。另外，平等之所以会造成混乱，又直接源于其空洞性：正是因为平等是空洞的，必须援引外部的权利规则方能具备实体内容，才埋下了平等遮蔽权利、造成混乱的伏笔。因此，"空洞" 又是 "造成混乱" 的必要条件。由是，论证平等观念的空洞性，成为韦斯滕所要解决的首要问题。

---

[1] Peter Westen, *On "Confusing Ideas": Reply*, The Yale Law Journal, Vol. 91, No. 6. (May, 1982).

一、韦斯滕的证明

韦斯滕采用了亚里士多德对平等的经典定义，"道德上的平等是指：相似之人应获得相似对待，而不相似之人应获得与其不相似性成比例的不相似对待"[1]。显然，平等公式包含两个成分：（1）两个人相似的事实判断；（2）他们应获得相似对待的道德判断。那么，亚氏及其信徒是如何从事实（"是"）推导出规范（"应当"）的呢？事实判断与价值判断之间存在不可逾越的鸿沟，因此，唯一的出路在于赋予成分（1）以道德意涵。换言之，"'相似之人'可能意指道德上在某些方面相似的人"[2]然而，人的道德侧面数不胜数，究竟哪些方面应当作为衡量人的相似性的标准呢？平等或"相似之人应获得相似对待"的命题本身无法回答这一问题，人们不得不引入外部的道德规范作为平等的量度。例如，"一切公民都有权获得基本的生存条件"是一个道德规范，正是它决定了一切公民在获得基本生存条件方面都是平等（相似）的。换言之，所谓"相似之人"，是指某一外部规则规定应获得相似对待的人。同理，平等本身也无法给出衡量待遇的相似性的标准，仍须仰仗外部规则，所以，所谓"相似对

---

[1] Peter Westen, *The Empty Idea of Equality*, Harvard Law Review, Vol. 95, No. 3. (Jan., 1982).

[2] Peter Westen, *The Empty Idea of Equality*, Harvard Law Review, Vol. 95, No. 3. (Jan., 1982).

待"，是指某一外部规则规定的对待。

如果"相似之人"的判断规则为规则一，而"相似对待"的判断规则为规则二，那么规则间的关系就可分为两种情况。第一种情况：规则一与规则二是不同的规则。例如，"相似之人"是在"一切公民都有权获得基本的生存条件"的意义上相似的，而"相似对待"是在"成年公民均有选举权"的意义上相似的，那么主张"相似之人应获得相似对待"就显然很荒谬——因为，有权获得基本生存条件的公民，却不一定有选举权，他们完全可能不满足规则二的适用对象。可见，这种情况不是平等的题中之意。第二种情况：规则一与规则二是相同的规则，那么，说"相似之人应获得相似对待"，就等于说"某一外部规则规定应获得相似对待的人，应获得该规则所规定的对待"。这一说法无疑是正确的，平等舍此别无他意，却也陷入了同义反复的泥沼。[1]韦斯滕写道：

> 真相至此大白：平等完全是"循环的"。它告诫我们给予相似的人以相似对待；然而当我们问起谁是"相似的人"时，却被告知他们是"应被给予相似对待的人"。平等只是个本身毫无实质道德含义的空洞容器。离开了道德标准，平等就毫无意义，

---

〔1〕 上述对两规则的分析，是参考了韦斯滕对"形式平等"的论述。Peter Westen, *To Lure the Tarantula from Its Hole: A Response*, Columbia Law Review, Vol. 83, No. 5. (Jun., 1983).

并沦为无法告诉我们如何行事的公式。而一旦找到了道德标准，平等就变得多余，并沦为只会重复已知事物的公式。[1]

平等所援引的外部规则，在性质上属于权利规则。所谓权利，是指"个人或群体及其代表所能够公正主张的一切条件或力量——除了'相似之人应获得相似对待'的主张"[2]，它可以简单表述为如下命题："如果一个人符合某一条件事实，就有资格得到某种对待。"[3] 这一命题的事实判断和价值判断部分，与前述平等命题的两个成分一一对应。所以，权利在逻辑上先于平等而存在，平等是由权利派生而来的，在分析时会瓦解而归于权利。"说两个人是'平等'的且有权获得'平等'对待，就等于说二者都充分满足支配对待的（权利）规则所设定的标准"；换言之，"平等"不是将两个人加以比较而得来的，而是将两个人分别与权利标准相比较而得来的；"平等"没有为如何对待人们提供任何指示，而仅仅反映了将权利规则一以贯之地加以适用的客观结果——所以，在韦斯滕看来，"平等"完全是多余的。

---

[1] Peter Westen, *The Empty Idea of Equality*, Harvard Law Review, Vol. 95, No. 3. (Jan., 1982).

[2] Peter Westen, *The Empty Idea of Equality*, Harvard Law Review, Vol. 95, No. 3. (Jan., 1982).

[3] Peter Westen, *The Meaning of Equality in Law, Science, Math, and Morals: A Reply*, Michigan Law Review, Vol. 81, No. 3. (Jan., 1983).

二、方法论的探讨

在对韦斯滕提出质疑的学者中，伯顿以从方法论角度进行批评而引人注意。由于韦斯滕给平等贴上了"演绎的道德真理"[1]的标签，伯顿就从分析法律规则时的方法入手，展开探讨。他认为，法律规则的分析法有四种：演绎（deductive）方法、归纳（inductive）方法、目的性（purposive）方法和类比（analogical）方法。对法律规则采取目的性态度，会背上沉重的价值负担，且过于依赖讨论背景，以致无法确定规则适用的情形；而归纳法则完全无法解释规则为何能适用于某一特定事实[2]，这两种方法应首先排除。至于韦斯滕所运用的演绎法，固然反映了法律论证的普遍形态，但也存在无法解决的五点缺陷：其一，作为演绎推理大前提的规则本身通常是选择（chosen）的而非给定（given）的；其二，大前提都是阐释性的；其三，作为小前提的事实必须特定化，以融入小前提的语言框架；其四，小前提也必须获得阐释，以赋予含义；其五，大前提和小前提必须相符合。而前述的选择、阐释、特定化乃至相符与否，都缺乏明确的规范标准，具有强烈的主观任意色彩。因此，演绎推理的功能"不是证明可欲

---

〔1〕 Peter Westen, *The Empty Idea of Equality*, Harvard Law Review, Vol. 95, No. 3. （Jan., 1982）.

〔2〕 Steven J. Burton, *Comment on "Empty Ideas"*: *Logical Positivist Analyses of Equality and Rules*, The Yale Law Journal, Vol. 91, No. 6. （May, 1982）.

的结论，而是将某人在特定问题上已经暗示的观点挑明"[1]。韦斯滕的论证当然也难逃痼疾。伯顿认为，法律论证从根本上讲是类比论证。特别是在英美法系之下，判例法和"遵循先例"原则居于统治地位，而法官造法总是存在被后来者重新阐释、设定例外乃至推翻的空间[2]，因而并不存在确定的、可以用作演绎推理起点的规则；另外，（权利）规则都是类比的结果，类比背后的逻辑其实就是"相似案件应获得相似处理"[3]，这与"相似之人应获得相似对待"如出一辙，于是（权利）规则也必须借助平等方能获得运用——权利也沦为空洞的概念。[4]

韦斯滕不同意权利会瓦解而归于平等的看法。首先，虽然判例法可以被修改，但这并非判例法的特质，成文立法亦然；而只要尚未被修改，它们就可以发挥普遍规范的作用，充当演绎推理的大前提。[5] 其次，伯顿"假定在类比推理中，人们首先确定法律上相关的相似点，然后再建构法律规则来解释这些相似点。

---

[1] Oliphant & Hewitt, *Introduction*, in j. rueff, from the physical to the social sciences ix (1929). 转引自 Steven J. Burton, *Comment on "Empty Ideas"*: *Logical Positivist Analyses of Equality and Rules*, The Yale Law Journal, Vol. 91, No. 6. (May, 1982).

[2] Steven J. Burton, *Comment on "Empty Ideas"*: *Logical Positivist Analyses of Equality and Rules*, The Yale Law Journal, Vol. 91, No. 6. (May, 1982).

[3] Steven J. Burton, *Comment on "Empty Ideas"*: *Logical Positivist Analyses of Equality and Rules*, The Yale Law Journal, Vol. 91, No. 6. (May, 1982).

[4] See generally Steven J. Burton, *Comment on "Empty Ideas"*: *Logical Positivist Analyses of Equality and Rules*, The Yale Law Journal, Vol. 91, No. 6. (May, 1982).

[5] See generally Peter Westen, *On "Confusing Ideas"*: *Reply*, The Yale Law Journal, Vol. 91, No. 6. (May, 1982).

事实上，论证的过程恰好相反"[1]。因为，两个事物总是既有相似之处，又有不相似之处；要确定哪些相似之处在"法律上相关"，就必须援引外部判断规则。可见，在韦斯滕看来，权利并不会瓦解而归于平等，而是可以瓦解而归于另一种权利。

不过，韦斯滕认同权利也具有空洞性的看法。不仅如此，他主张权利、自由、正义[2]都是空洞的。权利的特点是只具有规范意义，而不具有描述意义；由于"权利"仅仅是联结某一条件事实与特定法律资格的纽带，而非事实或资格本身，因此，权利也具有空洞性。[3] 平等和自由则同时具有描述意义和规范意义：人们可以说"人有依其意愿自杀的自由"，也可以说"人应当有依其意愿自杀的自由"。从描述的意义上讲，自由的三个变量——主体、限制和行为，一方面不能被任意赋值（例如，不能将"主体"变量赋值为不能作为主体的事物）。另一方面又都不确定，需要援引外部的规范来加以特定化，因此是部分空洞的；而平等只有一个变量——比较的标准，它可以被赋值为任何规则，因而完全空洞。从规范的意义上讲，自由和平等则都是完全

〔1〕 Peter Westen, *On "Confusing Ideas": Reply*, The Yale Law Journal, Vol. 91, No. 6. （May, 1982）.

〔2〕 Peter Westen, *The Empty Idea of Equality*, Harvard Law Review, Vol. 95, No. 3. （Jan., 1982）.

〔3〕 Peter Westen, *On "Confusing Ideas": Reply*, The Yale Law Journal, Vol. 91, No. 6. （May, 1982）.

空洞的——它们都没有告诉人们"应当"如何行事[1]。为了获得实体内容，描述性的自由和平等需要援引描述性规则，而规范性的自由和平等则需要援引规范性规则[2]。

至此，自由、平等、权利乃至正义这些最基本的宪法价值，都被贴上了空洞的标签。这种现象是偶然的吗？伯顿试图从方法论中寻找必然性。他认为，韦斯滕所遵循的是分析实证主义（analytical positivism）的还原论（reductionism）。这一理论追求将概念加以"析分"，"还原"为若干可以"实证"确知的特征（empirically ascertainable traits），这些特征元素是概念存在的充要条件。而由于绝大多数法律规则都具有规范特点[3]，将它们的应然（ought to be）属性还原为实然（be）元素在逻辑上办不到，于是这些规则都被认为是"空洞"的[4]。换言之，所谓"空洞性"的含义，与"不可还原性"略同。伯顿的理解在韦斯滕的分析中得到了一定的印证：韦斯滕将描述意义上的自由还原为三个因素，诸如主体、行为之类的因素虽不确定，但终究是事实性的，因而并非完全空洞；而规范意义上的自由则被认定为全然空洞。

---

[1] Peter Westen, *On "Confusing Ideas": Reply*, The Yale Law Journal, Vol. 91, No. 6. (May, 1982).

[2] Peter Westen, *On "Confusing Ideas": Reply*, The Yale Law Journal, Vol. 91, No. 6. (May, 1982).

[3] Steven J. Burton, *Comment on "Empty Ideas": Logical Positivist Analyses of Equality and Rules*, The Yale Law Journal, Vol. 91, No. 6. (May, 1982).

[4] Steven J. Burton, *Comment on "Empty Ideas": Logical Positivist Analyses of Equality and Rules*, The Yale Law Journal, Vol. 91, No. 6. (May, 1982).

第二节　平等空洞性的展开

一、"平等的假设"

(一)"平等的假设"及其一般反驳

所谓平等的假设，是韦斯滕在运用平等的空洞性理论分析美国宪法第十四修正案平等保护条款时引出的。按照审查强度的高低，美国宪法将州的管制分为三类：涉及基本权利的案件；涉及可疑归类的案件；需要合理基础的案件。前两类案件的情况较为简单，韦斯滕指出，它们都是用平等对立法归类进行检验，而归类的前提是确定标准，这一标准只能来自外部规则。至于所谓"合理基础"案件，论证过程可表述为：（1）平等要求相似之人获得相似对待；（2）所有人在某些方面都是相似的；（3）因此，平等要求作出一切人获得相同对待的"假设"，除非社会为区别对待他们提供了某种正当性（合理基础）。[1] 平等的假设被许多学者认为具有规范意义，如萨诺夫将其视作"默认规范"[2]，而西蒙斯更断言：平等只在一个意义上不空洞，即作为

---

〔1〕Peter Westen, *The Empty Idea of Equality*, Harvard Law Review, Vol. 95, No. 3. (Jan., 1982).

〔2〕Joshua D. Sarnoff, *Equality as Uncertainty*, Iowa Law Review, Vol. 84, No. 3. (Mar., 1999).

"要求解释的平等"时。[1]

韦斯滕认为，这种假设是不正确的。首先，平等的假设并不能从"相似之人应获得相似对待"的命题中导出。因为，"相似之人应获得相似对待"的命令是绝对的，而平等的假设则是初步（prima facie）的，可以运用合理基础来辩驳，而我们"不能从一条绝对命令中推导出一条初步的命令"[2]。其次，"相似之人应获得相似对待"只能推导出所有人在"他们相似的特定方面必须获得相似对待"[3]，而不能导出"所有人在一切方面都应获得相似对待"的假设命题。再次，平等的观念其实并不带有对于相似对待的偏好，因为，"使某些人'相似'（因而要求他们获得相似对待）的特定待遇规则，在逻辑上就会使他人'不相似'（并要求给予他们不相似的对待）"[4]，而平等的假设显然带有这种与平等本身不符的偏好。最后，也是最根本的一点，平等的假设就如平等本身一样空洞。

首先，就如平等的假设本身并不包含区分"相似"和"不

---

[1] Kenneth W. Simons, *The Logic of Egalitarian Norms*, Boston University Law Review, Vol. 80, No. 3. (Jun., 2000).

[2] Peter Westen, *The Empty Idea of Equality*, Harvard Law Review, Vol. 95, No. 3. (Jan., 1982).

[3] Peter Westen, *The Empty Idea of Equality*, Harvard Law Review, Vol. 95, No. 3. (Jan., 1982).

[4] Peter Westen, *The Empty Idea of Equality*, Harvard Law Review, Vol. 95, No. 3. (Jan., 1982).

相似"之物的任何标准，这个假设也无法区分"相似"的和
"不相似"的对待。其次，由于每一规则都在某些方面给予人们
相似对待，而在另一些方面给予不相似的对待，因此该假设无法
实现其核心功能，即对要求正当性证明的规则与无此要求的规则
加以区分。最后，即便该假设确能鉴别出那些不需要正当性证明
的规则，假设本身也无法区分给予人们区别对待的"好"的和
"不好"的理由，因而无法告诉行为人何时应当反驳该假设。基
于上述三点原因，该假设作为道德规范可谓了无意义。[1]

正因为上述理由，平等的假设无法如凯末林斯基期待的那
样，充当识别潜在不平等的标准。凯末林斯基的错误在于：他假
定一项规范要么给予人们平等对待，要么给予人们不平等对
待——这才存在对两类规范加以识别、析分的空间。然而，事实
上，一项规范从来都是在某些方面给予人们平等对待，而在另一
些方面则给予不平等对待。凯末林斯基曾设想了州的一项教育立
法，规定给智商超过 120 的学生按人头拨款 1000 美元，而对其
他学生则只拨款 100 美元。[2] 在凯末林斯基看来，要想挑战这
项立法，只能透过第十四修正案的平等保护条款，主张州对智商

〔1〕 Peter Westen, *The Empty Idea of Equality*, Harvard Law Review, Vol. 95, No. 3. (Jan., 1982).
〔2〕 Erwin Chemerinsky, *In Defense of Equality: A Reply to Professor Westen*, Michigan Law Review, Vol. 81, No. 3. (Jan., 1983).

超过（或不超过）120 的学生采取了不平等的对待。然而，无论怎样修改该法，某些方面的不平等对待都无可避免：

这一立法基于智商对学生加以区别，因而在这个方面给予了他们不平等的对待。如果去掉这项区别，让所有学生都得到 1000 美元助学金，这项立法仍将在学生和非学生之间制造歧视。如果这种歧视也被去掉，让一切居民都获得 1000 美元，那么该法仍将歧视非居民。如果将居民身份歧视去除掉，对任何申请者都拨付 1000 美元，那么仍将在申请者和非申请者间制造歧视。如果把这种歧视也去掉，将 1000 美元给予任何定居之人，那么在定居之人与非定居者之间仍存在歧视。即便将这种歧视也去掉，这项立法仍将在获得了 1000 美元的人和获得了其他州的其他福利的人之间制造歧视，因为没有立法可以在法定权利和整体权利方面都给予人们平等对待。简言之，这项立法不可能仅仅给予人们平等对待而不同时给予不平等的对待。[1]

（二）"平等的假设"与道德标准的不确定性

1. "作为不确定性的平等"

萨诺夫将自己参与讨论的文章命名为《作为不确定性的平

---

[1] Peter Westen, *The Meaning of Equality in Law, Science, Math, and Morals: A Reply*, Michigan Law Review, Vol. 81, No. 3. (Jan., 1983).

等》，顾名思义，他将人们决策时对道德标准的不确定性，视作采取平等对待措施的正当性基础。具体而言：

（1）由于存在逻辑不对称和道德不确定，不平等对待比平等对待更可能显得恣意，而西方文明（与某些其他文明不同）很反感恣意性；（2）由是，道德不确定性降低了决策机制实施不平等对待后的自信；（3）所以为了避免明显的恣意，我们采用了一项在先的默认规则，要求在不能足够确定运用区别标准的情况下，适用平等对待。[1]

据此，萨诺夫将平等的假设重新表述为："相似之人（因为我们无法有说服力地证明他们不同）应获得相似对待（因为我们无法有说服力地证明分殊的对待是正当的）。"[2]笔者将这一表述展开为两个公式：

公式一：

$$平等假设的规范力量 = \frac{决策的重要性}{决策者的信心}$$

〔1〕 Joshua D. Sarnoff, *Equality as Uncertainty*, Iowa Law Review, Vol. 84, No. 3. (Mar., 1999).
〔2〕 Joshua D. Sarnoff, *Equality as Uncertainty*, Iowa Law Review, Vol. 84, No. 3. (Mar., 1999).

　　萨诺夫解释道：对待的公正与否并非不证自明，是因为实体道德在认识论或形而上学的意义上是不确定的：从认识论上，我们不可能知道所有相关的标准，以及应如何运用这些标准；从形而上学上，并不存在决定哪些标准与正义相关的客观依据。由于决策来自当事人的动机，所以我们必须评估决策者的动机在道义上是不是好的；然而作为评估标准的道德本身不确定，相互冲突的道德价值又难于平衡，那么最终的评估只能从实践而非理论中来。总之，不确定性居于道德观念的基础地位，是社会共识的一部分。[1] 它的规范力量与决策的重要性成正比，与决策者的信心成反比[2]；在选择决策标准前，它要求决策者"将不平等对待限制在那些决策者最有道德自信的地方"[3]，寻求更大的道德确定性；在作出判断后，它又加强了决策者的判断，对抗那些主张不平等对待的人。[4]

　　公式二：

$$平等假设的规范力量 = \frac{自由裁量性}{决策恣意性}$$

---

〔1〕 Joshua D. Sarnoff, *Equality as Uncertainty*, Iowa Law Review, Vol. 84, No. 3. (Mar., 1999).

〔2〕 Joshua D. Sarnoff, *Equality as Uncertainty*, Iowa Law Review, Vol. 84, No. 3. (Mar., 1999).

〔3〕 Joshua D. Sarnoff, *Equality as Uncertainty*, Iowa Law Review, Vol. 84, No. 3. (Mar., 1999).

〔4〕 Joshua D. Sarnoff, *Equality as Uncertainty*, Iowa Law Review, Vol. 84, No. 3. (Mar., 1999).

也就是说，决策所依据的"道德标准越具有自由裁量性，人们就越可能将不平等对待指责为滥用个人动机而恣意反复的产物"[1]。平等与自由裁量的关系，下文还将详述[2]；笔者在此处强调平等的假设与决策恣意性的关联，"平等对待使得决策者基于不相关标准或过分恣意的裁量动机而施加区别的风险最小化"[3]——至少萨诺夫作如是观。

平等的假设对于法律的稳定性有显著影响：一方面，它将对法律理路的修改限制在法官有高度道德自信的地方，从而使随时间而产生不公平对待的表面风险最小化，这是平等促进法律稳定的一面；另一方面，平等又是对现存待遇分配方案正当性的不断质疑，当分配错误频率上升或标准的相关性下降时，人们就会倾向于认为制度是不公正的，从而引发公民不服从，这是平等促进法律变革的一面。[4] 当然，平等假设的作用是有限的，它并不能保证实体结果一定公正；而一旦我们确定了判断标准，平等假设的稳定化作用也就消失了。[5]

或许是因为萨诺夫的逻辑起点——道德标准的不确定性——几乎无可辩驳，他的观点事实上获得了多数讨论参与者的赞同。

---

〔1〕 Joshua D. Sarnoff, *Equality as Uncertainty*, Iowa Law Review, Vol. 84, No. 3. (Mar., 1999).
〔2〕 见本章第二节第三部分。
〔3〕 Joshua D. Sarnoff, *Equality as Uncertainty*, Iowa Law Review, Vol. 84, No. 3. (Mar., 1999).
〔4〕 Joshua D. Sarnoff, *Equality as Uncertainty*, Iowa Law Review, Vol. 84, No. 3. (Mar., 1999).
〔5〕 Joshua D. Sarnoff, *Equality as Uncertainty*, Iowa Law Review, Vol. 84, No. 3. (Mar., 1999).

凯末林斯基即认为，平等能够让人们在面临平等对待或不平等对待的决策时，首选平等对待。[1] 格林沃特在探讨平等的"道德力量"时曾论述道：如果违规的情况过多，平等就会成为主张改变标准的基础。他举例说，如果在一场考试中，规定 70 分为及格线，而心软的老师让好几位只得了 69 分的人都及格了，那么同样得到 69 分却未能及格的学生就能以平等为由而主张及格。[2] 这与萨诺夫笔下的"平等促进法律变革"如出一辙。格林沃特更指出，有些案件缺乏线索以决定应否对当事人采取区别对待，例如，在一宗抢劫案中，法官只知道两名嫌疑人是共同正犯，但究竟何人为主则毫无线索；甚至在一些案件中，明知应当给予当事人区别对待，但无法判定究竟何人应受罚，例如，双胞胎之一打碎了家里的玻璃，父母对究竟何人肇事无从知晓；在这些情况下，裁判者就会根据平等假设，作出给予相同对待的决策。[3] 在萨诺夫看来，格林沃特设想的上述案例，为平等假设与道德标准不确定性的关系，提供了绝好的注脚。[4]

---

〔1〕 Peter Westen, *The Meaning of Equality in Law, Science, Math, and Morals: A Reply*, Michigan Law Review, Vol. 81, No. 3. (Jan., 1983).

〔2〕 Kent Greenawalt, *How Empty Is the Idea of Equality?*, Columbia Law Review, Vol. 83, No. 5. (Jun., 1983).

〔3〕 Kent Greenawalt, *How Empty Is the Idea of Equality?*, Columbia Law Review, Vol. 83, No. 5. (Jun., 1983).

〔4〕 Joshua D. Sarnoff, *Equality as Uncertainty*, Iowa Law Review, Vol. 84, No. 3. (Mar., 1999).

2. 韦斯滕的回应

尽管由于身处讨论的不同波次，韦斯滕没有和萨诺夫正面交手，因而没有直接回应道德标准的不确定性问题，但他对凯末林斯基和格林沃特或作反驳，或可用其观点进行分析。对于凯末林斯基将平等作为"首选规范"优先于不平等对待的观点，韦斯滕指出：凯氏认为平等或不平等的关系可以与其背后的规范相分离，亦即不需要考虑衡量平等与否的标准为何，只要单凭"平等"本身就足以作出决定。韦斯滕反驳道，平等是否正义完全取决于其背后的规范。如果一项规范是正义的，那么根据这项规范所作出的平等对待或不平等对待就都是正义的；作出决定的依据不能是"平等"与否，而应当是平等背后的规范正义与否。[1]

对于格林沃特声称平等可以促使规则标准改变，韦斯滕认为，格氏所举的事例其实属于道德困境：规则 A 认为人们是相同的，规则 B 则认为他们是不同的；所谓平等的"道德力量"，无非是说平等可以用来在规则 A 和 B 之间作出选择。然而，格林沃特犯了最常见的错误：他以为平等先于规则而存在，事实却是他（下意识地）首先选择了特定规则，然后把规则适用的结果用平等的语言重新表述一遍。[2] 就他提到的及格线一案而言，

---

[1] Peter Westen, *The Meaning of Equality in Law, Science, Math, and Morals: A Reply*, Michigan Law Review, Vol. 81, No. 3. (Jan., 1983).

[2] Peter Westen, *To Lure the Tarantula from Its Hole: A Response*, Columbia Law Review, Vol. 83, No. 5. (Jun., 1983).

实际上就存在着两个规则：

    规则 A：及格线应为 70 分。

    规则 B：及格线应为 70 分，但若有多人例外地以 69 分而获及格，那么其后获得 69 分者均可及格。

    教师在本案中的困境，并不是通过平等来解决的，而是通过选择规则 B 解决的：规则 A 将 69 分的学生和 70 分的学生视为"不相似之人"，从而给予他们区别对待；规则 B 则将他们视为"相似之人"，并给予相似对待。总之，规则先于平等而存在，平等在规则之外并不能增加任何额外的"道德力量"。

    至于格林沃特所称缺乏断案线索的情形，韦斯滕未予回应，但仍可用他的观点进行解释。首先，在上述抢劫案中，实际上仍是将法律对抢劫犯罪的规定分别适用于两名嫌疑人；不知道何人是主犯，仅仅导致法律对主犯和从犯的规定不能适用，并不能导致共同正犯的规定不适用；那么对两犯处以相同刑罚就是法律的必然要求。其次，在上述打碎玻璃案中，实际上也是将父母制定的家规分别适用于双胞胎；如果家规是"罪疑从无"，那么将这一标准适用于两个孩子，就会同时排除对两人进行处罚的可能，从而形成对两个人进行平等对待的结果；而如果家规是"罪疑从有"，那么将这一标准同时适用于两个孩子，就会作出对两人都进行处罚的决策，从而也会形成对两个人进行平等对待的结果——换言之，此处的平等仍不过是严格适用规则的逻辑结果，而不是决策的实际依据。

3. 彼得斯的回应

彼得斯在《滑向平等》一文中，集中力量反驳了萨诺夫。其实，萨诺夫撰文时即预料到彼得斯可能的反弹，于是自问自答：既然存在"指令性平等"（即有规范力量的平等），那么是否也对应地有"指令性不平等"呢？质言之，如果平等的假设具有规范力量，那么如何论证不平等的假设不具备这种力量？综观萨诺夫全文，他的回答可以分为三个方面：第一，要作出不平等对待，就需要选用待遇标准，而决策者对哪些标准是相关的并不确定，这种不确定性会遏制不平等对待的规范意义；反之，平等对待意味着不需要选用任何标准，不存在不确定性问题，也就具有规范力量[1]。显然，在韦斯滕看来，一切平等都须援用特定权利规则，并不存在"不需要选用任何标准"的平等，而且任何所谓平等对待措施都会造成新的不平等，所以，萨诺夫的这一回答很难立足。他自己也注意到了韦斯滕对平等的假设的批评，于是把平等的假设提到了在逻辑上无以复加的高度——先于在先观念的观念（pre-anterior notion）[2]。然而，如何论证平等

---

〔1〕 Joshua D. Sarnoff, *Equality as Uncertainty*, Iowa Law Review, Vol. 84, No. 3. (Mar., 1999).

〔2〕 Joshua D. Sarnoff, *Equality as Uncertainty*, Iowa Law Review, Vol. 84, No. 3. (Mar., 1999).

假设的这种"超级优先性"？这就引出了萨诺夫第二方面的回答：平等深植于西方文化传统。[1] 关于平等的假设与文化传统和心理的关系，下文还将专门论述。[2] 第三，所谓"认识不对称"。根据彼得斯的概括，在萨诺夫眼中，人们大致估定两个人都有资格获得某种特定对待是较为容易的，而估定某人在多大程度上比他人更应获得某种对待则较为不易。面对这种认知难易度的不对称性，为了裁短思维，人们就建立平等的假设，优先尝试较为容易的认识路径。对此，彼得斯从两个角度进行了批评：其一，由于平等根本是空洞的，所谓平等或不平等对待，实际上不过是对各个分配对象分别适用权利规则的结果，有几个对象就要适用几次，每次适用的难度相当，并不存在何者更为容易之说。诚然，如果决策完全缺乏线索（道德完全不确定），那么不分皂白一律划一对待是较为便捷的；然而与其如此，还不如干脆抛硬币来做决定——完全随机的决策并不比整齐划一的对待更麻烦。[3] 其二，"认识不对称"又可细分为两种情形。在第一种情形下，决策者根本不知道是否应给予张三比李四更好的对待，此时如果运用"平等的假设"而将待遇拉平，就陷入了平等空洞性的泥沼。在第二种情形下，决策者虽然知道应给予张三较之李

〔1〕 Joshua D. Sarnoff, *Equality as Uncertainty*, Iowa Law Review, Vol. 84, No. 3. (Mar., 1999).
〔2〕 见本章第二节第一部分。
〔3〕 Christopher J. Peters, *Slouching towards Equality*, Iowa Law Review, Vol. 84, No. 4. (May, 1999).

四更好的对待, 但不清楚应当在多大程度上进行优待。此时如果根据"平等的假设", 将待遇标准向上取齐, 使李四的待遇抬升到张三的水平, 那么张三必将因李四的"无功受禄"而产生相对被剥夺感, 提起抗议; 若将待遇向下取齐, 将张三的待遇压低到李四的水平, 那么张三必将因为自己"无过受戮"而产生相对被剥夺感, 提起抗议; 若将待遇平分, 同时降低张三待遇并拉高李四待遇, 则张三的抗议仍无可消灭[1]。总之, 包括"认识不对称"在内, 萨诺夫提出的三方面理由, 均不能回答为何不存在"指令性不平等"的问题, 无法为"指令性平等"即平等的假设提供依据, 动摇了道德不确定性对于平等规范意义的渊源地位。

彼得斯更进一步指出, 平等的假设并非道德不确定性的应对之策, 而是将这种不确定性以新的形式延续下去。的确, 在萨诺夫所举的例证之中, 道德不确定性可谓无处不在。例如, 在阅卷时, 虽然及格线确定, 但是主观题的阅卷标准不可能完全清晰, 客观题也存在题意模糊、判分差池、计分错误的情况[2], 这些因素都构成萨诺夫主张平等对待的理据。然而, 若将道德不确定性推向极端, 一切确定性荡然无存, 那么道德判断也就彻底消

---

[1] See generally Christopher J. Peters, *Slouching towards Equality*, Iowa Law Review, Vol. 84, No. 4. (May, 1999).

[2] Joshua D. Sarnoff, *Equality as Uncertainty*, Iowa Law Review, Vol. 84, No. 3. (Mar., 1999).

失，平等的规范意义更无从谈起。萨诺夫意识到了这种潜在的危险，于是设计了一个临界点，认为超过这个临界点之后，人们就具备了作出决策的足够道德信心。然而，人们又何以有信心认定自己已经到达了这个临界点？仿效萨诺夫的方案，似乎要给这种"次级信心"再设定一个临界点，或可称为决策信心的临界点的临界点；那么，人们如何能够有信心确定自己到达了这样一个"临界点的临界点"？难道再设定"临界点的临界点的临界点"吗？如此的追问和设定将无穷无尽。所以，平等实际上没有给道德不确定性提供一个解决方案，而是把不确定性以另一个形式继续下去。[1]

(三)"平等的假设"与文化传统和历史经验

对平等假设的最常见辩护，往往从文化传统和历史经验入手。凯末林斯基、格林沃特、萨诺夫和西蒙斯对此均有论述，并受到了韦斯滕与彼得斯的接踵反驳。

1. "不平等的危害更大"

论者或认为，不平等造成的危害要远大于平等，故应建立平等的假设。例如，针对韦斯滕主张平等不带有对"相似对待"的偏好，凯末林斯基提出，是否应当存此偏好不能全凭形式逻辑推演，而应立足于真实的经历。历史证明，政府基于种族、性别

---

[1] Christopher J. Peters, *Slouching towards Equality*, Iowa Law Review, Vol. 84, No. 4. (May, 1999).

等而对人们加以区别对待所带来的危害，要远比平等对待的危害大；特别是在民主政体下，歧视性的对待往往是多数人对少数人作出的，不仅披上了合法的外衣，而且具有系统性、普遍性的特征，所以必须以普遍的平等假设与之对抗。[1] 西蒙斯则举出种族不平等的例子，认为"这一（以种族为标准的——译注）区分最令人困扰之处，不仅仅是运用无关标准的事实，而是种族归类的社会显著性（包括劣等化、等级制和社会中的不平等地位），以及这种归类普遍深入而严重的后果（包括社会摩擦、贬低对自我价值和互相尊重的文化的感受，以及某些时候的暴力）"。[2] 换言之，运用不相关标准并不是不平等的充分条件，因为平等之上还附丽着许多价值。他的一个证据是：通常来说慢待黑人（给予差于白人的对待）比优待黑人（给予优于白人的对待）更糟糕些。[3]

上述观点均未获得韦斯滕或彼得斯的正面回应，但均可用他们的观点加以分析。首先，任何对待的实质均有赖外部规则的填充，所以，不仅依某一规则的相同对待在其他规则下可能构成差别对待，而且在某一规则下的差别对待同样可能在其他规则下构

〔1〕　Erwin Chemerinsky, *In Defense of Equality*：*A Reply to Professor Westen*, Michigan Law Review, Vol. 81, No. 3.（Jan. , 1983）.

〔2〕　Kenneth W. Simons, *The Logic of Egalitarian Norms*, Boston University Law Review, Vol. 80, No. 3.（Jun. , 2000）.

〔3〕　Kenneth W. Simons, *The Logic of Egalitarian Norms*, Boston University Law Review, Vol. 80, No. 3.（Jun. , 2000）.

成相同对待。这样，某一危害究竟是相同对待还是差别对待造成的，根本无法脱离具体规则背景一概而论。其次，如果平等的规范意义并不（仅仅）存在于"相似之人应获得相似对待"这一命题本身，而是在很大程度上（如果不是全部）取决于附着其上的各种价值，那么平等的所谓规范意义就是虚空的：它不过充当了人们表述一束价值的中介——这就如同花瓶固然有集合鲜花的作用，但鲜花之美无论如何也不能归于花瓶之美。最后，各种对待的好与坏，与不同主体的主观标准大有关联：不仅横向的价值共识未必存在（例如，有些白人或许认为歧视黑人比不歧视好），即便纵向观察，同一主体的价值观念也处在变动中。举例来说，早期女权主义者要求和男子拥有完全一样的待遇，而后继者则转而认为：现存的待遇标准本身是男性主义的，专为男性服务的，因而早期女权主义者的做法无异于将不公正的男性特权正当化。这也成为平等所受的诟病之一。[1] 质言之，平等的所谓"规范意义"随背后的权利规则而变迁，即便如西蒙斯那样仅仅作出平等"通常"比不平等要好的盖然性分析，仍缺乏足够依据。

---

[1] Kenneth W. Simons, *The Logic of Egalitarian Norms*, Boston University Law Review, Vol. 80, No. 3. (Jun. , 2000).

2. "不平等更招人怨恨"

格林沃特认定："至少在现代西方文化中"[1]，不平等比平等更招人怨恨，所以，应当作出平等而非不平等的假设。韦斯滕反驳道，由于平等在逻辑上总是后于规则而存在，而规则总会在一些方面给予人们平等对待，在另一些方面则给予人们不平等对待，所以平等的假设与不平等的假设一样没有道理。再者，格林沃特的观点无异于说：人们对某些归类会产生怨恨，而这种怨恨在规范上是正当的。那么，由于无论何种归类都会产生不平等，所以人们对所有归类都会产生怨恨；如果这些怨恨都是正当的，那么任何归类都无法存在了。事实上，怨恨的正当与否，不能从怨恨的事实本身得出（不能从事实判断推导出价值判断），而只能从在先的实体规范中推导出来。例如，如果工厂事先制定了计件付酬的规定，那么在发工资时，完成产品件数少的人就可能心怀怨念，但这种情绪并不足以否定工厂派发工资的正当性——工厂并未违反制定在先的绩效规则。

3. "不平等会引人怀疑"

萨诺夫认为，由于深植于西方传统的因素，平等是默认规则，不平等就会让人怀疑受到了不公。其实，不确定性不仅存在于道德正确，而且存在于道德不正确；不仅不平等会受到道德怀

---

〔1〕 Kent Greenawalt, *How Empty Is the Idea of Equality?*, Columbia Law Review, Vol. 83, No. 5. (Jun., 1983).

疑, 平等同样会引起这种怀疑。[1] 彼得斯在此描述了一个所有学生都再熟悉不过的场景: 两位学生按照复杂的评分标准, 张三得 89.75 分, 李四得 90 分, 而评分标准是否合理、判分过程是否严格、计分工具是否可靠均存有不确定之处。如果按照萨诺夫的观点, 此时应当给予两个学生相同的分数。对此, 彼得斯给出了与反驳"认识不对称"非常类似的回应: 无论分数向上拉平到 90 分, 还是向下拉平到 89.75 分, 均会引起李四的抗议。只要给予两个本不该平等的人以平等对待, 就会造成依其他标准的新的不平等。[2] 其实还可以继续追问: 按照"不确定就拉平"的原则, 为什么不同时给张三和李四 60 分? 或者 59 分? 阅卷者何以足够确定两人应当及格? 或许唯一确定的是, 不该同时给两人 0 分或满分——但这种道德确定并非平等所带来, 而是来自阅卷者对阅卷标准的最起码认知: 两个人至少都做对了某些题目(所以不能都给 0 分), 也至少都做错了某些题目(所以不能都给满分)。总之, 引起道德怀疑的不是不平等, 而是道德规范本身; 回应道德怀疑的不是简单拉平, 而是更准确地把握道德标准。

---

[1] Christopher J. Peters, *Slouching towards Equality*, Iowa Law Review, Vol. 84, No. 4. (May, 1999).

[2] Christopher J. Peters, *Slouching towards Equality*, Iowa Law Review, Vol. 84, No. 4. (May, 1999).

二、"实体平等"

（一）作为"附条件权利"的"实体平等"

1. 权利、平等与比较

一个对平等的常见看法是：平等预设了比较，而权利则没有。于是，"平等与比较性权利被等量齐观"[1]。韦斯滕首先否定了这种看法。他指出，一方面，"某些权利是比较的产物，却与平等毫无关联"，比如，有担保债权人对于无担保债权人的绝对优先权；另一方面，"平等的主张在本质上也可以不具有比较性"，这完全取决于平等背后的规范内容——例如，平等背后的规范如果是"一切人都有获得基本生存条件的权利"，那么平等就不具有比较性了。[2] 虽然平等和比较性权利中都存在比较，但二者并不一致。对于平等而言，是"规则在先、比较在后"，亦即比较的前提是设定规范标准，实际上是将两个事物分别与标准作比较，比较的目的则是看标准是否得到了适用。而对于比较性权利而言，是"比较在先、规则在后"，首先要对两个事物进行比较，确定其定量差异，然后才能知道这种差异关系是否符合

---

〔1〕 Peter Westen, *The Empty Idea of Equality*, Harvard Law Review, Vol. 95, No. 3. （Jan., 1982）.

〔2〕 See generally Peter Westen, *The Empty Idea of Equality*, Harvard Law Review, Vol. 95, No. 3. （Jan., 1982）.

规则的要求，以决定是否适用该规范。[1] 例如，若两个债权人分别主张求偿，那就要先看它们之中有无担保；如果一者有而一者无，就符合适用有担保债权优先规则的条件，从而适用该规则。

值得一提的是，所谓"禁止不相关标准"或称"反歧视规范"的一类规则所设定的权利，并不是比较性权利，更不是平等。首先，反歧视规范不是比较性权利，因为比较性权利是随附性的：个人的权利状况完全取决于相同处境的其他人的权利；而反歧视规范所设定的"不受歧视的权利"则是独立的：个人的权利状况与他人境遇无关，是规则直接适用于本人的结果，而非参照他人待遇而判断。例如，张三和李四都是黑人，同去一家公司应聘，如果张三因种族歧视而未获雇佣，那么李四是否有权要求雇佣？如果李四所拥有的是比较性权利，即有权获得与张三一致的对待，则雇主以种族歧视将其拒之门外并无侵权之处；而如果李四所拥有的是不受歧视的绝对权利，那么雇主对张三的歧视就丝毫无损于李四主张受雇的正当性。[2] 再如，韦斯滕提到过的帕默诉汤普森（Palmer v. Thompson）一案。杰克逊市所运营的一家市办游泳池仅对白人开放，被判定拒斥了黑人的法律平等保护。该市的回应是彻底关闭游泳池。原告回到最高法院，辩称关

---

[1] See generally Peter Westen, *The Empty Idea of Equality*, Harvard Law Review, Vol. 95, No. 3. (Jan., 1982).

[2] Christopher J. Peters, *Outcomes, Reasons and Equality*, Boston University Law Review, Vol. 80, No. 4. (Oct., 2000).

闭泳池的救济在宪法上不足以救济其所遭受的宪法侵害。法院拒绝了这一观点，认为该市关闭泳池之举对于黑人和白人一视同仁，给予了他们相同的对待，且既然该市在游泳方面给予了他们相同的对待，也就在平等保护的意义上给予了他们相同的对待[1]彼得斯指出，最高法院的观点事实上认定黑人的权利是比较性（附随性）权利，取决于白人所获得的待遇；而根据第十四修正案，黑人本应享有的、不受歧视的权利是绝对的[2]换言之，即便白人在泳池关闭后已经不能游泳，但黑人拥有的不受劣等种族污名化的权利丝毫没有减损，而最高法院的判决"不仅未能救济这一伤害，而且进一步加重了它，因为这一措施强调了该市'反对泳池的种族融合的意识形态'的程度"[3]。彼得斯进而指出，之所以会有人将不受歧视的权利当成比较性权利，是因为采取了结果主义的视角，仅关注待遇的分配结果，不注重待遇的分配原因[4]，而这种视角是错误的。因为这样做会放过某些歧视。比如，一位雇主因性别因素（不合理因素）而解雇了张三，因绩效因素（合理因素）而解雇了李四，如果不问原

〔1〕 Peter Westen, *The Empty Idea of Equality*, Harvard Law Review, Vol. 95, No. 3.（Jan.，1982）.

〔2〕 Christopher J. Peters, *Outcomes，Reasons and Equality*, Boston University Law Review, Vol. 80, No. 4.（Oct.，2000）.

〔3〕 Peter Westen, *The Empty Idea of Equality*, Harvard Law Review, Vol. 95, No. 3.（Jan.，1982）.

〔4〕 Christopher J. Peters, *Outcomes，Reasons and Equality*, Boston University Law Review, Vol. 80, No. 4.（Oct.，2000）.

因、只看结果，就无法判读出雇主对张三所进行的歧视。[1]

其次，反歧视规范也不是平等规范，而是平等背后所援引的实体标准之一。平等仅仅要求"相似之人应获得相似对待"，却没有说明何为"相似之人"；反歧视规范则指明受歧视者与其他人应被视作"相似之人"，应在反歧视规范所辖制的事项上获得"相似对待"。比如，"妇女在投票时不受歧视"或"性别不是投票权分配的相关标准"是典型的反歧视规范，它们规定妇女与其他人（男子）是投票权分配一事中的"相似之人"，应获得"相似对待"，即一人一票、权重一致。所以，不能由于将"平等"视作"不歧视"同义语的惯性，而将反歧视规范错当作平等规范。

2. "附条件权利"或"实体平等"

在比较性权利中，有一类特别的权利——"附条件（conditional）权利""它们使权利人可以获得他人所享有的一切权益"[2]。例如，美国联邦宪法第四条的特权和豁免条款规定：各州应给予姐妹州公民其所给予本州公民的、特定种类的一切权益。据称，附条件的权利源于平等，"因为它的受益人没有任何

---

〔1〕 Christopher J. Peters, *Outcomes, Reasons and Equality*, Boston University Law Review, Vol. 80, No. 4. (Oct., 2000).

〔2〕 Peter Westen, *The Empty Idea of Equality*, Harvard Law Review, Vol. 95, No. 3. (Jan., 1982).

独立的权利——而只享有获得与他人平等对待的权利"[1]。韦斯滕认为，附条件权利不过是比较性权利的特例，它的唯一特点在于："在其他比较性权利之中，对每个人的待遇在数量上是成比例的；而在附条件权利之中，对每个人的待遇在数量上是相同的。"[2]韦斯滕指出，这种待遇的数量相同，并不具有任何特别的道德意义："个个相等的对待可能是正义的，也可能是不正义的，这取决于对待的主体，受到对待的人所属的群体，作出对待的原因，以及在确定对待正义与否时所遵循的标准。"[3]

然而，格林沃特抓住了附条件的权利，并加以引申。他认为，附条件的权利，即"如果具有某特征的人获得了某种对待，则具有相同特征的人也应获得这种对待"[4]，也可以表述为"如果人们具有相关特征，那么它们在一项或多项福利的意义上就应获得同样对待"[5]，他把这些统称为"实体平等"。在格林沃特看来，实体平等具有独立的道德意涵。比如，父母在决定是否负担一对异卵双胞胎孩子的乐器费用时，虽然意识到其中一个孩子

[1] Peter Westen, *The Empty Idea of Equality*, Harvard Law Review, Vol. 95, No. 3. (Jan., 1982).

[2] Peter Westen, *The Empty Idea of Equality*, Harvard Law Review, Vol. 95, No. 3. (Jan., 1982).

[3] Peter Westen, *The Empty Idea of Equality*, Harvard Law Review, Vol. 95, No. 3. (Jan., 1982).

[4] Peter Westen, *To Lure the Tarantula from Its Hole: A Response*, Columbia Law Review, Vol. 83, No. 5. (Jun., 1983).

[5] Kent Greenawalt, *How Empty Is the Idea of Equality?*, Columbia Law Review, Vol. 83, No. 5. (Jun., 1983).

的收益可能远大于另一个，但是根据实体平等，他们最终决定要么同时负担两个人的费用，要么谁都不管。[1] 与其他的比较性权利相比，实体平等（附条件权利）也具备独到的优势：一是实体平等可以用来排除某些规则的适用，即便这些规则在一定程度上不无裨益；二是实体平等有时服务于诸如社会和谐之类的宽泛的社会价值，这些价值并不能表述为规则。[2] 所以，实体平等不仅独立于其他比较性权利，而且独立于规则，不是空洞的。

不可否认，所谓"实体平等"的确表现出某种规范作用。那么，"实体平等"究竟是权利（规则）还是平等？它的规范作用究竟是固有的，还是派生的，抑或根本无法实现？围绕这两个问题，韦斯滕和彼得斯给出了既有一致、又有区别的答案：韦斯滕认为，"实体平等"的本质是规则，它的规范作用是固有的；彼得斯则主张，"实体平等"的本质是平等，但它的规范意义要么源于背后的权利规则，要么根本无法自洽或不可实现。

（二）韦斯滕："实体平等"是权利

韦斯滕对格林沃特的反驳从"实体平等"的定性开始。他认为，实体平等根本不是"平等"，而是规则。他举例说，假设一个人不是加州居民，但季节性地住在加州，他希望从州的收入

---

[1] Kent Greenawalt, *How Empty Is the Idea of Equality?*, Columbia Law Review, Vol. 83, No. 5. (Jun., 1983).

[2] Kent Greenawalt, *How Empty Is the Idea of Equality?*, Columbia Law Review, Vol. 83, No. 5. (Jun., 1983).

维持计划中获益。无论是州法还是特权和豁免条款本身，都对他毫无帮助：州法规定的非比较性对待没有包括他，而特权和豁免条款本身更是没有规定给予任何人非比较性对待。然而，把它们结合起来，州法（规则一）与特权和豁免条款（规则二，"实体平等"）就形成了一项新的非比较性权利（规则三），这一权利要求对包括居民和类似的非居民在内的"平等之人"给予相同对待：

规则一： 每位成年居民每年都应获得至少 4000 美元的收入，该金额依其在州外居住的时间成比例削减。

规则二： 每个州的公民均应享受其他各州公民的一切特权和豁免。

规则三： 每位成年居民和非居民每年都应获得至少 4000 美元的收入，该金额依其在州外居住的时间成比例削减。[1]

可见，"实体平等"的作用就是修改既有非比较性权利的适用范围。然而，"实体平等"还是"平等"吗？事实上，如果一项规范修改了既有规范的适用范围，就构成"实体平等"规范的话，那么"实体平等"就将几乎无所不包，"任何规则，无论

---

〔1〕 Peter Westen, *To Lure the Tarantula from Its Hole: A Response*, Columbia Law Review, Vol. 83, No. 5. (Jun. , 1983).

是否具有比较性，只要想扩展或修改现有规则，就必须根据其所认为人们应得的对待来重新进行归类，从而用新的平等与不平等对待的衡量标准来取代现存的标准"[1]。讨论平等与规则（权利）关系的基本前提将不复存在——平等吞噬了规则。如果对话双方对于同一概念作出了不同的理解，那么任何对话都没有实质意义，只能变成"自说自话"，因为概念使用的连贯性是理性的基本要求。所以，从逻辑上讲，格林沃特试图用改变（拓展）平等概念的方法来反驳韦斯滕，是不可能做到的。韦斯滕进而指出，把实体平等纳入平等的概念之内，会引起修辞的混乱[2]。

（三）彼得斯："实体平等"是平等

与韦斯滕不同，彼得斯认为，在"相似之人应获得相似对待"这一平等的"形式原则"之下，可以分离出平等的"真正原则"[3]，即"处境相同之人有权获得相同对待，且这仅仅是由于其处境相同"[4]。拉兹对该原则的表述则更为简明："如果有些 F 拥有 G，那么一切没有 G 的 F 都对 G 拥有权利。"[5]显然，

---

[1] Peter Westen, *To Lure the Tarantula from Its Hole*: *A Response*, Columbia Law Review, Vol. 83, No. 5. (Jun., 1983).

[2] Peter Westen, *To Lure the Tarantula from Its Hole*: *A Response*, Columbia Law Review, Vol. 83, No. 5. (Jun., 1983).

[3] Christopher J. Peters, *Equality Revisited*, Harvard Law Review, Vol. 110, No. 6. (Apr., 1997).

[4] Christopher J. Peters, *Equality Revisited*, Harvard Law Review, Vol. 110, No. 6. (Apr., 1997).

[5] Cited by Kent Greenawalt, *"Prescriptive Equality"*: *Two Steps Forward*, Harvard Law Review, Vol. 110, No. 6. (Apr., 1997).

所谓平等的"真正原则"就是"实体平等"的别称。平等的"形式原则"与"真正原则"的区别如下表：

	平等的"形式原则"	平等的"真正原则"
逻辑特征	同义反复	非同义反复
规范要求	"有错当纠"	"将错就错"
规范缺陷	不自足	不自足或不自洽
	空洞	

1. 非同义反复与"将错就错"

如前文所述，"相似之人应获得相似对待"的表述陷入了同义反复，其本身并不能提供独立于权利规范的待遇标准，而仅仅是权利规范一以贯之地适用的结果。而平等的"真正原则"又被称为"非同义反复的平等"，是因为它为以特定方式对待某人提供了独立的规范理由：相同处境之人获得了该种对待。[1] 例如，若某场考试预设 70 分为通过线，那么某考生获得 71 分却未能通过，就受到了两个方面的错误对待：一是从权利规则来说，"达到 70 分即应通过"的规则没有正确适用于他；二是从非同义反复的平等来说，其他达到 70 分的考生所获得的待遇没有同等

---

〔1〕 Christopher J. Peters, *Equality Revisited*, Harvard Law Review, Vol. 110, No. 6. (Apr., 1997).

地给予他。[1]

　　彼得斯认为，平等的"真正原则"与"形式原则"之间最显著的差异，来自这样的情形：相同处境的数人之一受到了（权利规则标准下的）错误对待，那么其他人究竟应主张"将错就错"，获得同样错误的对待，抑或"有错必纠"，获得按照权利规则正确的对待？举例而言，如果一项法律规定了减税1000元的条件，两个人依法均于条件不合，但都提交了减税申请，其中的"幸运者"因政府适用法律错误而获得批准，而"不幸者"则因政府正确执法而被拒之门外。在平等的"形式原则"视野下，"相似之人有权获得相似对待"的等价说法是"有权获得某种对待的人有权获得该种对待"，而"不幸者"依法并不是"有权获得"减税待遇的人，所以不能主张依"幸运者"例而获减税。换言之，"平等"在这里不过是将不同对象的条件与权利规范相比照，将规范分别适用于各人的结果，各人所获对待之间没有任何牵连关系，他人所获对待不具备规范意义，不能作为主张自己应获对待的理由。面对规则的适用错误，平等的"形式原则"禁止"顺水推舟"地"将错就错"，而是"一事一议""有错必纠"。正如拉里·亚历山大所言："无论犯两次错误还是犯二百万次错误都不能把事情变对，无论这么做在多大程度上实现

---

〔1〕 Christopher J. Peters, *Equality Revisited*, Harvard Law Review, Vol. 110, No. 6. （Apr., 1997）．

了境遇的平等。第二百万次错误的程度也并不比第一次要轻哪怕一点。"[1]

而在平等的"真正原则"视野下，仅仅因为某人获得了某种对待，相同处境之人就有权获得相同对待。换言之，"平等"在此仅表征相同处境的不同人所获待遇的相互关系，而并不涉及规则是否正确适用于待遇分配的问题；任何人所获待遇对相同处境的其他人都具有规范意义，可以（甚至应当）成为后者主张相同对待的理据。因此，在前述案例中，"不幸者"可以相同处境的"幸运者"获得减税为由，要求获得同样的减税优待。显然，平等的"真正原则"以相同处境之人受到了错误对待为适用条件，这与平等的"形式原则"不同；如果相似之人已经获得了正确对待，那么平等的"真正原则"就没有用了——因为规则本身就要求给予其他相似者同样正确的对待。并且，即便是错误对待在先的情况下，"真正原则"的力量也可能被削弱，以致丧失决定性意义，因为决策时还须考虑其他因素，比如，在前述减税案中，就可能考虑过分慷慨的减税会导致财政困难。所以，平等的"真正原则"只是作出决策的标准之一，而非"王牌"[2]。

〔1〕 Cited by Kenneth W. Simons, *The Logic of Egalitarian Norms*, Boston University Law Review, Vol. 80, No. 3. (Jun. , 2000).

〔2〕 Christopher J. Peters, *Equality Revisited*, Harvard Law Review, Vol. 110, No. 6. (Apr. , 1997).

2. 规范作用不自足或不自洽

在肯定平等的"真正原则"具有某种规范力量之后，彼得斯用大量的篇幅，论证这种规范力量要么不自足，需要外部权利规则来填充实质；要么不自洽，强求客观不可能之事或自相矛盾，因而没有真正的规范意义，仍是空洞的。平等的"真正原则"与"形式原则"的真正差别，在于它摆脱了同义反复的阴影，也仅仅止步于此，故平等的"真正原则"又称"非同义反复的平等"。

参照拉里·亚历山大的分类，彼得斯将待遇的总量和分配特征主要划分为两种情形：竞争状态和无限供给状态。[1]

竞争状态 该状态存在于如下情形：当将特定量的待遇加诸某人时，就必定会影响到相同处境的其他人所可获得待遇的数量。竞争状态又细分为三类：一是待遇稀缺，即待遇总量不足以满足有权获得该待遇的所有人的要求；二是待遇适足，即待遇总量恰好满足有权获得该待遇的所有人的要求；三是待遇有限富余，即待遇总量超过需求总量，但是如果给予某人过分大量的待遇，就会引起对他人待遇的不足。[2]

---

[1] 彼得斯的分类体系中还有一种"区别状态"，是指基于外部标准而给予不同人以相区别的待遇。区别状态实际上会表现为竞争状态或无限供给状态之一。Christopher J. Peters, *Equality Revisited*, Harvard Law Review, Vol. 110, No. 6. (Apr., 1997).

[2] Christopher J. Peters, *Equality Revisited*, Harvard Law Review, Vol. 110, No. 6. (Apr., 1997).

第一，待遇稀缺。例如，张三和李四都需要两个馒头才能果腹，而馒头一共有三个，不足以同时满足两人的需要，那么两人所分得馒头的数量将相互影响、此消彼长。有时待遇是可分的，也就是即便个人所获待遇不足理想数量，仍然有意义。比如，假设一种药物在任何剂量上都能改善适应症患者的病情，而使用 100mg 可获痊愈；现有张三、李四两人同患适应症，而医院的药物总数只有 150mg，无法同时给两人足量用药，那么应如何分配？[1]似乎按照平等的"真正原则"，可作如下推演：设张三所获药量为 x（$0 \leqslant x \leqslant 100$），则根据"李四有权获得与张三同样的待遇"，李四所获药量也是 x，那么张三与李四所获总量为 $2x = 150mg$，结论是张三药量 = 李四药量 = 75mg。这是不是平等"真正原则"发挥规范作用的体现呢？答案是否定的。奥秘在于：由于张三所获药量 x 的范围是 $0 \leqslant x \leqslant 100$，而李四所获药量与张三同为 x，所以两人所获总药量的范围是 $0 \leqslant 2x \leqslant 200$；可是总供给仅有 150mg，因而一旦两人所获总药量落入 150mg ~ 200mg 区间，平等的"真正原则"就是在冀图实现客观不能之事。举例而言，如果先给张三用药 100mg，那么平等的"真正原则"就要求李四同样获得 100mg 的用药，而这种要求与仅余 50mg 药物的客观条件相矛盾。这样，适用平等的"真正原则"进行道德判断，就

---

[1] Christopher J. Peters, *Equality Revisited*, Harvard Law Review, Vol. 110, No. 6. (Apr., 1997).

面临"客观不能"的巨大风险。举个有些极端的例子：当今的披头士乐队歌迷，显然不能以自己与 20 世纪 60 年代的歌迷同样迷恋披头士队组合为由，要求获得参加乐队专场演出的机会——因为列侬已经死了，60 年代再也回不来了![1] 在前述用药案例中，真正起作用的是这样一条权利规则：不得因与两人处境无关的标准而给予区别对待。彼得斯指出，尽管究竟哪些标准与两人处境无关很难穷举，但只要两人所获药量不同，就肯定能从反面推论医院在分配时引入了无关的标准。[2]

有时待遇不仅总量稀缺，而且不可分割。例如，假定一艘船遭遇海难，幸存船员共 11 人，而仅有的一条救生艇只能装载 10人，人数再多就会翻沉，那么此时如何确定装载方案？按照平等的"真正原则"，如果已经有 10 人上艇，则余下的一人可主张获得与上艇者相同的待遇，坚持上艇，这会导致艇翻人亡，无人获救。这样的方案显然不可接受，因为它严重抵触了人们"尽力挽救更多生命"的基本道德关怀。或者换个方案，仍以平等的"真正原则"为依据，要求全部 11 个人都不要上艇，随船共沉，

〔1〕 彼得斯则略带调侃地说，平等的"真正原则"总不能要求"把楼上吵闹的邻居放逐到水星、用氢气付工钱，或者让列侬起死回生"。Christopher J. Peters, *Equality Revisited*, Harvard Law Review, Vol. 110, No. 6. (Apr., 1997).

〔2〕 Christopher J. Peters, *Equality Revisited*, Harvard Law Review, Vol. 110, No. 6. (Apr., 1997).

同样无人获救。这样的方案仍不可取，理由同前。[1] 或可认为，在上述情形下，平等的"真正原则"之所以无法发挥规范作用，并非该原则本身缺陷所致，而是因为抵触了某些权重更大的权利规则；假如不是 11 个人争 10 个艇位，而是 11 个人争 10 张球票，或许"任何人有权获得与相似处境者相同的对待"就会压过"尽可能让更多人看球"的意义——在可以观看电视转播时尤其如此，那么索性一张票都不发也是可取的。格林沃特就设计了这样一个案例：仍假设一船倾覆，11 名船员落水，救生艇仅能容纳 10 人；如救生艇不超载则上艇者必可获救，如救生艇超载则上艇者获救概率为 0.8（亦即倾覆落难概率为 0.2）。他认为，尽管 10 人上艇比 11 人上艇可能救活更多的人（10 人 vs. 8.8 人），但因为待遇分配对象之间存在显著联系（同侪关系），且其中一人（最后上艇者）已经知晓他人所获待遇（其他 10 人均已上艇），[2] 那么为了"满足受影响者对于不平等对待包含固有不公的情感的愿望"[3]，就要选择 11 人都上艇——这是平等"真正原则"的权重压过"尽量让更多人生存"的体现。然而，在具体个案中，衡量不同规则的权重是很困难的：很难说对象之

---

[1] Christopher J. Peters, *Equality Revisited*, Harvard Law Review, Vol. 110, No. 6. (Apr., 1997).

[2] Kent Greenawalt, *"Prescriptive Equality"*: *Two Steps Forward*, Harvard Law Review, Vol. 110, No. 6. (Apr., 1997).

[3] Kent Greenawalt, *"Prescriptive Equality"*: *Two Steps Forward*, Harvard Law Review, Vol. 110, No. 6. (Apr., 1997).

间的联系要"显著"到何种程度、他们的"愿望"要强烈到何种程度,方能压过其他规则。这无疑将大大降低"平等"的规范意义。

于是有人提出了变通方案:将"每个人都有权获得与相同处境之人同样的艇位"变换为"每个人都有权获得与相同处境之人同样的、分得艇位的机会",然后通过诸如掷骰子、猜拳之类完全随机的方法分配艇位。[1] 这一变换的实质,是将不可分的待遇转化为可分待遇,然而这又陷入了稀缺状态下可分待遇的痼疾:强求客观不可能之事。设某一船员获得艇位的概率为 x,则 x 的取值范围是 $0 \leqslant x \leqslant 1$,理论占有艇位数为 $x \cdot 1 = x$ 个;那么全体 11 位船员共占有艇位数为 $11x$ 个,取值范围为 $0 \leqslant 11x \leqslant 11$。显然,一旦全体船员希望占有的艇位总数超过 10 个——比如达到 11 个(人人获救),那么平等的"真正原则"就根本无法实现。换言之,所谓平等的"真正原则"本身并没有将待遇的总量考量在内,而仅仅关心不同对象所获待遇的相互关系,这就注定了在待遇总量不足以满足所有对象的需求总和时,无法提出可以实现的分配方案,从而丧失规范意义。

第二,待遇适足。这种情况比较简单,比如张三和李四分别需要 100mg 药品方可痊愈,而现有药品总量恰为 200mg;此时只

---

〔1〕 See generally Christopher J. Peters, *Equality Revisited*, Harvard Law Review, Vol. 110, No. 6. (Apr., 1997).

须对张三和李四分别适用"任何人均有权获得痊愈所需的足够药物"这一规则，即可得出两人均获 100mg 药品的结论。换言之，此时药品在二人间的"平等"分配，仅仅是权利规则划一地适用于二人的结果；所谓平等的"真正原则"在此根本没有存在的必要，也对分配结果没有影响。格林沃特争辩道，此时平等虽然不必要，却并不是没有力量的[1]；当平等与权利规则相符合时，它能够对分配方案产生加固作用。[2] 然而拉兹等人早已指出，此时平等的"加固作用"很难与权利规则本身的作用区分开来，格林沃特也不得不承认这一点。[3]

第三，待遇有限富余。该情况可看作三种状态的复合:[4] 当一个对象所获待遇并不影响其他对象足额获得待遇时，相当于无限供给状态。仍以前述用药一案为例，如果药品总量为 250mg，那么在张三所得药品少于 150mg 时，不影响李四获得足够治疗的 100mg 药品，则待遇对于张三就相当于无限供给。当一个对象所获待遇恰可令其他对象足额获得待遇时，就相当于待遇处于适足状态，即张三获得 150mg 药品时。而当一个对象所获待

[1] See generally Kent Greenawalt, "*Prescriptive Equality*": *Two Steps Forward*, Harvard Law Review, Vol. 110, No. 6. (Apr., 1997).

[2] Kent Greenawalt, "*Prescriptive Equality*": *Two Steps Forward*, Harvard Law Review, Vol. 110, No. 6. (Apr., 1997).

[3] Kent Greenawalt, "*Prescriptive Equality*": *Two Steps Forward*, Harvard Law Review, Vol. 110, No. 6. (Apr., 1997).

[4] Christopher J. Peters, *Equality Revisited*, Harvard Law Review, Vol. 110, No. 6. (Apr., 1997).

遇超过此数,余额不足以支付给其他对象时,就相当于待遇处于稀缺状态,即张三获得超过 150mg 药品时。所以,对待遇有限富余情况的讨论,需要以无限供给状态的讨论为前提。

无限供给状态 该状态存在于如下情形,即特定待遇的总数无限,所以无论是否给予某人超过需要的待遇,都能够满足有权获得该待遇的所有人的要求。彼得斯曾举例说,假如有一项彩票,头彩共 2 张,每张金额为 50 万元,而兑奖委员会可动用的资金是无限的。"幸运者"和"不幸者"都抽中的头奖,"幸运者"前去兑付时由于工作人员疏误,获得 60 万元,而"不幸者"仅获得 50 万元。此时按照平等的"真正原则","不幸者"有权主张与"幸运者"相同的待遇,获得额外的 10 万元。[1] 这是平等的"真正原则"发挥规范作用的依据吗?彼得斯的答案是否定的,理由如下:

第一,我们究竟为什么认为"不幸者"受到了错误的对待?违背平等固然是解释之一,但我们也可以举出许多其他的理由,比如,兑奖委员会的厚此薄彼会破坏大众信赖、降低人们参与博彩的意愿等。换言之,我们在乎的未必是区别对待本身,而是区别对待的社会后果。[2] 既然并不能肯定平等是作出道德判断的

---

[1] Christopher J. Peters, *Equality Revisited*, Harvard Law Review, Vol. 110, No. 6. (Apr., 1997).

[2] Christopher J. Peters, *Equality Revisited*, Harvard Law Review, Vol. 110, No. 6. (Apr., 1997).

唯一根据（甚至不能肯定它是根据之一），也就无法证明它的规范作用所在。

第二，平等不可避免地自相矛盾：只要给予一些人平等，就肯定会给予另一些人不平等。这是韦斯滕早已生动论述的。[1]如果同样给予"不幸者"60万元，固然能够使他与"幸运者"（在平等的"真正原则"的意义上）达致平等，但这对其他一切参与博彩的人都不平等——因为他们对于博彩规则来说处境都相同，都应得到相同对待。假如"不幸者"的确拿到了额外的10万元，那么获得二等奖奖金10万元的人，是否也可主张兑奖委员会额外支付10万元？抑或可以主张与"不幸者"获得同样的额外支付比例，要求再拿20%即2万元？平等的"真正原则"至此方才大乱，因为它归根结底是空洞的，甚至没有在上述两个方案中进行选择所必需的实质标准。格林沃特不同意彼得斯的观点，他认为彼得斯将平等所涉及比较的范围加以无限扩展，是忽略了特定范围内比较的相对重要性。比如，父母如何对待子女的问题，应以家内子女为比较范围，如何对待家外子女就不那么重要了。[2]这一认识至少存在两个问题：一是如何识别范围的重要性？至少平等本身没有提供标准。二是即便确定了一个较小的

---

〔1〕　见本章第二节。
〔2〕　Kent Greenawalt, *"Prescriptive Equality"*: *Two Steps Forward*, Harvard Law Review, Vol. 110, No. 6. (Apr., 1997).

比较范围，仍可能发生诸如上述二等奖得主所面临的问题，即平等无法在根据自身所提出的多个方案中进行选取——而这些问题归根结底都是平等的空洞性引致的。

第三，平等不可避免地以某种方式抵触权利规则。一方面，平等的"真正原则"要求"将错就错"，制造更多违背在先规则的待遇方案，这种违规的积累可能架空规则本身。例如，假若在前述博彩案中，由于对"幸运者"执行博彩规则出错，就进而重新调整所有参与者的待遇，将构成对既定规则系统的违反。[1]而平等本身没有提供任何证据，证明这样做比严守规则更为可欲。另一方面，平等的"真正原则"将当事人的待遇完全系于他人的待遇，这会抵触几乎一切正义观念。"不幸者"的命运其实完全系于"幸运者"：如果"幸运者"没有得到额外的钱，"不幸者"也就得不到；反之，如果"幸运者"少拿了钱（成为"不幸者"），那么"不幸者"也只能少拿，这是人们无法接受的。格林沃特则认为，彼得斯下意识地将待遇分配分出了先后，进而主张后来者的待遇系于先到者的待遇，而这其实并不绝对，情况可能刚好相反。[2]他举例说，假如法官张三想判同案犯 A 有期徒刑，而他知道法官李四会判同案犯 B 缓刑，那么他就会考

---

〔1〕 Christopher J. Peters, *Equality Revisited*, Harvard Law Review, Vol. 110, No. 6. （Apr., 1997）.

〔2〕 Kent Greenawalt, *"Prescriptive Equality": Two Steps Forward*, Harvard Law Review, Vol. 110, No. 6. （Apr., 1997）.

虑平等，判 A 缓刑。[1] 即便此时的确是先到者的待遇系于后来者的待遇，但这并不能改变某人的待遇完全系于他人的现实，如果预计到后来者会受到不公的对待，难道就要据此给予先到者同样不公的对待吗？平等的"真正原则"与权利规则相抵触之处，至此显露无遗。

三、平等与规则统一适用

尽管平等本身不能作为独立的规则，但一些论者主张，一旦规则被制定出来，平等就能确保规则连贯无偏地适用于相似的情形。韦斯滕对此持反对意见，他认为，是规则本身而非平等要求规则适用于其所应当适用的一切情形；换言之，适用上的连贯、平等和划一，都是规则本身要求的必然结果。如果规则没有被"平等"地适用，其实无异于规则在某些应适用的场合未被适用，这违背了规则本身的要求，而违反"平等"只是违反规则的逻辑结果而已。[2]

凯末林斯基则认为，韦斯滕的上述分析仍未脱形式主义的窠臼，这在逻辑上可行，但在事实上则走不通：因为，无论规则多么精准完备，适用中的自由裁量都无可避免。例如，在益和诉

---

〔1〕 Kent Greenawalt, *"Prescriptive Equality"*: *Two Steps Forward*, Harvard Law Review, Vol. 110, No. 6. (Apr., 1997).

〔2〕 Peter Westen, *The Empty Idea of Equality*, Harvard Law Review, Vol. 95, No. 3. (Jan., 1982).

霍普金斯（Yick Wo v. Hopkins)[1]一案中，洛杉矶的一项地方性法规禁止在非砖结构建筑内经营洗衣业，除非获得监督局的许可。监督局将许可发给了几乎全部白人申请者，而对所有华人申请者都采取了拒绝态度。凯末林斯基认为，在这种状况下，韦斯滕式的法律形式主义将束手无策：由于立法赋予了监督局自由裁量权，那么监督局明显偏向白人的行为就处于法律保护范围之内，不存在违法问题。于是，华人唯一可以用来挑战监督局的法律基础就是平等保护[2]类似的，达马托主张，只有平等才能告诉我们：将人们根据恣意的基础来分类是不正当的[3]他假想了如下的案例：一项州立法为了削减汽油总消费量，限制车牌为奇数号的驾驶员只能在周一至周五买油，而车牌为偶数号的驾驶员只能在周六买油；并且，这一措施的确恰可将汽油消费量削减到预期水平。达马托认为，在这种情况下，偶数号驾驶员无法根据实体性正当程序对州法发起挑战，因为这项法律具有正当的目的（削减汽油消费），且为实现该目的而采取的措施也具有必要性（恰可达到预期）；那么唯一的诉讼基础就是平等保护。[4]

---

[1] Yick Wo v. Hopkins, 118 U. S. 356 (1886).

[2] Erwin Chemerinsky, *In Defense of Equality: A Reply to Professor Westen*, Michigan Law Review, Vol. 81, No. 3. (Jan., 1983).

[3] Anthony D'Amato, *Comment: Is Equality a Totally Empty Idea?*, Michigan Law Review, Vol. 81, No. 3, (Jan., 1983).

[4] Anthony D'Amato, *Comment: Is Equality a Totally Empty Idea?*, Michigan Law Review, Vol. 81, No. 3, (Jan., 1983).

总之，凯末林斯基和达马托的逻辑就是：规则必然留下裁量余地，而恣意的、歧视性的裁量就会以规则作为保护伞，使规则连贯执行的形式主义要求失灵，从而证立平等对于规则执行的重要性。

韦斯滕坚持己见。他认为，益和诉霍普金斯一案中，监督局固然没有违反洛杉矶的法律，但是违反了第十四修正案[1]；监督员的错误不在于没有连贯无偏地适用洛杉矶的法律，而是在应当适用第十四修正案时没有适用。限制自由裁量的不是平等，而是第十四修正案——事实上，任何自由裁量行为都会在某些方面平等而在其他方面不平等，而平等本身并未提供判断究竟哪些方面有道德显著性的标准，所以平等并不能构成对自由裁量权的约束，而只能援引第十四修正案来限制裁量，自身不过充当了第十四修正案发挥作用的修辞工具而已。而对于达马托虚拟的案件，韦斯滕指出，挑战州立法的基础其实是实体性正当程序的一项规则（类似于大陆法系比例原则中的"最小损害规则"），"如果州可以通过对一个人群施加明显较小的负担或将负担加诸其他群体而充分实现其目的，那么就不能为实现该目的而对一个人群施加相对更重的负担"[2]，平等不过是适用该规则的结果罢了。可见，韦斯滕的反对者总是试图找到规则无法触及的空白地带，使

[1] Peter Westen, *The Meaning of Equality in Law*, *Science*, *Math*, *and Morals*: *A Reply*, Michigan Law Review, Vol. 81, No. 3. (Jan. , 1983).

[2] Peter Westen, *The Meaning of Equality in Law*, *Science*, *Math*, *and Morals*: *A Reply*, Michigan Law Review, Vol. 81, No. 3. (Jan. , 1983).

平等扮演独一无二的道德和法律角色；而韦斯滕则试图证明：平等对于规则，如影随形。

无奈之下，凯末林斯基等人转而主张：平等内含在一些权利的内容之中。达马托就曾对"最小损害规则"进行有趣的推演：

为简化分析，让我们给车牌号为偶数的驾驶员施加 5 个单位的负担，代表着一周中他们不能买油的 5 天；并给奇数号车牌的驾驶员施加 1 个单位的负担。韦斯滕教授的标准会要求削减偶数号群体的负担，比如从 5 减到 2。但如果那样的话，为了充分实现州减少汽油使用的目的，就必须将奇数号群体的负担从 1 涨到 4。于是有：

原初假设： 5（偶数号群体）+1（奇数号群体）=6

韦斯滕的标准，第一次适用： 2（偶数号群体）+4（奇数号群体）=6

然而，显然可见新的安排仍然违反了韦斯滕的标准，尽管路数正好相反。我们必须再次适用该标准，这一次要减轻奇数群体的负担，而增大偶数群体的负担。如果我们没有平等的观念，我们会被要求无休止地适用下去，直到我们达到一个等式，再也不会违反法定标准：

韦斯滕的标准，最终适用： 3（偶数号群体）+3（奇数号群体）=6

简言之，平等天然存在于韦斯滕的标准之中。这个标准本身不过是用烦琐的语言表述为：两个人群必须获得法律之下的平等保护。[1]

虽然韦斯滕对此并无回应，但达马托的推演其实恰好佐证了韦斯滕的观点：平等不过是规则适用的结果，而不是规则适用的条件，它在逻辑上后于规则而非先于规则。那么，平等是否具有达马托所力图展示的裁短思维的作用？答案是否定的，因为如果不清楚平等背后的规则，平等就根本无法适用，思维也并无头绪——达马托如何用平等说明，法律对奇数号和偶数号群体的差别对待方面具有道德显著性？至于凯末林斯基的论证，认为韦斯滕既已承认平等（"相似之人应获得相似对待"）与正当程序（"每个人都应得到其应得之物"，亦即"正义"）可以互相还原[2]，那就等于承认了平等内含于正当程序权之中。笔者认为，首先，这一观点建立在错误的推理之上，因为平等内含于正当程序权，而后者不是空洞的，所以平等也就不是空洞的。事实上，在韦斯滕看来，平等与权利、正义都是空洞的，凯末林斯基的论证丝毫无助于减轻平等的空洞性。其次，如果认为平等可以被吸

---

〔1〕 Anthony D'Amato, *Comment*: *Is Equality a Totally Empty Idea?*, Michigan Law Review, Vol. 81, No. 3, (Jan. , 1983).

〔2〕 韦斯滕的确曾说："就如正义可以被还原为平等，平等也可以被还原为正义。"Peter Westen, *The Empty Idea of Equality*, Harvard Law Review, Vol. 95, No. 3. (Jan. , 1982).

收到正当程序权中，那么平等也就丧失了作为独立规范的地位，更无法对规则的适用发挥任何影响。

第三节　平等的致乱与废除

既然平等和自由、权利等基本宪政理念一样，都是空洞的，那么韦斯滕为何不主张将其全部废除，而仅主张废除平等？这是因为，空洞本身并不能为废除提供足够的理由——有时，空洞甚至恰恰是概念存续的最重要理由，例如，数学公式中的变量符号[1]；废除一个概念的充要条件，是概念空洞且会引发混乱。换言之，在平等的空洞性难以撼动之后，围绕平等是否会引发混乱而展开的讨论，就堪称决定平等命运的最后一轮抉择。

一、平等引发混乱的原因和表现

"平等造成的混乱数目繁多，但几乎都可上溯到同一源头：平等的言说预先假定了潜在的比较标准；但这样的言说把潜在规则省略掉，而不是直接表达出来，以致趋向掩盖它们通过援引所隐含的真实规范标准"[2]。这一点可以从数学平等和法律或道德

---

〔1〕 Peter Westen, *On "Confusing Ideas": Reply*, The Yale Law Journal, Vol. 91, No. 6. （May, 1982）.

〔2〕 Peter Westen, *The Meaning of Equality in Law, Science, Math, and Morals: A Reply*, Michigan Law Review, Vol. 81, No. 3. （Jan., 1983）.

平等的比较中得出：**数学平等之所以不会产生混乱，是因为人们对于平等背后的规范达成了高度的共识**（几乎任何人都会同意一加一应当等于二），所以，虽然平等也会遮蔽这些规范，但并不会造成混淆的后果。而法律或道德平等则不然：人们对应适用的法律或道德规则存在严重的分歧，几无共识可言；此时用平等的修辞去屏蔽分歧，只会在分歧之外平添混乱。[1] 例如，某人提出一个平等的主张，他的反对者可能不过是运用了不同的规则标准，与他所讨论的根本不是同一个问题；他的支持者则可能也并没有运用他的规则标准，因而这种支持不具有任何实质意义。可见，平等所造成的混乱，会阻碍有意义的讨论展开。韦斯滕从四个方面描述了平等引发混乱的表现：

第一，平等被看作独立的规范，以致割裂了平等与其所援引的实体规则的联系，将后者遮蔽起来。"宪法权利，哪怕是诸如言论和宗教之类的相对特定的自由，都已经够难识别和评价了。把它们全都囊括在'相似者应获得相似对待'这一'无所不包'的命题之下，只会把问题纠结在一起。"[2]

第二，平等就是寻找等价物的过程，它只存在于人们的特定方面；而由于平等将人们的注意力从其背后的实体规范转移开

---

〔1〕　See generally Peter Westen, *The Empty Idea of Equality*, Harvard Law Review, Vol. 95, No. 3. (Jan., 1982).

〔2〕　See generally Peter Westen, *The Empty Idea of Equality*, Harvard Law Review, Vol. 95, No. 3. (Jan., 1982).

来，就可能引发"过分推广"的错误，由某一方面的平等，推导出其他方面甚至一般意义上的平等。[1]

第三，在平等审查中，"平等将一切宪法主张都强塞进审查水平的几个类别，以致扭曲了本该主导实体主张的处理的不同标准"[2]。例如，传播具有明显性意味的作品和传播政治作品，在平等审查时都会被归入言论权利，划入同一审查水平，而这两类作品道德显著性的实际差异则被遮蔽了。

第四，一个常见的误解是：平等不关心究竟是将负担从特定人身上移开，还是将负担对象扩展到每个人，这和权利不同——对侵权的唯一救济就是去除负担，所以，平等能够提供比平等本身更广泛的救济。韦斯滕指出，首先，权利所提供的救济未必是单一的。他举例说：

假设州有意建设和维护讨论政治观点的公共论坛，但计划排除自由党的观点。……如果受侵害的权利是让州在政治言论内容方面保持中立的权利，那么一项或两项救济就是妥当的：要么命令州许可自由党参加论坛，而不考虑言论的内容；要么禁止州邀请任何其他的政治代表参与该论坛。而如果被侵害的权利是让州

---

[1] See generally Peter Westen, *The Empty Idea of Equality*, Harvard Law Review, Vol. 95, No. 3. (Jan., 1982).

[2] Peter Westen, *The Empty Idea of Equality*, Harvard Law Review, Vol. 95, No. 3. (Jan., 1982).

为政治观点的表达提供公共论坛的积极权利，那么一些作为替代的救济就是妥当的：要么命令州将论坛向自由党开放，以表达其观点；要么命令州为救济目的而创设其他论坛。[1]

其次，并不是说一切将负担从特定人身上移开，或者将负担对象扩展到每个人的做法，都是救济。"平等所提供的救济正和其所包含的潜在实体权利一样多（或少）"。[2] 例如，假设州在性别问题上存在歧视，要求双亲供养男孩到 21 岁，而只要求供养女孩到 18 岁。一位 20 岁的女性主张该法侵害了平等保护，寻求救济。此时，平等似乎提供给法院两种选择：（1）将对女孩的供养义务扩展到 21 岁；（2）将对男孩的供养义务提前到 18 岁。而事实上，后者并不能充分救济原告，因为它无法补偿原告在 18 岁至 20 岁之间所蒙受的利益损失。[3]

二、对平等引发混乱的辩护和探讨

尽管较之平等的空洞性问题，平等引发的混乱并非讨论的重点，但韦斯滕以外的各位学者均为平等作了辩护。这些辩护可归

〔1〕 Peter Westen, *The Empty Idea of Equality*, Harvard Law Review, Vol. 95, No. 3. （Jan., 1982）.

〔2〕 Peter Westen, *The Empty Idea of Equality*, Harvard Law Review, Vol. 95, No. 3. （Jan., 1982）.

〔3〕 See generally Peter Westen, *The Empty Idea of Equality*, Harvard Law Review, Vol. 95, No. 3. （Jan., 1982）.

为三个角度：

第一，主张平等所引发的混乱不是必然发生的，并非平等所固有。[1] 对此韦斯滕持肯定态度，但即便这些混乱不是不可避免的，也算得上平等的特色了。[2] 问题不在于平等"不必然"会导致混乱，而在于如果废除平等，就"必然不"会导致混乱——如此，则这一辩护顿失力量。

第二，主张引发混乱的缺点不是平等所独有的，权利等其他概念也有这个缺陷。凯末林斯基认为，平等和权利一样，既是独立的，也是不独立的；如果平等作为独立规范会造成混乱，则权利亦不免；[3] 如果平等审查的分级会造成混乱，那么存在于言论自由之类权利中的类似制度亦不免。[4] 格林沃特也主张，一定的混乱是规范性概念的通病，诸如"隐私"、"自由"或"权利"皆为明证。[5] 显然，引发混乱本身并不能导出废除平等的结论——否则所有规范性概念均应废除。对此，韦斯滕的回应是：之所以废除平等，是因为"以平等的方式进行分析所引发的

---

[1] See generally Erwin Chemerinsky, *In Defense of Equality*: *A Reply to Professor Westen*, Michigan Law Review, Vol. 81, No. 3. (Jan., 1983).

[2] Peter Westen, *The Meaning of Equality in Law*, *Science*, *Math*, *and Morals*: *A Reply*, Michigan Law Review, Vol. 81, No. 3. (Jan., 1983).

[3] Erwin Chemerinsky, *In Defense of Equality*: *A Reply to Professor Westen*, Michigan Law Review, Vol. 81, No. 3. (Jan., 1983).

[4] Erwin Chemerinsky, *In Defense of Equality*: *A Reply to Professor Westen*, Michigan Law Review, Vol. 81, No. 3. (Jan., 1983).

[5] Kent Greenawalt, *How Empty Is the Idea of Equality?*, Columbia Law Review, Vol. 83, No. 5. (Jun., 1983).

混淆，在权重上远超过纯粹的修辞利益"[1]。

第三，对废除平等的得失权衡。毫无疑问，平等具有强大的修辞力量。韦斯滕形象地指出：

　　由于相似之人应获得相似对待的命题无疑是正确的，它能给其所包含的实体价值带上超然正义的光环。结果，以平等的形式所宣示的价值就可能获得比应有分量更大的道德和法律权重。这就是为什么以平等形式出现的主张无例外地将所有相反观点置于"防御"的地位。[2]

正是这样的力量让一代代学者和政治家难以割舍，宁愿忍受平等所带来的混乱。一方面，论者纷纷阐述平等的重要意义：平等是"在思考和论辩中颇具实用价值的工具"[3]；平等作为宪法弹性的重要机制，可以包容宪法价值的实际变化，毋庸修改宪法[4]；等等。另一方面，平等所造成的混乱究竟达到何种程度，则根本

〔1〕 Peter Westen, *The Empty Idea of Equality*, Harvard Law Review, Vol. 95, No. 3. (Jan., 1982).
〔2〕 Peter Westen, *The Empty Idea of Equality*, Harvard Law Review, Vol. 95, No. 3. (Jan., 1982).
〔3〕 Steven J. Burton, *Comment on "Empty Ideas": Logical Positivist Analyses of Equality and Rules*, The Yale Law Journal, Vol. 91, No. 6. (May, 1982).
〔4〕 Peter Westen, *The Meaning of Equality in Law, Science, Math, and Morals: A Reply*, Michigan Law Review, Vol. 81, No. 3. (Jan., 1983).

无法证明和测量。[1] 可见，衡量概念存废的得失，存在天然的困难——事实上，所谓得与失，同样不可避免地带有主观价值判断的色彩，因而很难指望争议双方分出高下或达成一致。

结 语

总之，就本章所探讨的学术论争而言，持平等观念空洞说的一方虽然人数较少，但的确略占上风，对各方驳诘基本可在统一的框架内作出回应乃至反诘。平等的"形式原则"，即"相似之人应获得相似对待"或"真正原则"，即"仅仅因为处境相同，相似之人应获得相似对待"，的确深陷空洞性的泥沼，更可能遮蔽背后的权利规则或实体价值，造成混乱，这是韦斯滕敢于坚持废除平等的原因所在。平等受到的责难其实远不止此，论者曾总结出平等的"七宗罪"：空洞性、混乱性、冗余性、导致错上加错、导致待遇的拉低和浪费、将本不正当的现状正当化、贬损差异性。[2] 那么，是否应当摒弃平等，另行寻找反歧视法的正当性基础？海外学者的确向这个方向努力过，提出了多样性（di-

---

[1] Kent Greenawalt, *How Empty Is the Idea of Equality?*, Columbia Law Review, Vol. 83, No. 5. (Jun., 1983).

[2] Kenneth W. Simons, *The Logic of Egalitarian Norms*, Boston University Law Review, Vol. 80, No. 3. (Jun., 2000).

versity)、社会融入（social inclusion）[1] 等替代方案；中国学者也提到过采用人格尊严替代平等，作为反就业歧视法的理论基础。[2] 但是，即便这些方案可行，平等是否糟糕到令其修辞意义黯然失色、其他方案与平等相比是否更好，仍然需要漫长的学术讨论和思索。本章所回望的学术史，构成思考链条的一环，也仅仅是一环而已。

---

〔1〕 Hugh Collins, *Social Inclusion: A Better Approach to Equality Issues?*, Transnational Law and Contemporary Problems, Vol. 14, No. 3. （Spring, 2005）.

〔2〕 周伟：《反歧视法研究：立法、理论与案例》，法律出版社 2008 年版。

第五章　民与官：平等运动的宪法回应

导　论

　　"宪法的生命在于实施，宪法的权威也在于实施。"[1]要建立和维护宪法权威，必须实施宪法，这在我国已成共识。然而，与执法相比，行宪的难度要大得多。究其原因，执法至少在理论上无涉政治、性质单纯，而宪法却"恰恰首当其冲地处在法与政治相交接的锋面之上"[2]。行宪以法治为依归，宪法必须保持高度的中立性、稳定性和可预测性，舍此则宪法难有法律权威；行宪又要回应政治变化、吸纳政治张力、整合政治诉求，舍此则宪法难有政治权威。法治思定、政治求变，如何维持平衡，既是行宪

---

[1]　习近平：《在首都各界纪念现行宪法公布施行 30 周年大会上的讲话》，载《人民日报》2012 年 12 月 5 日，第 2 版。

[2]　林来梵：《从宪法规范到规范宪法：规范宪法学的一种前言》，法律出版社 2001 年版，第5 页。

机关的艰深技艺，又是当代美国宪法变迁（constitutional change）理论的核心关切："我们希望拥有的宪法既是活的、具有灵活性且不断变化，同时坚不可摧地稳定，不受人类操作的影响。我们怎样才能摆脱这一困境呢?"[1]

20 世纪中期以来，宪法变迁理论的困境走向了极致。一方面，包括黑人民权运动、妇女权利运动、同性恋者权利运动等重大社会运动接踵爆发，[2] 运动释放出巨大的政治张力，亟待宪法通过变迁予以吸收。另一方面，宪法变迁的传统路径——修宪——越发难行[3]，几乎只能依靠司法释宪来与时俱进。而最高法院在传统上多是以法律机构的形象出现，较少考虑、更不善于维护宪法的政治权威，遑论在法律和政治之间维持平衡。究竟何去何从？这不但关乎宪法权威的维系，而且挑战宪法学人的智识。

本章以美国为样本，从应然和实然两个方面，尝试理解当代宪法变迁理论应对社会运动挑战、走出困境的努力。在实然层面，是否承认社会运动对司法释宪的影响与研究者的史观联系紧

---

[1] [美] 戴维·斯特劳斯:《活的宪法》，毕洪海译，中国政法大学出版社 2012 年版。

[2] "社会运动"的概念众说纷纭。可资参考的主流定义如下：社会运动是指"制造诉求的持续运动，这种运动通过反复表现来张扬诉求，并且立足于支撑这些行动的组织、网络、传统和团结"。Charles Tilly & Sidney Tarrow, *Contentious Politics*, Oxford: Oxford University Press, 2007. 关于美国社会运动的实况译介已多，此不赘述。

[3] 制宪和修宪都曾被用作吸纳社会运动的手段。比如，制宪可视作开国一代独立运动的产物，而重建时期的修正案则是废奴运动的成果。William N. Eskridge, Jr., *Some Effects of Identity-Based Social Movements on Constitutional Law in the Twentieth Century*, 100 Mich. L. Rev. 2062, 2064 (2002).

密。自由派宪法学家批判原旨主义等思潮，从个案出发，恢复社会运动作用于司法释宪的本来面目，进而总结这种作用的发生规律，提出了作用机制的宪法文化理论和作用周期上的三阶段论。在应然层面，社会运动背负派系政治的"原罪"，与制宪时代的共和主义原则相抵牾，其宪法地长期未获肯定。"冷战"之际，美国学者为了应对国家政制的民主危机，提出多元主义理论，使社会运动服务于民主，开始接纳其对司法释宪的影响。然而，社会运动凸显了宪法政治权威与法律权威的冲突。为了调和冲突，社会运动对司法释宪的影响必须受到限制。其中，多元主义者先是反对，后来有条件地支持社会运动直接进入司法过程；主张复兴共和主义的学者则将社会运动定位于法院集思广益的对象，只有当社会运动的诉求与公益相重合时，法院才有加以顺从的义务。文末以对中国行宪之道的探索作结。

第一节　实然之争：社会运动有没有影响宪法？

一、史观兴替：宪法理论的古典与浪漫

社会运动究竟是否曾经影响司法释宪、引发宪法变迁？这个问题与其说是史实之争，毋宁说是史观之争。作为普通法国家，历史是美国法律不可忽视的内在维度，早期法学研究多以整理法

律历史演进为要务。[1] 19 世纪末，美国法律教育界发生了"兰代尔革命"，法官和律师在法学院的教席逐步被专业学者取代，"法学研究"首次成为独立的职业。[2] 讽刺的是，法学的独立却以历史视角的否弃为代价。在兰代尔看来，法学要想独立，就必须成为一门科学；而所谓"科学"是以自然科学为参照的，特指将法律化约为生化定理一般的逻辑体系，排斥经验的地位。[3] 兰代尔的法律观是去历史化的。为此，他不惜在案例书中删除那些与逻辑原则相抵触的案件，并且抽离案件的历史背景。[4] 可想而知，当时汹涌澎湃的社会运动（如工人运动），根本不在兰代尔等法律形式主义者的视野之内，更遑论探讨社会运动与宪法变迁的关系了。[5]

法律形式主义的鸵鸟战术显然不能持久。经过法律现实主义的洗礼，到了 20 世纪 50 年代，主流的法律过程学派[6]已经不再否定社会运动在某些案件中确实影响了最高法院释宪。比如，

---

〔1〕 ［美］小奥利弗·温德尔·霍姆斯：《普通法》，冉昊、姚中秋译，中国政法大学出版社 2006 年版。

〔2〕 Lawrence M. Friedman, *A History of American Law*, 3rd ed., New York: Touchstone, 2005.

〔3〕 参见 Arthur E. Sutherland, *The Law at Harvard: A History of Ideas and Men*, 1817-1967, Cambridge: The Belknap Press of Harvard University Press, 1967.

〔4〕 G. Edward White, *Tort Law in America: An Intellectual History*, Oxford: Oxford University Press, 1985.

〔5〕 关于 19 世纪末、20 世纪初工人运动对美国宪法的影响，见 James Gray Pope, *Labor's Constitution of Freedom*, 106 Yale L. J. 941 (1997).

〔6〕 对于法律过程学派的概述，见 William N. Eskridge, Jr. & Philip P. Frickey, *the Making of the Legal Process*, 107 Harv. L. Rev. 2031 (1994).

哥伦比亚大学教授赫伯特·威克斯勒就承认，最高法院同情民权运动，在布朗案及后续案件中偏向黑人一边；最高法院也同情劳工运动，根据是否对劳工有利来决定支持还是推翻联邦立法。[1]但是，法律过程学派对于社会运动的宪法角色并不认同，因而，在历史叙述中有意无意地压制社会运动的意义。他们的典型做法是：将最高法院的宪法裁判分成两类，一类是受到了社会运动等因素的"不当"影响；另一类则是未受影响的"理想"裁判。这种思路被 20 世纪 80 年代以来的原旨主义者（originalist）所继承。在原旨主义者看来，法院释宪应当遵从立宪时的原意，与当下各个社会运动之间的冲突保持距离。斯卡利亚大法官就说："我不会纵容自己如此正式地褒扬异性间的一夫一妻制，因为我觉得在这场文化战争中选边站根本不是法院的职责所在（这与政治分支不同）。"[2]原旨主义的观点在最高法院占了上风。到了2008 年最高法院判决控枪案时，无论自由派还是保守派的大法官都根据制宪原旨来立论[3]，持枪权运动与控枪运动似乎都被隔绝在了法庭之外。在原旨主义者看来，他们的理论已然统治了现实，社会运动影响宪法变迁的历史至少暂时终结了。事实果真如此吗？

---

〔1〕　Herbert Wechsler, *Toward Neutral Principles of Constitutional Law*, 73 Harv. L. Rev. 1 (1959).

〔2〕　Romer vs. Evans, 517 U. S. 620, 652 (1996) (Scalia, J., dissenting).

〔3〕　District of Columbia vs Heller, 554 U. S. 570 (2008).

　　自由派宪法学家给出了否定的答案。他们认为，法律过程学派和原旨主义都对社会运动的宪法地位存有先入之见，以致在历史叙述中不够客观，贬低了社会运动在宪法变迁中的实际作用。[1] 这些学者深受20世纪80年代以来法律历史主义（legal historicism）的影响，后者主张"法律存在于且必须在一定程度上放在特定的时空背景中来理解"。[2] 法庭之外的社会运动显然是"时空背景"的一部分。这些学者也得到了政治科学的响应。比如，政治科学家基思·E.惠廷顿就观察到：行宪并不局限于法院的宪法解释（constitutional interpretation），而且包含着法院以外的宪法建构（constitutional construction）。日常政治的各种主体都可能参与到宪法建构之中，使得宪法建构"往往高度派性化、凌乱且激烈"，[3] 却能够促进立法和行政变革，并且"通过对法院规程和提交到法院的问题种类的重塑，影响到了法院解释宪法的走向"。[4] 根据惠廷顿的理论，民众通过社会运动来建构宪法、进而影响法院释宪，是宪法变迁中不容忽视的因素。

---

[1] 除下文将提到的学者之外，持这种观点的学者及其代表作还包括：Lani Guinier & Gerald Torres, *Changing the Wind: Notes Toward a Demosprudence of Law and Social Movements*, 123 Yale L. J. 2574（2014）; Michael J. Klarman, *From Jim Crow to Civil Rights: The Supreme Court and the Struggle for Racial Equality*, Oxford: Oxford University Press, 2004; 等等。

[2] Robert W. Gordon, *Historicism in Legal Scholarship*, 90 Yale L. J. 1017, 1017（1981）.

[3] Keith E. Whittington, *Constitutional Construction: Divided Powers and Constitutional Meaning*, Cambridge: Harvard University Press, 1999.

[4] [美] 基思·E.惠廷顿：《宪法解释：文本含义，原初意图与司法审查》，杜强强、刘国、柳建龙译，中国人民大学出版社2006年版。

　　总之，社会运动与宪法变迁的关系问题，深深卷入了法学界的史观之争。社会运动是政治的一种，史观之争实际上反映了对于法律与政治的关系、对于法律发展动力的不同看法。身处法律与政治之间，宪法理所当然成为各种史观交锋的前线。对于兰代尔主义者、法律过程学派或者原旨主义者来说，宪法至少在很大程度上与政治无涉，宪法发展的动力主要来自内部。这与文艺上讲求内在规则和确定性的古典主义相契合。而对于法律现实主义者和自由派宪法学家来说，宪法与政治密不可分，包括社会运动在内的政治力量塑造了宪法发展的路向。这与文艺上肯定不确定性、挑战乃至否定规则的浪漫主义又不无相通之处。曾有学者大胆猜测：古典主义与浪漫主义交替出现的规律可能不仅存在于文艺领域，也存在于法律进化当中。[1] 美国法学界史观之间的消长正可佐证这一观点。原旨论可被视作法律形式主义的当代版本，而"一旦形式主义完善了自己的模式……它就擅于倡导稳定，以致成为进一步变革的敌人"[2]。原旨主义者为了制造宪法没有变动的假象，贬低乃至否认社会运动对于宪法变迁的影响，实在情理之中。

---

〔1〕 ［美］格兰特·吉尔莫：《契约的死亡》，曹士兵等译，载梁慧星主编：《民商法论丛（第3卷）》，法律出版社1995年版。

〔2〕 Grant Gilmore, *The Ages of American Law*, New Haven: Yale University, 1977.

二、个案辨析：控枪判决的原旨与实情

端正史观之后，自由派宪法学家从个案入手，还原社会运动影响宪法变迁的历史。最为别出心裁的是，他们选择了原旨主义者自认为大获全胜的 2008 年控枪案，运用翔实的史料证明：即便是以坚守制宪原意自命的斯卡利亚大法官，其判决也深受持枪权运动的塑造。该案涉及美国宪法第二修正案的解释问题。第二修正案规定："整训良好之民兵队伍乃维护自由州安全之必需，人民保存和持有枪支的权利不可侵犯。"斯卡利亚大法官判决说，根据第二修正案的原旨，首先，公民享有持枪的消极自由；其次，该修正案的前一分句只是"前言条款"（prefatory clause），并无实义；最后，公民虽有权持枪，但无权使用枪支，即便出于和建设民兵相同的目的——抵御暴政——也不可以。[1]

斯卡利亚观点的基础是对宪法原旨的尊崇，自由派学者的反击就从这一点着眼。列娃·西格尔教授指出[2]，斯卡利亚虽然追求原旨，但是用来证明原旨内容的很多资料却并不反映制宪时的情况，甚至 1998 年版的《布莱克法律词典》也被当成了原旨的依据。即便追究原旨，公民共和主义乃美国立宪的根本，制宪

---

[1] District of Columbia vs. Heller, 554 U. S. 570 (2008).

[2] Reva B. Siegel, *Dead or Alive: Originalism as Popular Constitutionalism in* Heller, 122 Harv. L. Rev. 191 (2008). 下文对本案的分析除非特别说明，均以该文为据，不再另行出注。

者显然意图让公民能够使用枪支来抵御暴政、维护共和；而斯卡利亚"只准持有、不准使用"的判决和这一意图相抵触。

那么，在原旨主义的外表之下，最高法院释宪的依据究竟是什么呢？西格尔用丰富的史料证明，斯卡利亚回应和采纳了持枪权运动的观点，他判决的全部要点均可在持枪权运动的主张中找到对应物。20世纪60年代，美国民权运动正炽，运动领袖马丁·路德·金和支持者司法部长罗伯特·肯尼迪等相继中枪罹难，促使自由派为了维护民权而主张控枪。同一时期，美国社会的保守派为了打击枪支犯罪，也支持控枪。自由派与保守派的短暂联盟，推动了各州出台控枪立法。2008年的案件所涉及的哥伦比亚特区立法就在此时获得通过。然而，面对严峻的枪支犯罪形势，保守派的观点逐步从严格控枪以遏制犯罪转向允许持枪以防御犯罪。同时，民权运动的高潮已经过去，国家为支持民权而干预社会的做法渐失民心，自由放任思潮地位上升。"允许持枪"与"自由放任"的结合，便是公民持枪的消极自由。主张这一自由的持枪权运动就此兴起。

进入20世纪90年代，民主党夺回政权并主张控枪，引发以全国步枪协会（National Rifle Association）为代表的、持枪权运动的激烈反弹。经过反复斗争，持枪权运动作出妥协，放松对于枪支使用的诉求，转而采取"自由持有、严格限制使用"的立场。当时，一些州发生以民兵名义持枪对抗政府的事件，民意倾向控枪；持枪权运动为了避免被殃及，连忙与民兵划清政治界限，从而形成了"民兵与持枪权脱钩"的思想。在斯卡利亚的判决中，持枪权运动的上述各项主张——持枪的消极自由、用枪的严格限制、民兵的淡化处理——都以制宪原旨的名义变成了司法释宪的一部分。

那么，斯卡利亚为什么要接受持枪权运动的主张？或者说，持枪权运动通过什么渠道来影响释宪权？毕竟，最高法院及其大法官在美国政治制度内具有高度的独立性，标榜远离日常政治、保持政治中立。西格尔认为，持枪权运动采取了正确的行动策略，通过一系列步骤最终在最高法院找到了盟友。首先，运动领导人深耕基层，向民众广泛投递宣传品，获得了一定的民意基础。其次，虽然支持者起先并不很多，但是由于两党在选举中势均力敌，运动的支持者成了影响选举结果的关键少数。最后，倾向保守的共和党为了胜选，拉拢持枪权运动者，将持枪自由纳入核心政治议程。这是持枪权运动获得权力支持的肇始。

20 世纪 80 年代，共和党控制了行政系统和参议院，里根总统牢固掌握了任命联邦各级法院法官的大权。作为保守派的总代表，里根非常注重释宪权，精心遴选支持保守观点的人出任法官。到了 2008 年，保守派阵营在最高法院占据了优势。控枪案的多数判决获得五位大法官支持，他们是清一色的保守派：斯卡利亚和肯尼迪由里根总统任命，托马斯由老布什任命，罗伯茨和阿利托则是小布什当政时获任的。自里根时期以来，共和党保守派苦心经营最高法院人事[1]，终于在控枪案中取得成果。

三、规律探索：社会运动的机制与周期

要想证明社会运动对于宪法变迁的影响，仅仅解剖个案还远远不够。清代大学者戴震尝谓：对于学术观点，如若"据以孤证以信其通，虽溯流可以知源，不目睹渊泉所导，循根可以达杪、不手披枝肆所歧，皆未至十分之见也"[2]。这句话提出了两条门槛：一是孤证不立，必须掌握一定数量的实证；二是要"本末兼察"，揭示内在机理。只有二者兼备，方可立论成说。治学之法，无分中外。自由派宪法学者为了证立社会运动的宪法地位，恰恰遵循了戴震所提出的路径。他们一方面重建历史，证明民权运动、女权运动、同性恋权利运动等对宪法的影响[3]；另一方面开掘社会运动作用于宪法变迁的内在规律，提出了社会运动的机制论和周期论。

---

[1] 自由派宪法学者认为，保守派自20世纪80年代以来广泛培植人脉，其发力范围绝不仅限于最高法院，而是涵盖政界和学界。这是当代美国政坛倾向保守的重要原因。参见 Steven M. Teles, *The Rise of the Conservative Legal Movement: The Battle for Control of the Law*, Princeton: Princeton University Press, 2010；田雷：《波斯纳反对波斯纳——为什么从来没有学术的自由市场这回事》，载《北大法律评论》2013 年第 1 期。

[2] [清] 戴震：《与姚孝廉姬传书》，载戴震撰、张岱年主编：《戴震全书（六）》，黄山书社1995 年版。

[3] William N. Eskridge, Jr., *Some Effects of Identity-Based Social Movements on Constitutional Law in the Twentieth Century*, 100 Mich. L. Rev. 2062, 2069-2193 (2002).

机制论试图回答的问题是：社会运动的力量究竟通过何种方式传导到司法释宪？以往的宪法理论只承认修宪一种传导方式：社会运动催生新的宪法观念，观念形成民意压力，促使立法机关通过修宪加以吸收，形成司法释宪所必须遵循的宪法修正案。自由派宪法学家提出，在修宪之外，社会运动还可以通过所谓"宪法文化"（constitutional culture）的方式作用于司法释宪。宪法文化，是指"引导公民和官员就宪法意涵展开互动的角色意识和论辩实践"[1]。与修宪相比，宪法文化具有两个特点：一是作用效果的非确定性。在宪法文化中，官民互动可以生成新的宪法观念，但这种观念并不像修宪那样必然被法官所接受。诚然，法官与宪法文化关系密切，甚至浸淫其中，这给社会运动提供了许多影响法官的机会。有时，法官会主动参与到宪法文化当中：比如，社会运动可以发起宪法诉讼，以法庭为论坛，与法官就新的宪法观念直接沟通。[2] 有时，法官会被动卷入宪法文化：比如，在国会任命法官的听证会上，社会运动中激烈争论的宪法观念往

---

〔1〕 Reva B. Siegel, *Constitutional Culture, Social Movement Conflict and Constitutional Change: The Case of the de facto ERA*, 94 Cal. L. Rev. 1323, 1325（2006）.

〔2〕 例如，20世纪40年代，美国有色人种协进会围绕宪法平等保护发起了一系列宪法诉讼，与最高法院就种族融合的新平等观展开对话。Mark V. Tushnet, *The NAACP's Legal Strategy against Segregated Education*, 1925-1950, Chapel Hill, The University of North Carolina Press, 1987. 当代甚至还发生过大法官就案件主动公开宣读异议（dissenting opinion），通过这一不同寻常的举动来唤起民众支持，促使民众动员起来影响立法，采纳异议中的宪法观念。Lani Guinier, *Demosprudence through Dissent*, 122 Harv. L. Rev. 4（2008）；Lani Guinier, *Courting the People: Demosprudence and the Law/Politics Divide*, 89 B. U. L. Rev. 539（2009）.

往转化为法官必须面对的诘问。[1] 还有时，法官虽然没有参与或卷入法律文化，但是作为法律共同体的一分子，仍有机会了解相关信息：比如，社会运动为推行其宪法观念而发起的选举、立法、修宪倡议，都会获得法官的关注，潜移默化地影响法官的宪法判断。[2] 但是，所有这些影响都并不像法官必须遵循宪法修正案那样确定。

二是宪法观念生成过程中的多主体互动。在修宪程序里，宪法观念生成的主体较为单纯，主要有社会运动和立法机关参与其中，并且生成的过程是单向的：社会运动提出观念，立法机关加工观念，修宪后则由司法机关加以落实。自由派宪法学家揭示了宪法观念生成的丰富性。他们深受早逝的罗伯特·卡沃教授的影响。在卡沃看来，"法律意义的生成——制法（jurisgenesis）——总是通过文化性的中介来发生。国家不一定是法律意义的创制者，

―――――――――――

[1] 近年来较著名的是 1987 年罗伯特·鲍克的任命听证。作为保守派的代表人物，鲍克关于种族、堕胎、警察权、教育和言论自由等方面的宪法观点遭到了严重质疑。他的任命最终未获参议院通过。鲍克本人将听证之争形容为"血腥的十字路口"（bloody crossroads）。他认为，最高法院受到了（包括社会运动在内的）政治的诱惑，而他正是因为抵制这种诱惑而遭否决的。Robert H. Bork, *The Tempting of America: The Political Seduction of the Law*, New York: Touchstone, 1991.

[2] 例如，20 世纪 70 年代，女权运动曾促使参议院提出平等权利修正案（Equal Rights A-mendment）。虽然最终因为没有获得足够多州的批准而未能生效，但是平等权利修正案的内容却获得了法院的广泛接受，成为平等保护条款的主流解释。Reva B. Siegel, *Constitutional Culture, Social Movement Conflict and Constitutionl Change: The Case of the de facto ERA*, 94 Cal. L. Rev. 1323（2006）.

创制过程是集体的或社会的"〔1〕。他否定了国家对法律意义生产的垄断，恢复了国家以外主体的地位；进而强调国家并不当然地具备话语优势，而是必须与其他主体相互竞争，只有胜者的观点才能成为法律。〔2〕

宪法文化理论则发展了卡沃的观点。一方面，宪法文化理论更精细地描述了法律意义生产过程的各个主体。学者打破统一的"国家"概念，关注行政、立法和司法机关在宪法文化中的不同角色，提出了立法释宪论（legislative constitutionalism）和行政释宪论（administrative constitutionalism）。〔3〕他们还强调国家以外主体之间的冲突和妥协，特别是社会运动与反运动（counter-movement）之间的对抗。与其说社会运动改变了宪法，不如说是社会运动冲突（social movement conflict）改变了宪法。〔4〕另一方面，宪法文化理论纠正了卡沃对于国家与非国家主体间竞争关系的片面强调，代之以更为宽泛的"互动"，将竞争以外的相互动员、学习、妥协等纳入了视野。

---

〔1〕 Robert M. Cover, *Nomos and Narrative*, 97 Harv. L. Rev. 4, 11 (1983).

〔2〕 参见 Martha Minow, Michael Ryan & Austin Sarat (eds.), *Narrative, Violence, and the Law: The Essays of Robert Cover*, Ann Arbor: The University of Michigan Press, 1992.

〔3〕 例如，杰克·巴尔金教授和西格尔教授就主张，自由派为了改变最高法院对平等保护条款的解释，可以先从行政机关和立法机关突破，然后再说服司法机关。Jack M. Balkin & Reva B. Siegel, *Remembering How We Do Equality*, in Jack M. Balkin & Reva B. Siegel (eds.), The Constitution in 2020, Oxford: Oxford University Press, 2009.

〔4〕 Reva B. Siegel, *Constitutional Culture, Social Movement Conflict and Constitutional Change: The Case of the de facto ERA*, 94 Cal. L. Rev. 1323 (2006).

宪法文化理论回答了社会运动作用于宪法变迁的机制问题，而社会运动周期理论则试图理解社会运动影响宪法变迁的过程。小威廉·埃斯克里奇教授提出：20 世纪后半叶以身份为基础的各个社会运动，按照弱势身份群体的状况，都经历了三个阶段，而每个阶段都可能影响到言论自由、正当程序和平等保护三类条款的宪法解释。[1]

第一阶段可称作未动员阶段。此时，弱势群体并未普遍动员起来，社会运动尚在少数精英的倡导和酝酿之中。这些精英从多个角度寻求宪法支持。在言论自由方面，他们主张，即便国家没有义务积极保护弱势群体的话语地位，也不应该对这些群体作消音处理。在法律正当程序方面，他们将诉求的重点放在"程序"（procedural due process）上，要求国家非经正当程序不得剥夺弱势群体的自由和财产。而在平等保护方面，他们只寻求最低限度的保护，即政府对弱势群体的区别对待必须具备合理基础（rational basis）。在这一阶段，社会保守力量坚持维护现状，也意识到了弱势群体对于现状的威胁。

第二阶段可称作大众动员阶段。此时，弱势群体成员大量参与到斗争中，社会运动正式走上政治舞台。弱势群体的宪法诉求

---

[1] William N. Eskridge, Jr. , *Channeling*: *Identity-Based Social Movements and Public Law*, 150 U. Penn. L. Rev. 419, 477, 509 (2001). 以下除非特别说明，对各个阶段的论述均以该文为据，不再另行出注。

随之升高。在言论自由方面，他们提出，国家不仅不能打击本群体，而且要维护弱势群体抗议矮化和污名化的话语空间，特别是保护对保守力量的批评权。他们对法律正当程序的诉求重点转移到"法律"（substantive due process）上，将一些个人权益（如堕胎权）包装为隐私，阻止国家介入。而在平等保护方面，他们要求加高对政府行为的审查标准。比如，基于种族的区别对待必须经受所谓严格审查，仅有合理基础也不再意味着可以采取性别、残疾、性取向等方面的区别对待。这一时期的社会保守力量与社会运动发生激烈对撞，冲突最为密集。

第三阶段则可称作后运动阶段。在这一阶段，弱势群体的社会运动取得初步胜利，逐渐进入日常政治，成为多元主义政治生态中的一元。而保守力量与弱势群体的地位发生对调：弱势群体反客为主，主张维持现状；保守力量则在不利处境下转守为攻。在言论自由方面，保守力量退守若干"飞地"，力图保持在某些敏感议题上的话语统治。至于法律正当程序，保守力量一方面提出对抗隐私权的其他权利（例如，堕胎问题上的家长权），另一方面转向地方法院寻求支持。平等保护问题上则出现了戏剧性的一幕：被边缘化的保守力量主张，原先的弱势群体获得了"特权"，让自己遭受了"逆向歧视"（reverse discrimination）。

总之，社会运动的周期论不但摸索了社会运动发展过程的共性，而且总结出发展阶段与宪法诉求的同步变化。它与宪法文化理论一道，从不同角度揭示了社会运动作用于宪法变迁的内在规律，证立了社会运动的宪法地位，从而初步解决了实然之争：社会运动确实引起了宪法变迁。

第二节　应然之争：社会运动该不该影响宪法?

一、派系之忧、共和主义及对社会运动的排斥

社会运动究竟该不该影响宪法？如果用这个问题请教美国的制宪者，答案几乎必然是否定的，因为社会运动代表着对美国政治制度的重大威胁——派系（faction）。出于对前宗主国实行的君主制的反动，美国是一个共和国。不仅在联邦层面如此，宪法第四条第四款还规定"合众国保证联邦中的每一州皆为共和政体"。古典共和主义的核心内容可以概括为"三公"：公心、公议和公益。公心即公民美德（civic virtue），是指"对同胞公民和国家的热爱，这种热爱是如此根深蒂固，几乎和对个人利益的天然热爱一样不假思索和强烈"[1]。公议（deliberation）是指公民内部为公益而进行的直接讨论和对话，以市民大会为典型模式。而公益（common good）则是指超越个人利益的公共利益，

---

〔1〕 Herbert J. Storing, *What the Anti-Federalists Were For: The Political Thought of the Opponents of the Constitution*, Chicago: University Of Chicago Press, 1981.

它是可以运用实践理性来发现的客观存在。[1] 秉持公心的公民通过公议来发现并实现公益，是古典共和主义的国家理想，也萦绕在美国制宪者的心头。

共和国并非生长在真空中，而是必须抵御内外敌人。最重要的内部敌人便是派系。在麦迪逊看来，派系"是一定数量的公民，……联合起来，采取行动，不顾其他公民利益，不顾整个社会的长远利益、集合利益"。[2] 派系中人的公心腐坏，以公权谋私利，危及共和国。为防止派系滋生，必须维持公民的均质性，因为经济差距会让人们对私利更敏感；还要让公民能够直接参与政治，因为参与是培养公心的课堂。[3] 从古希腊到反联邦党人，这些都被视作共和国抵御派系不可或缺的武器。

然而，只有小国寡民才能做到这些，而制宪的联邦党人坚定地希望将美国建设成广土众民的大国。怎样在大国防御派系、坚持共和呢？制宪者作出了一系列宪法安排。其一，他们认为，国家采用代议制，可以适当拉开议员与选民的距离，使议员的公心免受选民的过分牵制，从而将国会变成公议的场所。其二，他们主张，即使派系存在，由于国家幅员广大，公民利益高度分殊，

---

[1] 参见 Cass R. Sunstein, *Interest Group in American Public Law*, 38 Stan. L. Rev. 29, 31-32 (1985)。

[2] [美] 亚历山大·汉密尔顿、詹姆斯·麦迪逊、约翰·杰伊：《联邦论：美国宪法述评》，尹宣译，译林出版社 2010 年版。

[3] 参见姜峰、毕竟悦编译：《联邦党人与反联邦党人：在宪法批准中的辩论（1787—1788）》，中国政法大学出版社 2012 年版。

稳定的强大派系也不易生成，更难以干政。此外，由于法院并不直接对选民负责，制宪者还寄望法院来守护公益。[1] 按照当时的流行看法，黑人或者女性缺乏公心，所以宪法并未赋予他们参政权。[2]

总之，美国的制宪者虽坚持了共和主义理想，但在实现共和的手段上有所创新。这些手段都是针对共和主义的古老忧虑——派系。代表特定社会群体利益的社会运动不仅不享有宪法地位，而且受到制宪者的排斥。

二、民主危机、多元主义及对社会运动的接纳

公允地说，制宪者防御派系的措施算不得成功。到了 20 世纪中叶，美国的共和制度面临一系列问题。随着全国性政党的出现和成熟，国会成了政党争权的舞台，共和主义的公议理想难觅踪影。并且，政党的触角延伸到国家的每个角落，能够有效地整合利益、积聚力量，这使得通过扩大疆土来防止出现稳定的大派系的目标落空。而法院不仅很少发挥守护公益的职能，而且在诸如洛克纳案[3]中公然站到特定利益群体（资本家）一边，蜕变为派系斗争的工具。美利坚合众国衰落了。

---

[1] 参见 Cass R. Sunstein, *Interest Group in American Public Law*, 38 Stan. L. Rev. 29, 39-45 (1985)。

[2] Stephen M. Feldman, *Republican Revival/Interpretive Turn*, 1992 Wis. L. Rev. 679, 695.

[3] Lochner vs. New York, 198 U. S. 45 (1905).

不过，美国的当务之急并非再造共和，而是应对民主危机。随着"冷战"的兴起，民主议题成为两大阵营意识形态对垒的前哨。制宪者为了抵御派系而限制黑人和妇女公民权的做法，遭到对立阵营从民主角度的严厉抨击，这威胁到了美国政治制度的民主合法性。[1] 为了解决民主危机，美国公法学和政治学界提出了所谓多元主义民主理论。根据新理论，国会内的派系斗争并非无益；相反，唯有通过派系间的讨价还价，方可作出正当的价值选择。如此一来，派系斗争从决策的敌人变成了决策正当化的依据，从共和的忧患变成了民主的要素。

在多元主义者看来，民主不在摒除派系斗争的公议中，而在各派系间的斗争与妥协中。值得忧虑的不是派系斗争，而是由于一派独大导致派系间无法讨价还价，使得民主无法运转。[2] 为了防止一派独大的局面出现，法院理应站到缺乏讨价还价能力的群体一边，充当维持派系间谈判的工具。从卡洛琳物产案著名的"第四脚注"开始，这种观点进入了最高法院的自我定位之中。斯通大法官在脚注中宣称，如果某个群体在政治过程中沦为"分散而孤立的少数"，就给司法审查提供了依据。[3] 正如布鲁斯·

---

[1] 关于由黑人和妇女缺乏公民权所导致的民主危机及其理论反响，参见 Richard A. Primus, *The American Language of Rights*, Cambridge: Cambridge University Press, 1999.

[2] Cass R. Sunstein, *Interest Group in American Public Law*, 38 Stan. L. Rev. 29, 32-35 (1985).

[3] 关于"第四脚注"的基本情况，参见 Bruce A. Ackerman, *Beyon* Carolene Products, 98 Harv. L. Rev. 713 (1985).

阿克曼教授所言，"卡洛琳案敏锐地预见到：旧时法院自由放任哲学的衰落，已然把多元主义谈判结构转化为宪法的头等要事"。宪法充当了多元主义民主的"完善者"（perfecter）[1]，而不再是共和主义的守护者。从布朗案开始，最高法院捍卫黑人、妇女等"分散而孤立的少数"的利益，与国会、总统和社会运动一道，完成了民权革命[2]，荡涤了种族和性别方面的不民主因素。随着"冷战"以美国胜利而告终，美国宪法的民主危机暂时得到解决。

不难看出，多元主义理论为社会运动影响法律和宪法留出了空间。在立法上，社会运动游说国会议员和党派，使得运动所代表的群体利益进入立法议程，能够参与讨价还价，增强立法决策的民主正当性。在司法上，社会运动的爆发往往是相关群体缺乏讨价还价能力的标志，司法机关倾听社会运动诉求有助于完善民主，增强宪法解释的政治正当性。多元主义理论对社会运动的接纳态度，反映了 20 世纪后半叶社会运动占据政治舞台中心的现实，这是任何政治—法律理论都必须正视、无法回避的。

多元主义还有一个附带的作用：多元主义把价值选择视作讨价还价的结果，否定了公益的客观性，间接地否定了任何机构对

---

〔1〕　Bruce A. Ackerman, *Beyond Carolene Products*, 98 Harv. L. Rev. 713, 740-741 (1985).

〔2〕　Bruce A. Ackerman, *We the People*, *Volume 3*: *The Civil Rights Revolution*, Cambridge: The Belknap Press of Harvard University Press, 2014.

于公益解释权的垄断，包括最高法院对于宪法解释的垄断。这就为社会运动伸张公民对宪法的解释权提供了可能。在西格尔教授看来，公民的宪法解释权根植于美国宪法传统，有两个来源：一是美国赖以立国的清教主义。清教主义反对罗马教廷对《圣经》解释权的操控，主张"个人……为对抗特定的、等级制机构的主张而提出的解释具有正当性"。[1] 这种观点也迁移到宪法解释上。二是美国宪法的文本。宪法序言起首以"我们人民"为主语，承认人民是宪法的作者，而作者当然有权就作品的含义发表见解，包括修改先前的见解。这也反映在"作者身份"（authorship）与"权威"（authority）两个词的同源。[2] 总之，最高法院不应垄断宪法的解释权；人民是宪法的作者，有权通过社会运动来伸张对于宪法的理解；而人民内部对宪法的理解是多元的，要通过讨价还价来确定何种理解应当被国家所采纳。

三、法政平衡、宪法权威及对社会运动的限制

然而，多元主义并没有彻底回答社会运动的宪法地位问题，而是带来了新的忧虑。司法释宪如果对社会运动的诉求均作回应，就会变成纯粹的政治过程。这样虽然能够维护宪法的政治权

---

〔1〕 Sanford Levinson, *Constitutional Faith*, Princeton：Princeton University Press, 1988.

〔2〕 Reva B. Siegel, *Text in Contest：Gender and the Constitution from a Social Movement Perspective*, 150 U. Penn. L. Rev. 297, 299, 314-315 (2001).

威，但是法治的价值由谁来维护？宪法的法律权威如何彰显？毕竟，政治权威与法律权威乃一体两面，不可偏废。这从民众对罗斯福"最高法院扩编计划"（Court packing plan）的反映可见一斑：一方面，民众普遍支持罗斯福通过推动立法来挑战最高法院的宪法解释，期待宪法解释能够及时转向，重获民主正当性，重建宪法的政治权威；另一方面，罗斯福通过控制法院人事来影响司法释宪的做法却没有获得足够响应，因为民众希望维持法院与日常政治之间的距离，以利于最高法院伸张宪法的法律权威。[1]怎样平衡宪法的两种权威？正如本章开头即阐明的，这个问题是当代美国宪法变迁理论的核心关切。

为了回答这个问题，学者首先在多元主义的视野内找出路。为了维护多元主义民主，必须给社会运动、特别是"分散而孤立的少数"群体的社会运动留出影响司法释宪的通道；为了维护法治，又要保证司法裁判的中立性、稳定性和可预见性，不能让社会运动的影响过于直接和频繁。两种考虑折中的结果便是：允许且仅允许社会运动间接地影响司法。怎样发挥间接影响呢？社会运动游说立法、发起修宪当然不失为一途。但是通过联邦层面修宪过于困难，20 世纪后半叶后发生更少，导致修宪对于政治现

---

[1] Robert C. Post & Reva B. Siegel, *Protecting the Constitution from the People: Juricenric Restrictions on Section Five Power*, 78 Ind. L. J. 1, 27 (2003).

实的反应过于迟钝。[1] 不难想象，如果仅仅根据宪法修正情况来蠡测 20 世纪美国宪法的变迁，所得必定与实情相去甚远。[2] 必须找到一条更容易传导社会运动的力量、同时又不致令其直接影响司法的通道。在巴尔金等学者看来，这样一条通道非最高法院大法官任命程序莫属。根据美国宪法，大法官人选既取决于总统提名，又取决于国会审议，而总统和国会都是民意机关，可以被社会运动所游说和说服。例证之一是：20 世纪 80 年代，保守派为了推翻沃伦法院的自由派司法哲学，支持里根当选总统，使后者有机会改变最高法院内的格局。[3]

但是，巴尔金的方案并没有解决法政平衡问题，只是把平衡的重担从法院转移到了总统，特别是国会身上。翻检参议院就大法官人选举行听证的记录，不难看出矛盾的场景：作为机构的参议院关注法官独立和服膺法治，而作为党员的参议员们则关心候选人能否服务于党派利益。[4] 更不妙的是，由于大法官普遍长寿，法官任命程序的启动频率并不比修宪高多少。何况，总统和国会

---

[1] 相比之下，州层面的修宪则容易得多，所以推动州宪修订已经成为（地区性）社会运动影响宪法变迁的重要渠道。参见 Douglas S. Reed, *Popular Constitutionalism: Toward a Theory of State Constitutional Meanings*, 30 Rutgers L. J. 871 (1999).

[2] 阿克曼教授就曾设想过这样一个情景，并据此认为：20 世纪美国宪法变迁的主要渠道不是修宪，而是另有他法。Bruce A. Ackerman, *We the People*, Volume 3: *The Civil Rights Revolution*, Cambridge: The Belknap Press of Harvard University Press, 2014.

[3] Jack M. Balkin & Sanford Levinson, *Understanding the Constitutional Revolution*, 87 Va. L. Rev. 1045 (2001).

[4] 参见 Robert Post & Reva Siegel, *Questioning Justice: Law and Politics in Judicial Confirmation Hearings*, 115 Yale L. J. Pocket Part 38 (2006).

也可能误判大法官的政治立场，更无法预期他们在任内改变立场的概率。极端的例子是奥康纳大法官：她在任内后期遇到最高法院内保守派与自由派的均势，于是立场不断摇摆，以期充当关键少数。[1] 这都令通过任命程序传导社会运动诉求的机制出现失灵。

为了拓宽社会运动影响司法的渠道，有必要从间接道路转向直接道路，也即允许法院在个案裁判中考虑社会运动诉求，同时严格限制法院如此行事的条件。埃斯克里奇教授的"增进多元主义理论"（pluralism-facilitating theory）就是这一思路的产物。[2] 前文述及，真正威胁多元主义的不是派系，而是一派独大。埃斯克里奇则进一步指出，一派独大当然可能是"分散而孤立的少数"遭到压制造成的，但也可能是法院过分偏袒少数派、导致主流派丧失对谈判机制的信心造成的。法院支持少数派并无不可，主流派对谈判结果不满也无不可，关键在于谈判机制的存续，这是宪法成为跨时代对话的前提。[3] 所以，少数派和主流派各自为法院介入政治设定了界限：一方面，只有在少数派缺乏谈判机

---

〔1〕 大法官的任命与立场之间联系的高度不确定性，参见［美］杰弗里·图宾：《九人：美国最高法院风云》，何帆译，上海三联书店 2010 年版。

〔2〕 William N. Eskridge, Jr., *Pluralism and Distrust: How Courts Can Support Democracy by Lowering the Stakes of Politics*, 114 Yale L. J. 1279 (2005)。

〔3〕 关于宪法作为跨时代对话，参见田雷：《第二代宪法问题——如何讲述美国早期宪政史》，载《环球法律评论》2014 年第 6 期。为了维系对话，美国宪法既解决当下争议，又保持今后重启争议的可能。关于宪法的这种双重特性，参见 Louis Michael Seidman, *Our Unsettled Constitution: A New Defense of Constitutionalism and Judicial Review*, New Haven: Yale University Press, 2001。

会时方可介入；另一方面，只要法院介入导致主流派丧失了对谈判的信心，就表明发生了过度介入问题。

在解释宪法时，最高法院过度介入政治的后果是严重的。它会同时损害宪法的政治权威和法律权威。按照埃斯克里奇的标准，著名的罗诉韦德案[1]就过分受到了女权运动的影响，逾越了法政之间的分界线。由于法院和政治纠缠不清，法院难以超然地、按照法律原则释宪，对法律权威的损害自不待言。而在政治权威方面，埃斯克里奇指出，最高法院的判决意见让反对堕胎的人产生"仿佛这个国家已经和他们断绝关系"的感觉。既然关系已断，继续谈判就没有意义了，所以"趁早少去呼吁立法机关推翻判决"[2]。如此一来，反对堕胎的一派就脱离了正常的政治渠道，多元共存的政治格局濒于瓦解。所以，最高法院通过吸纳社会运动的影响，既可能完善多元主义民主，又可能破坏这种民主。而一旦多元主义民主被破坏，最高法院就无从证明释宪的政治正当性，宪法的政治权威就不复存在。"宪法的根基在于人民发自内心的拥护，宪法的伟力在于人民出自真诚的信仰"[3] 当社会运动不再相信宪法可以支持自己的诉求，不再通过推动宪法变迁来伸张自

---

[1] Roe vs. wade, 410 U. S. 113 (1973).

[2] William N. Eskridge, Jr., *Pluralism and Distrust: How Courts Can Support Democracy by Lowering the Stakes of Politics*, 114 Yale L. J. 1279, 1312 (2005).

[3] 习近平：《在首都各界纪念现行宪法公布施行30周年大会上的讲话》，载《人民日报》2012年12月5日，第2版。

己的愿景，不再拥护和信仰宪法，宪法还有什么政治权威可言呢？

总之，从巴尔金到埃斯克里奇，多元主义者都试图在法律与政治之间维持"动态且脆弱"[1]的平衡，同时彰显宪法的法律权威和政治权威。法政平衡之难，归根结底来自多元主义本身：维护法律权威要求裁判的公正无偏，而多元主义却要求法院为了政治权威而保护"分散而孤立的少数"的私益。即便保护私益确实能够增强政治权威，毕竟也要付出削弱法律权威的代价，更不用提保护私益过度的情形了——那会导致法律和政治权威的双重丧失。有鉴于此，一些学者尝试跳出多元主义，从共和主义中汲取养分，消除政治权威与法律权威的紧张关系。在他们看来，法院释宪的政治权威并不来自维护多元政治格局，而是来自大法官们秉持公心、进行公断、维护公益；公心支配下的释宪自然不带偏私，以公益为指向的释宪具有可预测性，所以政治权威实现的同时也成就了法律权威。这样一来，问题从如何调解法律权威与政治权威的矛盾，转化为如何确保大法官们遵循共和主义原则。

乍一看来，遵循共和主义原则无异于回到开国时代。的确，主张复兴共和主义的学者[2]致力于和多元主义划清界限。欧

---

〔1〕 William N. Eskridge, Jr., *Pluralism and Distrust: How Courts Can Support Democracy by Lowering the Stakes of Politics*, 114 Yale L. J. 1279, 1294 (2005).

〔2〕 20 世纪 80 年代以来的共和主义复兴（republican revival）是一个横跨公法学、历史学、政治学和社会学的智识现象。参见 Cass R. Sunstein, *Interest Group in American Public Law*, 38 Stan. L. Rev. 29, 30 (1985).

文·费斯教授就指出："法官的职责并非代少数派发言，或者放大少数派的声音。法官的使命在于赋予宪法价值以意义，为此他或她要考察宪法文本、历史和社会理想。法官探求真理、正确和公正的意义。他或她并不是利益团体政治的参与者。"[1]不过，时隔两百年，社会运动已经成长为政治舞台上的重要角色，对此简单无视已不现实。虽然法官要秉公释宪，但是法官个人的理性和认知能力并非没有限度。[2] 为了发现公益，法官有必要集思广益，以达兼听则明之效。集思广益的方式是与诉讼各方和利益相关者对话。在费斯看来，为了兼收博采，法官既不能决定倾听的对象，也不能控制对话的进度；而为了证明判决是出自公心，法官必须回应各个对象，并论证判决的正当性。[3] 社会运动不仅有对话资格，而且是最重要的对话方之一。

在费斯的理论中，社会运动虽然取得了与法院对话的资格，但是仍被当成派系，其主张被视为公益的对立物，只可倾听、不可偏信。那么，是否存在例外情形，让社会运动超越派系，成为我们人民的代言人？如果存在，则社会运动的主张就是公益之所

---

〔1〕 Owen Fiss, *The Law As It Could Be*, New York：New York University Press, 2003.
〔2〕 在主张复兴共和主义的学者当中，桑斯坦最为重视法官理性的有限性（bounded rationality）。不过，他的对策并非让法官倾听社会运动，而是让法官将裁判范围缩到最小（minimalism），回避而非解决由"理性的有限性、包括对意外的消极后果的无知"所带来的成本。Cass R. Sunstein, *One Case at a Time：Judicial Minimalism on the Supreme Court*, Cambridge：Harvard University Press, 1999.
〔3〕 Owen Fiss, *The Law As It Could Be*, New York：New York University Press, 2003.

在，法院释宪时理应顺从。阿克曼教授用"宪法时刻"来描述这种例外。"宪法时刻的标志是不断升级的群众动员，要求根本性的变革"，此后则要经历三个阶段：首先，社会运动要成功动员大多数选民的支持，在大选中赢得压倒性胜利；其次，社会运动必须向持反对意见的政府分支发起挑战，迫使后者"及时转向"；最后，社会运动还需要赢得一场"巩固性选举"来结束宪法时刻。[1] 可见，社会运动在宪法时刻的过程中不断提升自身诉求的民主正当性，最终使之与公益相重合。按照共和主义的要求，这种诉求理当被最高法院在释宪时所接受。

综上所述，在美国政治传统里，社会运动始终是派系政治的一种，其影响宪法变迁的正当性远非不证自明。制宪者从共和主义理念出发，排斥社会运动的宪法地位。"冷战"时的民主危机则促使美国学者提出多元主义的民主观，将法院的政治权威建立在保护"分散而孤立的少数"之上，开始接纳社会运动的宪法地位，也将宪法政治权威与法律权威的冲突暴露无遗。为了解决这个冲突，多元主义者尝试为法院介入政治设定限制，防止由于保护少数人而过度损害裁判中立性及法律权威。另一些学者则主张复兴共和主义，重建宪法政治权威的来源，从而消解法律权威与政治权威之间的张力。在通常状态下，社会运动有益于法院探

---

〔1〕 ［美］布鲁斯·阿克曼：《我们人民：转型》，田雷译，中国政法大学出版社2014年版。

求公益，因而有权获得法院倾听；在例外状态下，社会运动的诉求与公益相重合，法院释宪时应予顺从。

结　语

美国宪法变迁理论的发展表明，社会运动与行宪成败关系重大。如果处理得当，宪法可以在吸收社会运动张力、增强政治权威的同时，维持相对稳定和可预测性、巩固法律权威，实现与时俱进。反之，如果处理不当，宪法可能付出放松法治原则的巨大代价，卷入却无力调解社会运动的政治斗争，最终遭受法律和政治权威的双重创伤。

美国学者的警示言犹在耳，社会运动已经进入中国行宪的议程。自 20 世纪末以来，我国公民社会开始"胎动"，权利意识有所觉醒，法治改革进程提速，执政党开始强调宪法在国家生活中的地位。多重因素的复合，催生了一批特殊的公民行动。这些行动的组织动员具备社会运动的雏形，目标直指"变法维权"，而话语策略和行动策略则与宪法密不可分。他们将诉求表达为宪法权利，并努力激活立法和司法机关的合宪性审查机制。而公民行动不乏促成国家机关回应的经验，其诉求被纳入法律改革议程，在新的立法或行政规则当中获得实现。典型的案例是：乙肝病原携带者为反对就业歧视，主张宪法劳动权和平等权。他们向全国人大常委会提交违宪审查建议书，发起诉讼来挑战地方歧视性规定的合宪性。国务院和人大随即启动改革：出台《公务员录用体检通用标准（试行）》，废除乙肝检测；修改《传染病防治法》，写入不歧视原则；颁布《就业促进法》，将对歧视的禁令拓展到私人部门。有别于既往由官方垄断的变法模式，这种以官民互动促成的法律改革，可称作"回应型法律改革"〔1〕。

回应型法律改革将宪法权利落实到法律上，不失为行宪的一个途径。当下，通过司法来实施宪法的尝试告一段落，已经有学者将行宪的希望寄托于回应型法律改革。〔2〕对回应型法律改革的实然研究才刚刚起步，〔3〕而应然研究则可能面临与美国类似的复杂局面。如何评价回应型法律改革中的公民行动？又如何判断政府的反馈是否妥当？诚然，公民行动要求通过宪法渠道处理政治诉求，并纠正违反宪法的法律规定。如果要求获得回应，宪法化解政治斗争、统一法治的作用就会彰显，宪法的政治权威和法律权威都能够得到提高。正因如此，具有行宪之责的国家机

〔1〕　关于回应型法律改革及上述案例，详见 Tian Yan, *China's Responsive Legal Reform：The Case of Employment Discrimination Law*, J. S. D. Dissertation, New Haven：Yale University, 2014.

〔2〕　例如，张千帆：《宪法实施靠谁？——论公民行宪的主体地位》，载《比较法研究》2014年第4期。

〔3〕　宪法学用来描述、概括社会运动的理论工具一直不多。美国学者经常借用社会学的分析范式，这种做法也流传到了我国法学界，但是极少运用于宪法问题。参见廖奕：《从情感崩溃到法律动员——西方法律与社会运动理论谱系与反思》，载《法学评论》2014年第5期；谢岳：《从"司法动员"到"街头抗议"——农民工集体行动失败的政治因素及其后果》，载《开放时代》2010年第9期。

关，原则上均不应该漠视公民行动。

但是，"回应"是否等于"支持"？答案因情境不同而不可一概而论。在乙肝病原携带者的案例中，答案是肯定的。从多元主义的角度来看，行动者所代表的群体缺乏进入政治过程的渠道，其利益应当获得考量。从共和主义的角度来说，保障乙肝病原携带者的平等就业权并不损害其他群体的利益，实属社会总福利的净增加，所以该群体的利益与公益相重合，应当予以保护。多元主义与共和主义的结论是一致的，政府支持乙肝病原携带者的权益有助于增强宪法权威。而在异地高考的案例中，答案变得模糊起来。无论是主张还是反对随迁子女在就读地参加高考的人，都以宪法上的教育权和平等权作为根据。依多元主义的观点，双方主张的利益都应该进入决策考量范围，而公益显然处于二者之间的某个位置。在这种情况下，共和主义者应当提示政府与两种声音都保持距离，在集思广益的基础上，根据公益独立作出决策，非此不足以维护宪法权威。可见，对于回应型法律改革的应然研究，当务之急便是确定立场，为政府是否回应、如何回应宪法诉求提供融贯的标准。

总之，以回应型法律改革为标志，社会运动已经出现在中国行宪之路的地平线上。理解美国社会运动与宪法变迁理论的发展脉络，对于思考本土行宪之道，当不无裨益。

征引文献

一、中文著作

1. 蔡定剑、刘小楠主编．反就业歧视法专家建议稿及海外经验．北京：社会科学文献出版社，2010.

2. 甘阳．古今中西之争．北京：生活·读书·新知三联书店，2006.

3. 关怀主编．劳动法学．北京：群众出版社，1983.

4. 韩世远．合同法总论（第三版）．北京：法律出版社，2011.

5. 林来梵．从宪法规范到规范宪法：规范宪法学的一种前言．北京：法律出版社，2001.

6. 邱小平．法律的平等保护——美国宪法第十四修正案第一款研究．北京：北京大学出版社，2005.

7. 全国人大常委会法制工作委员会国家法行政法室等编著．

《中华人民共和国劳动法》释义. 北京：中国工人出版社，1994.

8. 王胜明主编. 中华人民共和国侵权责任法释义（第 2 版）. 北京：法律出版社，2013.

9. 王泽鉴. 债法原理（第二版）. 北京：北京大学出版社，2013.

10. 温家宝. 政府工作报告——2009 年 3 月 5 日在第十一届全国人民代表大会第二次会议上. 北京：人民出版社，2009.

11. 信春鹰、阚珂主编. 中华人民共和国劳动合同法释义（第 2 版）. 北京：法律出版社，2013.

12. 章永乐. 旧邦新造：1911—1917. 北京：北京大学出版社，2011.

13. 周伟. 反歧视法研究：立法、理论与案例. 北京：法律出版社，2008.

14. 周伟、李成、李昊等编著. 法庭上的宪法：平等、自由与反歧视的公益诉讼. 济南：山东人民出版社，2011.

15. 周勇. 少数人权利的法理. 北京：社会科学文献出版社，2002.

二、中文译著

1.［美］布鲁斯·阿克曼. 我们人民：转型. 田雷译. 北京：中国政法大学出版社，2014.

2. ［美］戴维·斯特劳斯．活的宪法．毕洪海译．北京：中国政法大学出版社，2012.

3. 国际劳工组织北京局．国际劳工公约和建议书 1919—1993（第一卷）．自行编印，1994.

4. ［美］基思·E. 惠廷顿．宪法解释：文本含义，原初意图与司法审查．杜强强、刘国、柳建龙译．北京：中国人民大学出版社，2006.

5. 姜峰、毕竞悦编译．联邦党人与反联邦党人：在宪法批准中的辩论（1787—1788）．北京：中国政法大学出版社，2012.

6. ［美］杰弗里·图宾．九人：美国最高法院风云．何帆译．上海：上海三联书店，2010.

7. ［英］凯瑟琳·巴纳德著．欧盟劳动法（第二版）．付欣译．北京：中国法制出版社，2005.

8. ［美］小奥利弗·温德尔·霍姆斯．普通法，冉昊、姚中秋译．北京：中国政法大学出版社，2006.

9. ［美］亚历山大·汉密尔顿、詹姆斯·麦迪逊、约翰·杰伊．联邦论：美国宪法述评．尹宣译．南京：译林出版社，2010.

10. 阎天编译．反就业歧视法国际前沿读本．北京：北京大学出版社，2009.

11. ［美］茱迪·史珂拉. 美国公民权：寻求接纳，刘满贵译. 上海：上海世纪出版集团，2006.

三、中文论文及其他文章

1. 班天可. 雇主责任的归责原则与劳动者解放. 法学研究. 2012（3）.

2. 蔡定剑、王福平. 韩国反歧视的法律框架. 载林燕玲主编.反就业歧视的制度与实践：来自亚洲若干国家和地区的启示. 北京：社会科学文献出版社，2011.

3. ［清］戴震. 与姚孝廉姬传书. 载戴震撰、张岱年主编. 戴震全书（六）. 合肥：黄山书社，1995.

4. 戴志勇. 中国需要持续的平权改革. 南方周末. 2011 年 7 月 21 日第 E31 版.

5. 冯象. 法学三十年：重新出发. 读书. 2008（9）.

6. 郝红梅. 企业自治权与就业者权利保护. 新视野. 2011（2）.

7. 何瑞琪、穗妇宣. 九成女大学生身边有过性骚扰. 广州日报. 2014 年 6 月 13 日第 AII2 版.

8. 姜昕. 公法上比例原则研究. 吉林大学博士学位论文. 2005.

9. 康克清. 奋发自强，开创妇女运动新局面——在中国妇女第五次全国代表大会上的工作报告（一九八三年九月二日）. 人民日报. 1983 年 9 月 14 日第 2 版.

10. 李宝军. 非财产损害赔偿与缔约过失责任. 当代法学. 2003（3）.

11. 李伯勇. 关于《中华人民共和国劳动法（草案）》的说明. 载王建新主编. 中国劳动年鉴（1992～1994）. 北京：中国劳动出版社，1996.

12. 李雄、刘山川. 我国制定《反就业歧视法》的若干问题研究. 清华法学. 2010（5）.

13. 廖奕. 从情感崩溃到法律动员——西方法律与社会运动理论谱系与反思. 法学评论. 2014（5）.

14. 林来梵、张卓明. 论权利冲突中的权利位阶——规范法学视角下的透析. 浙江大学学报（人文社会科学版）. 2003（6）.

15. 刘宏. 法学专家力驳劳动合同法"生不逢时"论. 法制日报. 2008 年 12 月 23 日第 8 版.

16. 闵杰. 深圳立法促进性别平等. 中国新闻周刊. 2012（24）.

17. 莫荣. 促进就业的法律武器——对《劳动法》第二章的理解. 中国劳动. 1994（10）.

18. 牛元元. 法律辩弈：职场隐婚 VS 就业歧视——北京朝

阳法院判决志荣维拓公司诉徐娜娜劳动争议案. 人民法院报.
2014 年 5 月 1 日第 6 版.

19. 全国人大常委会法制工作委员会. 关于立法法等有关问
题的询问答复. 中国人大. 2005（9）.

20. 任扶善. 略论国际劳动立法的性质和作用. 中国工运学
院学报. 1987（3）.

21. 沈岿. 反歧视：有知和无知之间的信念选择——从乙肝
病原携带者受教育歧视切入. 清华法学. 2008（5）.

22. 石美遐. 劳动法律体系的新构想. 中国劳动科学. 1996
（7）.

23. 苏力. 把道德放在社会生活的合适位置. 载苏力. 阅读
秩序. 济南：山东教育出版社，1999.

24. 苏力. 也许正在发生：转型中国的法学. 北京：法律出
版社，2004.

25. 苏力.《阅读秩序》序与跋. 载苏力. 批评与自恋：读
书与写作. 北京：法律出版社，2004.

26. 孙传钊. 贫困的尺度. 读书. 2002（3）.

27. 陶短房. 奥巴马传说：一些善意误会. 搜狐评论·名家
专栏 http：//star. news. sohu. com/s2013/obama/.

28. 田成有. 寻求乡土社会"农民"到"公民"的法律平
等. 云南财贸学院学报. 2003（3）.

29. 田雷．波斯纳反对波斯纳——为什么从来没有学术的自由市场这回事．北大法律评论，2013（1）．

30. 田雷．第二代宪法问题——如何讲述美国早期宪政史．环球法律评论．2014（6）．

31. 田雷．重新发现宪法——我们所追求的宪法理论．载强世功主编．政治与法律评论（2010 年卷）．北京：北京大学出版社，2010．

32. 退休年龄问题研究课题组．退休年龄问题研究报告．载刘小楠主编．反就业歧视的策略与方法．北京：法律出版社，2011．

33. 汪洪．用人单位招工时歧视乙肝病原携带者的责任认定——深圳中院判决肖春辉诉环胜公司劳动争议纠纷案．人民法院报．2010 年 11 月 4 日第 6 版．

34. 王昌硕．消除就业与职业歧视——建议批准国际劳工组织第 111 号公约．中国改革．1999（6）．

35. 王德志．论我国宪法劳动权的理论建构．中国法学．2014（3）．

36. 王旭．劳动、政治承认与国家伦理——对我国《宪法》劳动权规范的一种阐释．中国法学．2010（3）．

37. 习近平．在首都各界纪念现行宪法公布施行 30 周年大会上的讲话．人民日报．2012 年 12 月 5 日第 2 版．

38. 谢岳．从"司法动员"到"街头抗议"——农民工集体行动失败的政治因素及其后果．开放时代．2010（9）．

39. 谢增毅．美英两国就业歧视构成要件比较——兼论反就业歧视法发展趋势及我国立法选择．中外法学．2008（4）．

40. 辛红．央企违规检测多于地方企业．法制日报．2011年2月12日第6版．

41. 薛长礼．劳动权论．吉林大学博士学位论文，2006.

42. 阎崇年．后记．载阎崇年．清朝开国史．北京：中华书局，2014.

43. 阎崇年．自序．载阎崇年．阎崇年白选集．北京：九州出版社，2015.

44. 阎天．重思中国反就业歧视法的当代兴起．中外法学．2012（3）．

45. 阎天．就业歧视界定新论．载姜明安主编．行政法论丛（第11卷），北京：法律出版社，2008.

46. 阎天．《民法通则》第一百二十一条的历史命运——反思行政赔偿与民事赔偿的关系．未刊稿．

47. 阎天．平等观念是空洞的吗？——一页学术史的回思．载强世功主编．政治与法律评论（第二辑）．北京：法律出版社，2013.

48. 阎天．中国公务员招录歧视诉讼论——七个案例的回顾与前瞻．未刊稿．

49. 杨小君．国家赔偿的归责原则与归责标准．法学研究．2003（2）．

50. 叶静漪、阎天．论反就业歧视公约的国内实施：以国际劳工组织第 111 号公约为例．载李林、李西霞、〔瑞士〕丽狄娅·R. 芭斯塔·弗莱纳主编．少数人的权利（下）．北京：社会科学文献出版社，2010.

51. 俞里江．劳动者在乙肝歧视案中的利益保护．人民司法．2008（24）．

52. 喻术红、杜莹．量能就业原则引入我国劳动就业中的可行性探讨．法学评论．2008（5）．

53. 张千帆．平等是一门科学——就业歧视法律控制的比较研究．北方法学．2007（4）．

54. 张千帆．宪法实施靠谁？——论公民行宪的主体地位．比较法研究．2014（4）．

55. 周海霞、李玲．论社会主义市场经济条件下公平与效率的关系．辽宁广播电视大学学报．2005（4）．

56. 周洪宇．《反就业与职业歧视法》立法构想及建议稿．武汉商业服务学院学报．2006（2）．

57. 周为民、卢中原．效率优先、兼顾公平——通向繁荣的权衡．经济研究．1986（2）．

58. 周伟．中华人民共和国反歧视法学术建议稿．河北法学．2007（6）．

59. 朱憬理．促进就业与反歧视研究综述．中国劳动．2004（2）．

60. 朱振．论人权公约中的禁止歧视．当代法学．2005（4）．

61. 邹乐．人大代表建议产假延长至 3 年．北京晨报．2014年 8 月 11 日第 A12 版．

四、中文译文

1. Robert Belton 撰．差别结果歧视的诞育、死亡与重生，阎天译．载阎天编译．反就业歧视法国际前沿读本．北京：北京大学出版社，2009.

2. Ronald Craig、Lisa Stearns 撰．歧视概念的演变和发展．李薇薇译．载李薇薇、Lisa Stearns 主编．禁止就业歧视：国际标准和国内实践．北京：法律出版社，2006.

3. ［美］格兰特·吉尔莫．契约的死亡．曹士兵等译．载梁慧星主编．民商法论丛（第 3 卷）．北京：法律出版社，1995.

4. 焦兴铠撰．台湾地区的就业歧视．阎天译．载林燕玲主编．反就业歧视的制度与实践：来自亚洲若干国家和地区的启示．北京：社会科学文献出版社，2011.

5. ［美］欧文·费斯．另一种平等．阎天译．载章剑生主编．

公法研究·第15卷（2016·春）．浙江：浙江大学出版社，2016.

6. Steven J. Kaminshine 撰．差别对待歧视理论：重述的必要．阎天译．载阎天编译．反就业歧视法国际前沿读本．北京：北京大学出版社，2009.

7. 阎天译．格瑞格斯诉杜克电力公司案（Griggs v. Duke Power Co.）．载张翔主编．宪政与行政法治评论（第七卷）．北京：中国人民大学出版社，2014.

8. 阎天译．麦道公司诉格林案（McDonnell Douglas Corp. v. Green）．载张翔主编．宪政与行政法治评论（第七卷）．北京：中国人民大学出版社，2014.

五、外文著作

1. Bruce Ackerman, We the People, Volume 3: The Civil Rights Revolution, Cambridge: The Belknap Press of Harvard University Press, 2014.

2. Günseli Berik, Yana van der Meulen Rodgers & Stephanie Seguino (eds.), Inequality, Development, and Growth, Oxford: Routledge, 2010.

3. Alexander M. Bickel, The Least Dangerous Branch: The Supreme Court at the Bar of Politics, Binghamton: Vail-Ballou Press, 1986.

4. Robert H. Bork, The Tempting of America: The Political Seduction of the Law, New York: Touchstone, 1991.

5. John Hart Ely, Democracy and Distrust: A Theory of Judicial Review, Cambridge: Harvard University Press, 1980.

6. Richard A. Epstein, Forbidden Grounds: the Case against Employment Discrimination Laws, Cambridge: Harvard University Press, 1992.

7. William N. Eskridge & John Ferejohn, A Republic of Statues: The New American Constitution, New Haven: Yale University Press, 2010.

8. Cynthia Estlund, Working Together: How Workplace Bonds Strengthen a Diverse Democracy, New York: Oxford University Press, 2003.

9. Daniel A. Farber, William N. Eskridge, Jr. & Philip P. Frickey, Cases and Materials on Constitutiona Law: Themes for the Constitution's Third Century, 4th ed. , St. Paul: West, 2009.

10. William W. Fisher III, Morton J. Horwitz & Thomas A. Reed (eds.), American Legal Realism, New York: Oxford University Press, 1993.

11. Owen Fiss, The Law As It Could Be, New York: New York University Press, 2003.

12. Lawrence M. Friedman, A History of American Law, 3rd ed., New York: Touchstone, 2005.

13. John H. Garvey, T. Alexander Aleinikoff & Daniel A. Farber, Modern Constitutional Theory: A Reader, 5th ed., St. Paul: West, 2004.

14. Grant Gilmore, The Ages of American Law, New Haven: Yale University, 1977.

15. Morton J. Horwitz, The Transformation of American Law, 1870-1960: The Crisis of Legal Orthodoxy, New York: Oxford University Press, 1992.

16. Michael J. Klarman, From Jim Crow to Civil Rights: The Supreme Court and the Struggle for Racial Equality, Oxford: Oxford University Press, 2004.

17. Sanford Levinson, Constitutional Faith, Princeton: Princeton University Press, 1988.

18. Martha Minow, Michael Ryan & Austin Sarat (eds.), Narrative, Violence, and the Law: The Essays of Robert Cover, Ann Arbor: The University of Michigan Press, 1992.

19. Richard A. Primus, The American Language of Rights, Cambridge: Cambridge University Press, 1999.

20. Gerald N. Rosenberg, The Hollow Hope: Can Courts Bring

about Social Change? (2nd ed.), Chicago: University of Chicago Press, 2008.

21. George A. Rutherglen&John J. Donohue Ⅲ, Employment Discrimination: Law and Theory, New York: Foundation Press, 2005.

22. George Rutherglen, Employment Discrimination Law: Visions of Equality in Theory and Doctrine (3rd ed.), New York: Foundation Press, New York, 2010.

23. Louis Michael Seidman, Our Unsettled Constitution: A New Defense of Constitutionalism and Judicial Review, New Haven: Yale University Press, 2001.

24. Herbert J. Storing, What the Anti-Federalists Were For: The Political Thought of the Opponents of the Constitution, Chicago: University of Chicago Press, 1981.

25. Cass R. Sunstein, One Case at a Time: Judicial Minimalism on the Supreme Court, Cambridge: Harvard University Press, 1999.

26. Arthur E. Sutherland, The Law at Harvard: A History of Ideas and Men, 1817-1967, Cambridge: The Belknap Press of Harvard University Press, 1967.

27. Steven M. Teles, The Rise of the Conservative Legal Movement: The Battle for Control of the Law, Princeton: Princeton University Press, 2010.

28. Charles Tiliy & Sidney Tarrow, Contentious Politics, Oxford: Oxford University Press, 2007.

29. Alexis de Tocqueville (au.), Eduardo Nolla (ed.), James T. Schleifer (trans.), Democracy in America: Historical-Critical Edition of De la democratie en Amerique, Indianapolis: Liberty Fund, 2010.

30. Mark V. Tushnet, The NAACP's Legal Strategy against Segregated Education, 1925-1950, Chapel Hill: The University of North Carolina Press, 1987.

31. Guanghua Wan (ed.), Inequality and Growth in Modern China, Oxford: Oxford University Press, 2008.

32. G. Edward White, Tort Law in America: An Intellectual History, Oxford: Oxford University Press, 1985.

33. Keith E. Whittington, Constitutional Construction: Divided Powers and Constitutional Meaning, Cambridge: Harvard University Press, 1999.

34. Gordon Wood, The Radicalism of the American Revolution, New York: Alfred A. Knopf, 1992.

35. Michael J. Zimmer, Charles A. Sullivan & Rebecca Hanner White, Cases and Materials on Employment Discrimination, 8th ed., New York: Wolters Kluwer Law & Business, 2012.

六、外文论文及其他文章

1. Bruce A. Ackerman, *Beyond* Carolene Products, 98 Harv. L. Rev. 713 (1985).

2. Anne L. Alstott, *Work vs. Freedom*: *A Liberal Challenge to Employment Subsidies*, 108 Yale L. J. 967 (1999).

3. Ian Ayres & Peter Siegelman, *The Q-Word as Red Herring*: *Why Disparate Impact Liability Does Not Induce Hiring Quotas*, 74 Tex. L. Rev. 1487 (1996).

4. Samuel R. Bagenstos, *"Rational Discrimination," Accommodation, and the Politics of (Disability) Civil Rights*, 89 Va. L. Rev. 825 (2003).

5. Samuel R. Bagenstos, *The Structural Turn and the Limits of Antidiscrimination Law*, 94 Cal. L. Rev. 1 (2006).

6. Jack M. Balkin & Reva B. Siegel, *The American Civil Rights Tradition*: *Anticlassification or Antisubordination?*, 58 U. Miami L. Rev. 9 (2003).

7. Jack M. Balkin & Reva B. Siegel, *Remembering How We Do Equality*, in Jack M. Balkin & Reva B. Siegel (eds.), The Constitution in 2020, Oxford: Oxford University Press, 2009.

8. Jack M. Balkin & Sanford Levinson, *Understanding the Consti-*

tutional Revolution, 87 Va. L. Rev. 1045 (2001).

9. J. M. Balkin, *The Constitution of Status*, 106 Yale L. J. 2313 (1997).

10. Ralph Richard Banks & Richard Thompson Ford, (*How*) *Does Unconscious Bias Matter?*: *Law*, *Politics*, *and Racial Inequality*, 58 Emory L. J. 1053 (2009).

11. Deborah L. Brake, *When Equality Leaves Everyone Worse Off-The Problem of Leveling Down in Equality Law*, 46 Wm. & Mary L. Rev. 513. (2004).

12. Steven J. Burton, *Comment on "Empty Ideas"*: *Logical Positivist Analyses of Equality and Rules*, 91 Yale L. J. 1136 (1982).

13. Erwin Chemerinsky, *In Defense of Equality*: *A Reply to Professor Westen*, 81 Mich. L. Rev. 575 (1983).

14. Hugh Collins, *Social Inclusion*: *A Better Approach to Equality Issues?*, 14 Transn' l L. & Contemp. Pros. 897 (2005).

15. Jeffrey O. Cooper, *Overcoming Barriers to Employment*: *The Meaning of Reasonable Accommodation and Undue Hardship in the Americans with Disabilities Act*, 139 U. Pa. L. Rev. 1423 (1991).

16. R. Cotterrel, *Law as Constitutive*, in Neil J. Smelser & Paul B. Baltes (chief eds.), International Encyclopedia of the Social & Behavioral Sciences, Oxford: Elsevier Science Ltd. , 2001.

17. Robert M. Cover, *Nomos and Narrative*, 97 Harv. L. Rev. 4 (1983).

18. Paul N. Cox, *The Supreme Court, Title VII and "Voluntary" Affirmative Action-A Critique*, 21 Ind. L. Rev. 767 (1988).

19. Charles B. Craver, *The Use of Non-Judicial Procedure to Resolve Employment Discrimination Claims*, 11 Kan. J. L. & Pub. Pol' y 141 (2001).

20. Anthony D' Amato, *Comment: Is Equality a Totally Empty Idea?*, 81 Mich. L. Rev. 600 (1983).

21. Nicole J. DeSario, *Reconceptualizing Meritocracy: The Decline of Disparate Impact Discrimination Law*, 38 Harv. Civ. Rts. - Civ. Lib. L. Rev. 479 (2003).

22. John J. Donohue, *Advocacy versus Analysis in Assessing Employment Discrimination Law.* 44 Stan. L. Rev. 1584 (1992).

23. John J. Donohue, *Employment Discrimination Law in Perspective: Three Concepts of Equality*, 92 Mich. L. Rev. 2583 (1994).

24. John J. Donohue, *Further Thoughts on Employment Discrimination Legislation: A Reply to Judge Posner*, 136 U. Penn. L. Rev. 523 (1987).

25. John J. Donohue, *Is Title VII Efficient?*, 134 U. Penn. L. Rev. 1411 (1986).

26. John J. Donohue & Peter Siegelman, *The Changing Nature of Employment Discrimination.* 43 Stan. L. Rev. 983 (1991).

27. Shari Engels, *Problems of Proof in Employment Discrimination: The Need for a Clearer Defin ition of Standards in the United States and the United Kingdom*, 15 Comp. Lab. L. J. 340 (1994).

28. Simon Forshaw & Marcus Pilgerstorfer, *Direct and Indirect Discrimination: Is There Something in between?*, 37 Indus. L. J. 347 (2008).

29. David Freeman Engstrom, *The Lost Origins of American Fair Employment Law: Regulatory Choice and the Making of Modern Civil Rights*, 1943-1972, 63 Stan. L. Rev. 1071 (2011).

30. William N. Eskridge, Jr., *Channeling: Identity-Based Social Movements and Public Law*, 150 U. Penn. L. Rev. 419, 477 (2001).

31. William N. Eskridge, Jr., *Pluralism and Distrust: How Courts Can Support Democracy by Lowering the Stakes of Politics*, 114 Yale L. J. 1279 (2005).

32. William N. Eskridge, Jr., *Some Effects of Identity-Based Social Movements on Constitutional Law in the Twentieth Century*, 100 Mich. L. Rev. 2062 (2002).

33. William N. Eskridge, Jr. & Philip P. Frickey, *An Historical and Critical Introduction to* The Legal Process, in Henry M. Hart Jr. &

Albert M. Sacks, The Legal Process: Basic Problems in the Making and Application of Law, Westbury: Foundation Press, 1994.

34. William N. Eskridge, Jr. & Philip P. Frickey, *The Making of The Legal Process*, 107 Harv. L. Rev. 2031 (1994).

35. Katie Ever, *That's Not Discrimination: American Beliefs and the Limits of Anti-Discrimination*, *Law*, 96 Minn. L. Rev. 1275 (2012).

36. Stephen M. Feldman, *Republican Revival/Interpretive Turn*, 1992 Wis. L. Rev. 679.

37. Owen M. Fiss, *Anothgr Equality*, *in* Issues in Legal Scholarship, Volume 2, Issue 1: The Origins and Fate of Antisubordination Theory (2002).

38. Owen M. Fiss, *A Theory of Fair Employment Laws*, 38 U. Chi. L. Rev. 235 (1971).

39. Owen M. Fiss, *Groups and the Equal Protection Clause*, 5 Phil. & Pub. Aff. 107 (1976).

40. Richard Thompson Ford, *Bias in the Air: Rethinking Employment Discrimination Law*, 66 Stan. L. Rev. 1381 (2014).

41. Alan David Freeman, *Legitimizing Racial Discrimination through Anti-discrimination Law: A Critical Review of Supreme Court Doctrine*, 62 Minn. L. Rev. 1049 (1978).

42. Paul Gewirtz, *Choice in the Transition: School Desegregation*

and the Corrective Ideal, 86 Colum. L. Rev. 728 (1986).

43. Robert W. Gordon, *Critical Legal Histories*, 36 Stan. L. Rev. 57 (1984).

44. Robert W. Gordon, *Historicism in Legal Scholarship*, 90 Yale L. J. 1017 (1981).

45. Kent Greenawait, *How Empty Is the Idea of Equality?*, 83 Colum. L. Rev. 1167 (1983).

46. Robert W. Gordon, *"Prescriptive Equality": Two Steps Forward*, 110 Harv. L. Rev. 1265 (1997).

47. Anthony G. Greenwald & Linda Hamilton Krieger, *Implicit Bias: Scientific Foundations*, 94 Cal. L. Rev. 945 (2006).

48. Jamal S. Greene, *The Anticanon*, 125 Harv. L. Rev. 379 (2011).

49. Lani Guinier, *Courting the People: Demosprudence and the Law/Politics Divide*, 89 B. U. L. Rev. 539 (2009).

50. Lani Guinier, *Demosprudence through Dissent*, 122 Harv. L. Rev. 4 (2008).

51. Lani Guinier & Gerald Torres, *Changing the Wind: Notes Toward a Demosprudence of Law and Social Movements*, 123 Yale L. J. 2574 (2014).

52. Rosemary C. Hunter & Elaine W. Shoben, *Disparate Impact*

Discrimination: *American Oddity or Internationally Accepted Concept?*, 19 Berkeley J. Emp. & Lab. L. 108 (1998).

53. Christine Jolls, *Antidiscrimination and Accommodation*, 115 Harv. L. Rev. 642 (2001).

54. Steven J. Kaminshine, *Disparate Treatment as a Theory of Discrimination*: *The Need for a Restatement*, *Not a Revolution*, 2 Stan. J. Civ. Rts. & Civ. Liberties 1 (2006).

55. Kenji Yoshino, *The New Equal Protection*, 124 Harv. L. Rev. 747 (2011).

56. Craig J. Konnoth, *Created in its Image*: *The Race Analogy*, *Gay Identity*, *and Gay Litigation in the* 1950s-1970s, 199 Yale L. J. 316 (2009).

57. Charles R. Lawrence III, *The Id*, *the Ego*, *and Equal Protection*: *Reckoning with Unconscious Racism*, 39 Stan. L. Rev. 317 (1987).

58. Cynthia Lee, *Making Race Salient*: *Trayvon Martin and Implicit Bias in a Not Yet Post-Racial Society*, 91 N. C. L. Rev. 1555 (2013).

59. Sophia Z. Lee, *Race*, *Sex*, *and Rulemaking*: *Administrative Constitutionalism and the Workplace*, 1960 *to the Present*, 96 Va. L. Rev. 799 (2010).

60. Anthony Lester QC, *The Overseas Trade in the American Bill of Rights*, 88 Colum. L. Rev. 537 (1988).

61. Lord Lester of Herne Hill QC, *Making Discrimination Law Effective: Old Barriers and New Frontiers*, 2 Int' l J. Discrimination. & L. 167 (1997).

62. Jerry L. Mashaw, *Bureaucracy, Democracy, and Judicial Review*, in Robert F. Durant (ed.), The Oxford Handbook of American Bureaucracy, Oxford: Oxford Universitv Press, 2010.

63. Gerald P. McGinley, *J udicial Approaches to Sex Discrimination in the United States and the United Kingdom-A Comparative Study*, 49 Mod. L. Rev. 413 (1986).

64. Gregory Mitchell & Philip E. Tetlock, *Antidiscrimination Law and the Perils of Mindreading*, 67 Ohio St. L. J. 1023 (2006).

65. Anne Noel Occhialino & Daniel Vail, *Why the EEOC (Still) Matters*, 22 Hofstra Lab. & Emp. L. J. 671 (2005).

66. Henrik Karl Nielsen, *The Concept of Discrimination in ILO Convention* No. 111, 43 Int' l & Comp. L. Q. 827 (1994).

67. David Benjamin Oppenheimer, *Negligent Discrimination*, 141 U. Penn. L. Rev. 899 (1993).

68. Christopher J. Peters, *Equality Revisited*, 110 Harv. L. Rev. 1210 (1997).

69. Christopher J. Peters, *Outcomes, Reasons and Equality*, 80 B. U. L. Rev. 1095 (2000).

70. Christopher J. Peters, *Slouching towards Equality*, 84 Iowa L. Rev. 801 (1999).

71. James Gray Pope, *Labor's Constitution of Freedom*, 106 Yale L. J. 941 (1997).

72. Richard A. Posner, *The Efficiency and the Efficacy of Title VII*, 136 U. Penn. L. Rev. 513 (1987).

73. Robert C. Post & Reva B. Siegel, *Protecting the Constitution from the People: Juricentric Restrictions on Section Five Power*, 78 Ind. L. J. 1 (2003).

74. Robert Post, *Theorizing Disagreement: Reconceiving the Relationship between Law and Politics*, 98 Cal. L. Rev. 1319 (2010).

75. Robert Post & Reva Siegel, *Questioning Justice: Law and Politics in Judicial Confirmation Hearings*, 115 Yale L. J. Pocket Part 38 (2006).

76. Douglas S. Reed, *Popular, Constitutionalism: Toward a Theory of State Constitutional Meanings*, 30 Rutgers L. J. 871 (1999).

77. Joshua D. Sarnoff, *Equality as Uncertainty*, 84 Iowa L. Rev. 377 (1999).

78. Joshua D. Sarnoff, *I Come to Praise Morality, Not to Bury*

It, 84 Iowa L. Rev. 819 (1999).

79. Vicki Schultz, *Life's Work*, 100 *Colum. L. Rev.* 1881 (2000).

80. *Michael Selmi*, The Evolution of Employment Discrimination Law: Changed Doctrine for Changed Social Conditions, 2014 *Wise. L. Rev.* 937.

81. *Michael Selmi*, Understanding Discrimination in a Post-Racial World, 32 *Cardozo L. Rev.* 833 (2011).

82. *Michael Selmi*, The Value of the EEOC: Reexamining the Agency's Role in Employment Discrimination Law, 57 *Ohio St. L. J.* 1 (1996).

83. *Fred R. Shapiro*, The Most-Cited Law Review Articles Revisited, 71 *Chi. -Kent L. Rev.* 751 (1996).

84. *Reva B. Siegel*, Constitutional Culture, Social Movement Conflict and Constitutional Change: The Case of the de facto *ERA*, 94 *Cal. L. Rev.* 1323 (2006).

85. *Reva B. Siegel*, Dead or Alive: Originalism as Popular Constitutionalism in *Heller*, 122 *Harv. L. Rev.* 191 (2008).

86. *Reva B. Siegel*, Race-Conscious but Race-Neutral: The Constitutionality of Disparate Impact in the Roberts Court, 66 *Ala. L. Rev.* 653 (2015).

87. *Reva B. Siegel*, Text in Contest: Gender and the Constitu-

tion from a Social Movetoent Perspective, 150 U. Penn. L. Rev. 297,
(2001).

88. Kenneth W. Simons, *The Logic of Egalitarian Noorms*, 80
B. U. L. Rev. 693 (2000).

89. Megan L. Starich, *The 2006 Revisions to Japan's Equal Op-
portunity Employment Law: A Narrow Approach to a Pervasive Prob-
lem*, 16 Pac. Rim. L. & Pol' y J. 551 (2007).

90. Julie C. Suk, *Disparate Impact Abroad*, Cardozo Legal Stud-
ies Research Paper No. 425, available at http: //ssrn. com/abstract =
2408143.

91. Charles A. Sullivan, *Circling Back to the Obvious: The Con-
vergence of Traditional and Reverse Discrimination in Title VII Proof*,
46 Wm. & Mary L. Rev. 1031 (2004).

92. Cass R. Sunstein, *The Anticaste Principle*, 92 Mich. L. Rev.
2410 (1994).

93. Cass R. Sunstein, *Interest Group in American Public Law*, 38
Stan. L. Rev. 29 (1985).

94. Christa Tobler, *Limits and Potential of the Concept of Indirect
Discrimination*, *European Commission*, Directorate-General for Em-
ployment, Social Affairs and Equal Opportunities, Unit G. 2, Lux-
embourg, 2008.

95. Adrian Vermeule & Ernest A. Young, *Hercules*, *Herbert*, *and Amar*: *The Trouble with Intratextualism*, 113 Harv. L. Rev. 730 (2000).

96. Herbert Wechsler, *Toward Neutral Principles of Constitutional Law*, 73 Harv. L. Rev. 1 (1959).

97. Peter Westen, *On "Confusing Ideas"*: *Reply*, 91 Yale L. J. 1153 (1982).

98. Peter Westen, *The Empty Idea of Equality*, 95 Harv. L. Rev. 537 (1982).

99. Peter Westen, *To Lure the Tarantula from Its Hole*: *A Response*, 83 Colum. L. Rev. 1186 (1983).

100. Peter Westen, *The Meaning of Equality in Law*, *Science*, *Math*, *and Morals*: *A Reply*, 81 Mich. L. Rev. 604 (1983).

101. Tian Yan, *China's Responsive Legal Reform*: *The Case of Employment Discrimination Law*, J. S. D. Dissertation, New Haven: Yale Law School, June, 2014.

七、外文判例

1. Bilka-Kaufhaus GmbH vs. Karin Weber von Hartz, Case 170/84, 1986 E. C. R. I-1607.

2. Brown vs. Board of Education, 347 U. S. 483 (1954).

3. Christiansburg Garment Co. vs. EEOC, 434 U. S. 712 (1978).

4. District of Columbia vs. Heller, 554 U. S. 570 (2008).

5. Dothard vs. Rawlinson, 433 U. S. 321 (1977).

6. Griggs vs. Duke Power Co. , 401 U. S. 424 (1971).

7. Grutter vs. Bollinger, 539 U. S. 306 (2003).

8. Isabel vs. City of Memphis, 404 F. 3d 404 (2005).

9. J. P. Jenkins vs . Kingsgate (Clothing Productions) Ltd. ,
Case 96/80, [1981] ICR 592, [1981] EUECJ R-96/80, [1981]
WLR 972.

10. Jones vs. Nat'l Council of Young Men's Christian Associa-
tions of the United States of Am. , 34 F. Supp. 3d 896 (N. D. Ill.
2014).

11. Karlo vs. Pittsburgh Glass Works, LLC, WL 4232600 (W.
D. Penn. , July 13, 2015).

12. Lochner vs. New York, 198 U. S. 45 (1905).

13. McDonnell Douglas Corp. vs. Green, 427 U. S. 273 (1973).

14. Plessy vs. Ferguson, 163 U. S. 537 (1896).

15. Reeves vs. Sanderson Plumbing Products, Inc. , 530 U. S.
133 (2000).

16. Ricci vs. DeStefano, 557 U. S. 557 (2009).

17. Roe vs. Wade, 410 U. S. 113 (1973).

18. Romer vs. Evans, 517 U. S. 620 (1996).

19. Smith vs. City of Jackson, 544 U. S. 228 (2005).

20. Texas Department of Community Affairs vs. Burdine, 450 U. S. 248 (1981).

21. United States vs. Carolene Products, 304. U. S. 144 (1938).

22. Wards Cove Packing Co. vs. Atonio, 490 U. S. 642 (1989).

附一：社会平等：理智与情感之间*

一

美国大选刚刚落下帷幕。这场大选，民主党的候选人是希拉里·黛安·罗德姆·克林顿，她是资深政治家、前第一夫人、历史上第一位获得主要政党总统提名的女性；共和党的候选人是唐纳德·特朗普，他是亿万富翁、电视明星、政治素人。最后的结果大家都知道，特朗普获胜，美国即将迎来一位史无前例的总统。

据在美国的同学说，全美各个高校几乎都是一副低沉的样子。笔者的导师之一、耶鲁大学法学院教授列娃·西格尔（Reva Siegel），是一位女权主义宪法学家。大选结果发布以后，西格尔教授参加师生聚会，据说发言中几度哽咽。笔者看到照片上老师难过的样子，也很不开心了一阵。作为教授的学生，笔者很理解

---

* 本文根据 2016 年 11 月 11 日在北京大学国际人权法硕士班的讲座稿修改。

她为什么这么难过。西格尔教授大半生只做了一件事，就是研究和倡导法律平等，特别是性别平等。她的工作在逻辑上可以分成三个步骤：

第一步，建立一个道德理论，论证性别平等的价值。这和罗尔斯的工作类似，相当于在性别平等领域搞出一个《正义论》来，毕竟法律要依靠道德伦理来支撑自己。德沃金有本书，叫作《至上的美德：平等的理论与实践》。这个题目很好地概括了西格尔教授的观点：不平等就是缺德，缺德的法律是恶法，恶法不应当实施。平等的道德理论源远流长，不仅当代的罗尔斯、德沃金写过，而且融化在美国的立国之本当中。《独立宣言》第二段就说："我们认为下列真理是不言而喻的：所有人被创造出来就是平等的（all men are created equal）……"这个"创造出来"明显带有基督教创世论的烙印。事实上，不仅是基督教，佛教也讲众生平等，很多古老的信仰里都包含着平等的道德基因。

第二步，凭借这个道德理论，论证性别平等是宪法的命令。具体来说主要是把性别平等写进两个宪法修正案条款里去。一是宪法第十四修正案的平等保护条款（Equal Protection Clause）。这个条款说，任何州不得拒绝给予公民法律的平等保护。既然女性是公民，那么法律就应当让女性和男性平等。二是宪法第五、第十四修正案的正当程序条款（Due Process Clause）。这个条款说，任何州不得拒绝给予公民以法律的正当程序保障。哪些权利受保障呢？西格尔认为，女性的很多特有利益都应该被认定为权利，受到法律保护。这主要是指生育方面的利益，如堕胎自由、避孕自由，通常归入隐私权；也包括家庭方面的利益，比如不被丈夫家暴。西格尔说，如果允许家暴，那就不是法治（rule of law），而是所谓"爱治"（rule of love），以爱的名义剥夺人身自由和安全。只有保障这些女性特有的权益，才能够实现性别平等。所以，正当程序条款不仅谈程序（权利应当受到哪些保护），而且谈实体（什么权利应当受到保护）；不仅谈自由，而且谈平等。

第三步，通过最高法院的司法审查，执行这个宪法命令。美国宪法的实施，虽然三大政府分支都有责任，但是主要依靠联邦最高法院。关于最高法院的书籍和文章已经有很多翻译成中文，相信听众们也都看过。最高法院大权在握，可以解释宪法，宣告国会和州的立法及行政命令违宪，所以被认为是宪法的守护者（Protector）。"二战"以后，最高法院曾经站在维护宪法平等的最前线。1954 年 5 月 17 日，最高法院针对布朗诉托皮卡市教委一案作出判决，宣告在公立学校实施种族隔离是不平等的，违反宪法的平等保护。在此之前，黑人没有权利与白人同校上学，因为最高法院认为，种族隔离只要确保黑人获得同等的教育设施，就是平等的，也即"分离但平等"（separate but equal）。布朗案的判决揭开了民权革命的序幕。之后二十年间，最高法院坚定地推进宪法平等,从教育领域拓展到投票、就业、公共场所,从公立部门推广到私人部门,从黑人问题推广到女性、残疾人等弱势群体。直到 2015 年,最高法院还在欧伯格菲尔案当中,宣告同性恋者和异性恋者一样拥有结婚权。在很多人眼中,最高法院的大法官们是勇士,因为胆大;又是国王,因为权大;还是侠客,因为仗义。三个形象合一,基本和神差不多了。有"神力"支持,宪法平等何愁落不到实处呢?

但是,特朗普的上台,给上面这三个步骤都蒙上了浓重的阴影。西格尔教授难过,恐怕就是因为多年的理想面临重大挫折。首先,关于性别平等的道德基础。从西格尔的角度来看,特朗普在女权方面的表现简直可以说是缺德。他公然侮辱女性,宣称某女记者和他过不去是因为月经来潮导致心理失控。这等于说:女性控制情绪的能力天生低人一等。他宣称某前环球小姐变富态以后就成了"猪小姐"。这是在暗示:女人的价值取决于满足男性视觉欲求的能力。一旦扯到漂亮姑娘,他就表示要和人家发生点什么,甚至连自己的女儿都没放过,这无异于把女性当成了泄欲工具,否定女性在满足男人性欲以外的价值。这不是性别歧视,什么才是呢?某通讯社曾专门发稿总结特朗普不尊重女性的丑闻,他的某些言论连记者都不好意思直接引用。这么一个毫无性别平等理念的人,如果撞见西格尔教授,估计教授能上脚踹他。整个竞选期间,全美各种媒体都开足马力抨击特朗普侮辱女性。

可是，这个家伙却拿到了全国一半的选票！西格尔教授说性别平等具有道德力量，这在大学校园里基本属实，可是出了校园呢？这个国家有一半老百姓根本没那么在乎，甚至还有很多女性都不大在乎，难道这个国家有一半的人都是（女）缺德鬼吗？如果不沉迷在"众人皆醉我独醒"的自负之中，如果对民主政治还有一点谦卑的态度，那就至少应当承认：性别平等的民意支持不足，道德基础不牢固，面临严重挑战。

"基础不牢，地动山摇"。道德基础一垮，宪法对性别平等就不那么友善了。宪法的语义高度抽象、模糊，解释空间极大。西格尔教授说平等保护条款命令实现性别平等，特朗普可以回击说：教授，你不能抠字眼嘛（textual interpretation），要结合修宪时候的语境来理解（contextual interpretation）！第十四修正案是美国内战以后出台的，而引发内战的直接原因是黑人奴隶制度。第十三、十四、十五修正案诞生的时候，国会的眼睛都盯在防止黑奴制度死灰复燃上，确实没怎么想过女性问题。把性别因素解释进平等保护条款，其实是很晚的事情了。又如，西格尔说《独立宣言》命令实现性别平等。且不说《独立宣言》不是宪法的组成部分，单说那句"所有人被创造出来就是平等的"，就给特朗普留下了口实。他大可以说：教授，你不能无视词义的多样性嘛！这个 men 既可以指"人"，也可以特指"男人"。而在 1776年，女性的人格还远未获得法律的完全承认，所以《独立宣言》

的原意只能是"所有男人被创造出来就是平等的"。就算再上溯一下，聊聊《圣经》，恐怕结论也差不多：第一个男人是上帝按照自己的形态创造出来的，至于第一个女人，那就是男人的一根肋骨变的嘛，怎么可能和男人平等？至少听起来不大平等。美国不平等的黑历史太多，一旦拿历史说事儿，用所谓"原旨"来解释宪法（originalist interpretation），那么西格尔教授还真不一定是对手。当然，性别平等是宪法权利，这个观念已经足够深入人心了，估计特朗普不会跳出来质疑，就算质疑也没什么市场。但是，这种解释只不过不大会发生（improbable），却并非不可能发生（impossible）。特别是，如果执掌宪法解释大权的最高法院翻脸，谁知道会发生什么呢？

不幸的是，最高法院翻脸的概率，由于特朗普当选而大大提高了。最高法院有九个大法官职位，采取民主决策的方式来判案。在全员参与的情况下，如果一种观点获得了五票以上支持，就成了法院意见（opinion of the Court），具有最强的拘束力。传统上，大法官们分成保守派和自由派。所谓保守派（conservative），通常主张小政府，希望国家对政治、经济、社会活动都不要过多干预，这样就能保守住美国的立国之本——自由，主要是消极自由。保守派在政治上亲共和党，在任的三位保守派大法官（罗伯茨、阿利托、托马斯）及一位居中偏保守的大法官（肯尼迪）也都是共和党总统任命的。所谓自由派（liberal），准确的翻译其实应该是"与时俱进派"。他们主张：自从罗斯福新政以后，时代就变了，现在小政府已经不合时宜了，积极自由越来越重要，国家"不干预"的义务要让位于主动干预和塑造。自由派在政治上亲民主党，在任的四位自由派大法官（布雷耶、金斯伯格、索托马约尔、卡根）也都是民主党总统任命的。从布朗案到如今，自由派都是宪法平等的有力推动者，比如金斯伯格大法官本人就曾是一位著名的民权活动家。西格尔教授的希望也主要寄托在自由派大法官身上。

本来，保守派有四个人，自由派也有四个人，再加上一票居中，双方基本势均力敌。不料斯卡利亚大法官今年年初过世，保守派的旗帜倒了，最高法院陷入了四对四的僵局。奥巴马本来想任命一位自由派大法官（加兰德），让自由派取得优势。但是他的提名需要参议院通过，而共和党占据了参院多数，所以一直僵持不下。这次大选，不但特朗普当上总统，拿到了提名权，而且参院也被共和党巩固住。下一步，任命一位保守派大法官只是时间问题。更严重的是，自由派的金斯伯格、布雷耶也年事已高，金斯伯格还身体不好，很可能在特朗普任内出缺。果真如此，特朗普就可以多任命两位大法官，让保守派取得绝对优势。大法官是终身制的，除非熬到他们谢世或者高龄出缺，否则自由派怕是没有出头的机会。西格尔教授心心念念的宪法平等也很可能被搁置，甚至面临反攻倒算（backlash）的危险。

道德理论、宪法解释、司法审查，本来是促进性别平等的三部曲，如今像多米诺骨牌一样接连倒下，不知何时才能重新竖立起来。想到这些，西格尔教授怎么能不难过得要哭呢？

二

作为西格尔教授的学生，笔者很理解老师，也很为老师而难过。但是，我们须得正视现实。现实是什么？有人说，现实就是这个国家只有一半的人懂得性别平等，另一半的人毫无平等观念。这是气话，却不属实。投票给特朗普的人，真的不支持平等吗？恰恰相反，他们把平等的旗帜举得更高，只不过，他们要的是另一种平等。

比如，笔者有同学留学美国，毕业后从事技术工作，小康生活无虞，聊起来却一肚子苦水：老子辛辛苦苦打工养家，挣那点工资要被扣掉百分之好几十的税；反观那些吃福利的家伙，啥也不干，却躺着拿钱，我凭什么要花钱养这帮懒汉？忙的忙死，闲的闲死，让勤快人替懒人买单，这不平等嘛！真正的平等，应该是责任自负。特朗普就持这个观点。又如，特朗普的"铁粉"有很大一部分是底层白人工人。美国政府大搞全球化，有资本、有技术的人都从中获益，但是底层白人工人呢？没资本、没技术，又面临汹涌而来的外国竞争者，招架不住，只能不断坠落。富的富死，穷的穷死，好处都归富人拿，代价都让穷人付，这不平等嘛！真正的平等，应该是利益均沾、责任共担。他们所说的"平等"也可以表述为"公平""公正""正当""正确""正义""正常"等（汉语里有这么多带"正"字的词！），实质不变。各位可以不同意他们的主张，但是不可否认他们讲的确实也是平等的一种含义。

如果平等与不平等之间展开较量，大多数人估计会站到平等一边；而如果一种平等与另一种平等展开较量，究竟该站到哪边去？答案恐怕就不是一目了然了。我们把视线从美国大选移开。在我们身边，不同平等观之间的冲突，其实并不鲜见。比如，异地高考之争。很多随父母务工的学生从小就在北京、上海读书，无论是学业上还是心理认同上都与京沪本地儿童无异。上到高三，却必须回老家（户籍地）高考，不能和本地户籍的同学一起考试。这种安排显然有不平等的成分。随迁子女的家长认为，就学地、而不是户籍地或者学籍地，才是确定考试地点的正当依据。所谓平等，就是把户籍或学籍从确定考试资格的决策过程中剔除出去。而京沪本地学生家长则认为，把户籍作为确定考试资格的标准，恰恰是最大的平等。他们列出的说法很多，其中之一是：如果用就学地做标准，那么就会在随迁学生和留守学生之间制造新的不平等。父母外出打工，没有把孩子带在身边；留守的孩子已经够不幸了，难道还要因为不幸而歧视他们、让他们享有比随迁子女少得多的机会吗？这也是一种平等观，只不过与随迁子女家长的平等观完全相反。双方都高举平等的大旗，都指责对方搞歧视，都摆出一副得罪不起的样子。异地高考政策迟迟难有定论，就与这个困境有关。

这个困境是平等的困境。从语义上说，平等的内涵高度不确定，甚至可以包容完全相反的意思，这导致法律无所适从。美国人尊奉平等，但是正像论者指出的，美国人关于平等的唯一共识，大概就是没有共识。什么是平等？亚里士多德说，平等就是"相似之人应当获得相似的对待"（Like persons should be treated alike）。这当然没错，但什么是"相似"？亚里士多德没有给出答案。要判断什么是"相似"、什么是"不相似"，不可能从平等本身找到答案，而只能从外部引入其他规则。这就是平等观念的空洞性（emptiness）。

比如，怎样判断社会福利制度是不是平等的？如果套用亚里士多德的定义，那么，社会福利制度相当于说：穷人和富人是不相似的，不该受到相似的对待，所以平等就是富人缴税、穷人享受福利。但是，穷人和富人为什么是不相似的呢？他们都是公民嘛，难道公民之间还要分出三六九等来？前面谈到的笔者那位同学就持这种看法。如果我们判断穷人和富人是否相似的标准是公民身份，那么，穷人和富人当然是相似的，福利制度当然是不平等的。可是，我们的判断标准除了公民身份，还可以有其他选项，比如，经济状况。如果按照经济状况衡量，穷人和富人显然

是不相似的，他们不该受到相似对待，否则就不符合平等的要
求。这么看来，社会福利制度对穷人和富人采取区别对待，又有
其道理，至少不能简单地用"不平等"来否定。可见，社会福
利制度是否平等，并不取决于平等本身，而是取决于我们用什么
标准来衡量平等、填充平等的空洞躯壳。既然人们对于标准有不
同看法，也就不难理解"以平等反对平等"的现象了。

1980 年，美国学者彼得·韦斯滕（Peter Westen）写了一篇
长文，叫作《平等观念的空洞性》，把这种现象揭示得淋漓尽
致。韦斯滕点破了一个人们长期以来隐约感觉得到、却从未说透
的事实，一时引起热议，各大法律评论都刊出了论战文章，其中
不乏名家的妙评。这场论战有两个高峰，持续了十多年，至今余
音绕梁。韦斯滕指出，正是因为平等的内涵完全空洞，它才可以
包容任何政策主张，给一切观点都披上一层外衣。而在刚刚过去
的 20 世纪，这层外衣的价值尤其巨大。因为，20 世纪的一系列
社会运动赋予平等以至上的道德力量。如果 19 世纪的时髦话语
是自由，那么 20 世纪的"政治正确"就是平等。平等天然正确，
不平等却要面临审查。任何人一旦站在不平等的一边，就会登时
陷入被动挨打的境地。这种道德力量之大，让任何政治派别都无
法割舍，以至无论实际观点是什么，都要运用平等的修辞。韦斯
滕批评说，这层外衣和修辞遮蔽了真正的分歧，让冷静的政策讨
论陷入了无谓的道德口水战。拿平等说事，并不能解决事情本

身，只能把水搅浑，让事情的本相变得模糊。既然如此，就应该把平等这个概念从公共话语中驱逐出去。这个观点虽然逻辑通畅，却也惊世骇俗。许多学者出头论战也就在情理之中了。

三

韦斯滕的观点并没有成为通说。也许永远不会。无论是作为一种修辞工具，还是作为凝聚道德力量的手段，平等在公共生活中都绝不会退场。相反，平等的理念高歌猛进，攻城略地，席卷全球。邓小平同志南方谈话以后，国家建立和发展中国特色社会主义市场经济，主题是改革、是开放、是搞活。自由是极其重要的价值，社会主义核心价值观在社会层面的内容（自由、平等、公正、法治）首先是自由，然后才是平等。在公共生活之中，平等话语是什么时候开始崛起，逐步和自由比肩的呢？如果一定要找一个时间点，那就是 2003 年。那一年，发生了孙志刚案。孙志刚是一名到广州务工的大学生，他有稳定的工作，但是没有本地户籍。一天晚上，孙志刚出门，遇到盘查证件。他没带暂住证，按照当时的收容遣送制度，他被暂时收容起来。所谓收容，含义不清，实际上不但限制人身自由，而且存在诸多管理不规范、甚至违法犯罪的情况。孙志刚因为反抗，被看管人员指使其他被收容者殴打，直到死亡。事件披露以后，引起轩然大波。学者接连上书，要求审查收容遣送制度的合宪性、合法性。他们认为，这个制度的问题在于剥夺自由：人身的自由、就业的自由、迁徙的自由，等等。后来，国务院主动废除了收容遣送，代之以救助制度。

但是，孙志刚案其实还可以从平等的角度去理解。孙志刚被剥夺的不仅是自由，更是平等。同样是大学毕业生，同样有稳定的工作，凭什么孙志刚就要被盘查、被收容、被遣送，而本地户籍的人就可以免于承受这一切？收容遣送制度在城乡之间筑起高墙，它维护着城乡二元的经济和社会结构，这种结构本身就是不平等的。孙志刚之所以被剥夺自由，是因为他首先被剥夺了平等，他的自由不受法律的平等保护。在孙志刚案当中，自由的话语仍然占据主导，但是平等的话语也呼之欲出，可以说达到了临界点。

突破临界点的标志是张先著案。张先著是一位大学毕业生，他考了安徽芜湖的公务员，笔试和面试成绩都排第一，最后却因为体检查出携带乙肝病原而被拒绝录用。2003 年 11 月 10 日，也就是孙志刚案之后不久，张先著把芜湖市人事局告上了法庭，这被公认为"中国就业歧视第一案"。从那以后，平等的话语蓬勃发展起来。十年后，异地高考之争发生。这个争论本质上和收容遣送之争类似，都涉及迁徙自由，但是主流话语已经从自由转向了平等，争论双方都用平等来建构和论证自己的诉求。以异地高考之争为标志，平等在中国公共生活中完成了崛起。这不仅是一种修辞，更是一种社会动员手段。平等就是道德，歧视就是缺德——靠这种道德观念来凝聚人气、对抗异见。平等的道德力量，以及平等观念的高度包容性，我们都见证并感受了。韦斯滕所言不虚！

韦斯滕对平等的批评，也在中国应验了。包容的另一面就是空洞，空洞的理念无助于解决实际问题。比如，围绕劳动立法的价值取向，劳资双方都主张要平等。资方普遍认为，这部法律偏向劳工，诸如无固定期限劳动合同、经济补偿金等规定都歧视用人单位，是不平等的。而劳方则普遍认为，这部法律恰恰是最平等的，因为它可以纠正劳资双方谈判能力（bargaining power）的不平等。纠正没有错，问题在于是否"矫枉过正"？我们应该用什么标准来判断这个度是否恰当？平等观念本身无法提供任何标准。相反，双方都拿平等说事，把对方在道德上污名化，冀图利用平等的道德力量取胜。法律要以道德作为基础，但是道德论辩不能代替法律思辨。一句"缺德"，除了解气以外，不可能解决问题。

四

怎样避免韦斯滕所说的平等的困境与缺陷？为了回答这个问题，需要认真梳理 20 世纪的遗产。我们顺着韦斯滕的思路，来理解一下这个平等的世纪。

平等的道德力量与政治结合起来，转化为巨大的政治力量。这个结合是通过一系列宏大的社会运动完成的。世纪之初，共产主义运动在俄国取得突破，第一个社会主义国家——苏俄（后来的苏联）——诞生了。社会主义是对资本奴役劳动的反拨，它包含着一系列平等的诉求。我们生活在一个社会主义国家，平等改革的遗产随处可见。比如，我们当然地认为男女是平等的。虽然近年来有性别歧视回潮的倾向，诸如"男主外、女主内"之类的观点沉渣泛起，但是我们基本不会认为女性参加工作是不道德的，至多认为那样做是不合算的（从发挥"性别优势"的角度来说）。因为，道德标准和平等已经牢牢地绑定在了一起，既然女性参加工作是性别平等的体现，那它就肯定是符合道德的。这种绑定很不寻常，因为我们国家有漫长的封建传统，"男外女内"的观念曾经根深蒂固。没嫁人的姑娘必须要养在深闺，大门不出、二门不迈，否则就是不本分、不要脸，谁都可以站在道德高地上指责她。可以想见，把这种观念扭转过来，把妇女从封建桎梏中解放出来，是一场多么伟大的社会改革！1949 年《中国人民政治协商会议共同纲领》就宣告："中华人民共和国废除束缚妇女的封建制度。"这个愿景实现了。

在社会主义运动以外，另一场以平等为旗帜的重大运动就是美国的民权运动。民权运动针对黑人与白人的不平等问题，这是历史的重负。美国立国之初，黑人奴隶制盛行，宪法里公然写入了所谓五分之三条款，一个黑奴只按五分之三个人计算，据此分配众议员席位。围绕奴隶制的存废，南北双方发生了尖锐的矛盾，以致爆发内战、血流成河。林肯总统发布了《解放黑人奴隶宣言》，内战后又通过了第十三、十四、十五修正案，赋予黑人公民资格，让他们获得法律的平等保护和正当程序保障，并给予他们选举权。问题在于，这几条修正案落实得并不好。有蓄奴传统的南方各州很快就出台针对黑人的法律（所谓"黑人法典"），把宪法赋予黑人的权利架空了。宪法平等沦为一纸空文，黑人虽然获得解放，却仍然被白人隔离在主流社会之外。最高法院还宣称，这种隔离并不违反平等，只要给予黑人同样的利益就可以了。比如，法学院可以拒绝录取黑人，只要黑人也有地方学法律就行了。问题在于，一个"草台班子"式的黑人法律学校，能和名牌大学法学院相提并论吗？所谓"隔离且平等"，隔离是做到了，平等完全说不上。第二次世界大战中，黑人参军入伍，保家卫国，为国家流的血一点不比白人少。一旦回到家乡，却继续要被隔离、被歧视，这怎么行？于是民权运动爆发。作为成果，美国《1964年民权法》禁止了在教育、就业、公共场所等方面歧视黑人，《1965年选举权法》把黑人的选举权落到了实处，《1968年公平安居法》则将种族平等扩展到住房保障问题上。这三部法律至今仍是美国种族平等的基石。

在国际层面，以平等为旗帜的社会运动就是国际人权运动。

最近，中国政法大学出版社"雅理译丛"出版了一本新书，叫作《美丽新世界：〈世界人权宣言〉诞生记》，推荐大家看一看。从《世界人权宣言》开始，到《民权和政治权利公约》，再到《经社文权利公约》，以及一系列专项的公约，都包含着明确的平等诉求。除了联合国主导的公约以外，一些国际组织也在人权运动中扮演了重要的角色。比如，国际劳动组织于 1958 年通过了《消除就业和职业歧视公约》，这至今都是就业歧视问题上最重要的国际文件。我国于 2005 年加入了这个公约，2007 年就出台了《就业促进法》，设专章规定了公平就业问题。

通过这些社会运动，平等成为一面道德旗帜，获得了政治力量。那么，平等的含义有没有得到澄清呢？应该说，虽然平等的空洞性一直存在，由此造成的含义不清和混乱也并未消除，但是平等的含义也有清晰化的趋势。至少，我们开始理解了平等含义不清的症结，找到了解决的入口。这表现在两方面。第一，对于平等含义的生成机制，人们的认识越来越清楚。通常来说，都是先有公共目标，再据此制定社会政策，最后把政策包装成平等诉求。所以，平等的含义要根据背后的社会政策来确定。一种平等观念是不是值得追求，要看它背后的公共目标是不是合理、社会政策和这个目标是不是匹配。比如，我国主流的平等观念认为，企业用人应当采取绩效主义方针，录用工作能力最强、生产率最高的员工。根据这个目标，就制定出一条政策：企业在录用过程中，不应该考虑那些与工作能力、生产率无关的因素。根据这个政策，制定了一条法律：劳动者依法享有平等就业……的权利（《就业促进法》第3条）。这里的平等，含义是所谓的"量能就业"、量才用人。

第二，对于平等含义的复杂性，人们的认识也越来越深刻。这种复杂性来源于三点：目标多元、主体多样、内容牵连。

一是目标多元。很多时候，平等要服务于多个目标。这些目标之间可能并不冲突。比如，国家实施生育保险制度，这是性别平等的重要体现。生育保险既可以减轻妇女因生育而被歧视的后顾之忧，从而鼓励生育；又可以减轻用人单位对于女工生育成本的负担，从而扩大就业。一项政策、一种平等，同时促进鼓励生育和扩大就业两个目标，一石二鸟，再好不过。但是，有的时候，几个目标之间会发生冲突。比如，在高校招生当中，国家既希望选拔学习潜力和能力最佳的考生，又希望培养少数民族人才、促进各民族共同发展和繁荣。根据第一个目标，应该按分数录取，这是绩效主义的平等观；而根据第二个目标，应该给少数民族考生以一定的优待，这是民族平等的含义。显然，两个目标、两种政策之间存在不一致，导致了两种平等观的不协调。究竟哪一种平等才（更）值得追求呢？这需要在目标层面加以取舍和协调。

二是主体多样。平等意味着不同主体之间的比较。大部分时候，我们所谈的平等都预设了主体的二元性：男人与女人，黑人与白人，等等。但是，有的时候会存在更多的主体。比如，美国在黑人与白人之外，还有拉丁裔、亚裔、印第安人等。法律如何给他们带来平等？近年来，拉丁裔越来越多地被比照黑人来对待，获得了法律的一系列照顾，比如，所谓纠偏行动（affirmative action），包括招生和招聘时预留名额、降分录取等。那么亚裔呢？法律经常把亚裔当成白人，要求他们照顾黑人和拉丁裔，甚至承受比白人更多的限制（比如，加州高校限制亚裔学生比例的 SCA5 法案）；而亚裔则认为，他们和黑人一样，遭受了长期的种族压迫，这种压迫的后果至今体现在政治代表性的低下、就业天花板等，国家应该出台与扶助黑人类似的拨乱反正措施。平等的逻辑只能包容两个主体，一旦主体多起来，就会无所适从。

三是内容牵连。实现平等的措施有外部性，往往会带来另一种不平等。比如，如果允许随迁子女在京沪高考，虽然能够实现随迁子女与本地学生的平等，但是在随迁学生和留守学生之间制造了新的不平等，可谓"按下葫芦起了瓢"。究竟值不值得为了某种平等而牺牲另一种平等？这是一个复杂的权衡问题。

总之，我们认识了平等含义的复杂性，找到了这种复杂性的症结，这有助于平衡由于平等所带来的道德激情。理性与激情都是法律的基础，一个法律工作者需要同时具备理智与情感（sense and sensibility）。

结　语

本附录主要讲了四个问题。第一，在美国，道德理论、宪法解释、司法审查，是促进性别平等和一切平等理念的三部曲。第二，围绕平等的争论往往不是在平等与不平等之间展开，而是在不同的平等观念之间展开。平等是空洞的，它几乎可以包容任何实质主张；而任何主张一旦披上了平等的外衣，就会获得强大的道德力量，也会遮掩实际的问题。第三，从 2003 年开始，平等话语在中国公共生活中开始崛起，逐步取得了与自由话语并驾齐驱的地位，而平等话语也导致了议题模糊、泛道德化的现象。第四，20 世纪是平等的世纪，平等的道德力量通过一系列社会运动转化为政治力量，平等含义的生成机理和复杂性也逐步得到认知。

附二：平等就业法研究的三重境界

——从《川上行舟——平权改革与法治变迁》的写作谈起 *

引　言

　　《川上行舟——平权改革与法治变迁》[1] 一书，是笔者的第一部学术专著。正文共五章，部分章节的初稿写作可以追溯到2008年，全书完稿则迟至2016年，写作时长跨越八年之久，涵盖了笔者从事法学研究的初始阶段。2021年，该书将由中国民主法制出版社重新刊行。借着新版问世的机会，笔者想要回顾本书的写作之路，为法学研究的预备军——青年学生提供正反两面的参考。同时，本书主要运用了比较研究的方法，这一方法在当

---

　　* 本文系根据作者为北京大学法学院"法律写作与检索"课程所作之讲座整理而成。该讲座于2019年5月10日举办，列入"公法研究与写作"讲座系列。

〔1〕　阎天：《川上行舟——平权改革与法治变迁》，清华大学出版社2016年版。

代中国法学上应用最广，争议可能也最多。以平等就业法为样本，笔者也希望对比较研究方法做一些反思。

王国维先生在《人间词话》中言："古今之成大事业、大学问者，必经过三种之境界。'昨夜西风凋碧树，独上高楼，望尽天涯路'，此第一境也。'衣带渐宽终不悔，为伊消得人憔悴'，此第二境也。'众里寻他千百度，回头蓦见，那人正在灯火阑珊处'，此第三境也。"[1]从法学的宏观来看，平等就业法的研究位于劳动法学的分支——就业促进法学之下，不过是沧海微澜而已，算不得大事业。然则管中可以窥豹，小天地亦可以做大文章。写作本书的八年里，笔者对于平等就业法的研究，经历了三重逐级提升的境界，恰与王国维先生所言相贴切：

——第一重境界的研究，预设了"普遍论"的立场，认为世界上存在平等就业法的"通法"，中外各国都应当、也必将遵循共同的路径，达至相同的终点。由此，笔者的主要精力用于寻找"通法"、特别是就业歧视—平等就业的普遍概念上。平等就业法的普遍路径何在？这个阶段的追问，恰可谓"望尽天涯路"。

——第二重境界的研究，预设了"例外论"的立场，挑战关于平等就业法发展路向和目标的"通法"，强调法治所植根的

---

[1] 王国维：《人间词话》，上海古籍出版社1998年版，第6页。

复杂政治、经济和文化环境，并由此引出法律发展的多元主义观念。为此，笔者的主要精力用于还原环境，理解中外平等就业法的差异性，对过分简化问题的法律移植论加以批评。"普遍论"倒塌了，研究各国独特制度背景的繁重任务压了过来，却也隐含着比较研究的暗淡前景，让笔者感到辛苦，这便是"消得人憔悴"了。

——第三重境界的研究，预设了"合题论"的立场，在承认中外平等就业法之间区别的前提下，力求在新的层面发现二者的共通之处，寻得对话空间。这一新的沟通平台，便是平等就业法的一般理论，即关于平等就业法内在逻辑和演进动力的整体解说。一般理论将看似碎片化的制度细节串联起来，让理念与制度、应然与实然衔接起来，形成融贯的叙事。正是在一般理论问题上，笔者发现了中美两国平等就业法的深层契合点，在不知不觉之中达到了比较研究的"灯火阑珊处"。

第一重境界：望尽天涯路

法律是人们的集体记忆。每一代学者都被亲历的重大法律事件所塑造，又反过来试图塑造关于这些事件的叙事和评价。如此便形成了法学的代际区分。在美国，许多学者投身于 20 世纪 30 年代、40 年代的罗斯福新政，他们返回讲坛之后便形成了法学上的新政世代；1954 年的布朗诉托皮卡市教委案拉开了民权革命的大幕，而当革命褪色、运动中人回到学院以后，便试图建立关于民权与法治的理论，他们可称作布朗案的一代；类似的，1973 年的罗诉韦德案孕育了新一代的法律学人，而近年来蓬勃发展的性少数群体（LGBT）权利运动则成为当下一代学人理解法律的原型。如今，新政一代学者已然谢幕，布朗案的一代成长为学术巨擘，罗案的一代乃是学界的中坚，而新一代学人无疑是学术的希望所在。类似的现象在中国也存在。2003 年前后，以公民权利为主要诉求的法律—社会运动蓬勃兴起，其标志如：孙志刚遇难引发的合宪性审查申请、张先著遭拒录引发的违宪审查诉讼等，此起彼伏，相互呼应，以至媒体以"中国民权元年"界定那个特殊的年份。就在那一年，笔者开始了大学的学业，而这一系列事件也促使笔者转系到法学院，以图更近距离地做些观察和思考。在中国法学的谱系上，笔者大概属于"民权的一代"，而平等就业法的研究都可以看成对这场法律—社会运动的诠释和反思。

站在运动前列的是一群学术行动者（scholar-activist）。他们以法律教学和研究为本业，又身体力行地发起和参与改造社会的行动；法律既是他们改造社会的工具——所以要搞"法治"，又是他们改造的对象——所以要搞"变法"。吾生也有幸，从接触法学的伊始便在学术行动者身边工作，无论立场、观点还是方法，都自然而然地追随他们。他们是一群什么样的人呢？学者投身社会运动绝非个例，甚至在耶林喊出"为权利而斗争"的口号时，就能依稀看出学术行动者的轮廓。而学术和行动的逻辑并不完全一致：学术是相对开放的、思辨的、存疑的、多元的，它不太相信预设的真理或者结论，甚至没有结论本身也是个不错的结论；行动则是相对封闭的、单向的、独断的、一元的，唯有内心确信、目标清晰、步履坚实，方能实现改造社会的意愿。学者的理想型更贴近诗人，而行动者的理想型更贴近军人；兼具诗人与军人气质的人物很少见，这也暗示了学术行动者的难为与可贵。

在某一个具体的时段，学术和行动之中总有一个方面会占据主导地位。十多年前的中国平等就业法研究，占主导的是行动。表现在学术思想上，就是"普遍论"的立场：其一，在目标上，认为存在普适于各国的、理想的平等就业法，变法的任务就是将本国法改造成这个理想的模样；其二，在手段上，认为存在普适于各国的、通行的变法道路，变法的策略就是沿着这条道路走向终点。目标和手段如此明确，简直可以看成一份行动纲领，而这份纲领至今仍然指导着中国平等就业法的研究与行动。笔者接触中国平等就业法，就是从这份无形的纲领开始的。

"普遍论"的极致大概就是国际劳工公约。有位曾在国际劳工组织任职的西方劳动法学者曾说，他在日内瓦的同事"希望每个国家都拥有一部法国劳动法典"。虽属戏言，却也有几分贴切。国际劳工组织起草公约，鼓励成员国签署，其背后的逻辑便是公约包含了普遍价值，而履行公约是实现这些价值的不二法门。平等就业领域的核心公约是第100号同酬公约，以及第111号消除就业和职业歧视公约。这些文件、特别是第111号公约迅速成为学界建构"理想平等就业法"的模板。作为回应，全国人大常委会于2005年夏季批准了第111号公约。从此以后，履行公约、推广理想之法的呼声成为中国平等就业法研究的主流话语，至今未变。

笔者的研究就从第111号公约开始。公约的国内施行问题可以拆解为两部分：一是公约如何进入国内法体系，这属于国际法学的范畴；二是国内法体系如何根据公约作出调整，这属于国内法学的范畴。笔者在国际法学上的研究成果主要是论文《论反就业歧视公约的国内实施：以国际劳工组织第111号公约为例》；[1] 在国内法学上的研究则形成了一组论文，除学士学位论文《就业歧视界定新论》[2] 外均未发表。这些早期的习作都没有收入《川上行舟——平权改革与法治变迁》，因为它们都是"普遍论"的产物，而笔者的立场已经离开"普遍论"很远了。

〔1〕 叶静漪、阎天：《论反就业歧视公约的国内实施：以国际劳工组织第111号公约为例》，载李林、李西霞、[瑞士]丽狄娅·R.芭斯塔·弗莱纳主编：《少数人的权利（下）》，社会科学文献出版社2010年版。
〔2〕 阎天：《就业歧视界定新论》，载姜明安主编：《行政法论丛（第11卷）》2008年第1期。

从"普遍论"可以推演出两种常见的写作策略：一是"照猫画虎"法，既然各国法律都（应当）是对于理想之法的临摹，那么，写作时只要把临摹过程再现出来即可。《论反就业歧视公约的国内实施：以国际劳工组织第 111 号公约为例》一文，是这样临摹的：首先找到一本欧洲人写的、关于国际劳工公约国内施行的通论性专著，然后按照该书所设定的施行步骤，逐一套用到第 111 号公约，从而导出我国实施第 111 号公约的路径。那么，这样套用是否符合实际，会不会发生"画虎不成反类犬"的现象？当然不会，因为"普遍论"的特点就是不承认各国实际对于法律的影响。二是"东拼西凑"法，既然各国法律临摹的（应当）是同一个对象，那么，画师之间互相借用一下画笔和颜料，乃至借鉴一番同侪的技法，就是完全可行的。写作时，可以甚至应当把不同国家的制度片段聚集到一处，加以拼合，形成如同百衲衣般的风格。《就业歧视界定新论》一文，是这样拼凑的：以美式的歧视概念要件为基础，加入欧陆法的比例原则，以及其他一些国家的法律佐料，就凑出了中国法上对就业歧视的可能定义。那么，这样拼凑是否能够实现融合，会不会发生方枘圆凿的现象？答案仍然是否定的，原因仍然是"普遍论"的预设。

随着外国文献的涌入，临摹和拼凑的素材来源也越发多样，跨越多国甚至十多国的临摹和拼凑数见不鲜。这些文章往往采取"三部曲"式的写作：外国有某法—中国没有某法—中国要学外国变法。本国法治不彰,恰似"昨夜西风凋碧树",令人心寒;怀有责任感的学者不甘于现状,瞻望他国的法治发展经验,正可谓"独上高楼,望尽天涯路"。天涯虽远,有路可达,剩下的任务不过是早日启程——中国平等就业法的逻辑当真如此简单?

第二重境界:消得人憔悴

(一) 以美国的方式理解美国

在笔者的研究历程中,"普遍论"动摇的第一个信号是阅读彼得·韦斯滕的论文《平等观念的空洞性》。[1] 当时笔者正汲汲于探求平等就业、就业歧视的普遍概念,此文的观点却如当头棒喝一般。照韦斯滕看来,平等这个概念之所以"普遍",是因为它内容空洞,任何规范都可以被平等的话语容纳进来;千奇百怪的规范都套上了平等的外衣,表面上抹平了差别、达成了"普遍",而只要除去这层伪饰,规范的差异性就将显露无余。每个人都宣称想要平等,而人们想要的平等是不同的;仅仅在最表层的形式上,平等具备普遍的特征,而这种特征不仅稀薄,甚至有害,因为它会遮蔽真实的规范分歧,会把人们的注意力吸引到问

---

[1] [美]彼得·韦斯滕:《平等观念的空洞性》,阎天译,载阎天编译:《反就业歧视法国际前沿读本》,北京大学出版社 2009 年版。

题的表象而非实质上去。韦斯滕鼓吹把平等从神坛上拉下来，在公共讨论中废除这个概念，实属惊世骇俗！他是异端，却不易反驳。学术史上的异端很多，即便伟大如霍姆斯，在朗代尔哲学主导的岁月里也曾以异端面貌出现。异端究竟有没有道理，还要看学界的公论。带着好奇心，笔者翻译了韦斯滕的文章，又检索原文发表后的征引情况，有了有趣的发现：就在韦斯滕的文章发表之后一两年内，美国各大法律评论纷纷开辟战场，供韦斯滕与批评者论战。到底谁赢了？笔者对论战情况作了详细的梳理，形成了课程论文《平等观念是空洞的吗？——一页学术史的回思》。[1] 在写作过程中，笔者又发现，论战在十多年后被《哈佛法律评论》重新开启，除了先前参战的老兵，又有新军投入，战场还蔓延到新的期刊。笔者将新一轮论战的情况补入论文，共计梳理了 15 篇文章，作为硕士学位论文提交答辩。

　　硕士学位论文的研究，促使笔者开始走出"普遍论"，认真了解西方、特别是美国平等就业法的特征。为此，首先就要进入美国平等就业法的学术传统，用美国的方式理解美国。然而，美国法学文献浩如烟海，怎样去阅读才能收到实效？要从两国法学的差异寻找答案。与我国相比，美国法学更加注重学者的对话和知识的传承，一些重大问题可以代复一代地探讨下去，很少有脱

---

〔1〕　阎天：《平等观念是空洞的吗？——一页学术史的回思》，载强世功主编：《政治与法律评论（第二辑）》2012 年第 1 期。

离对话的"自说自话"现象；无论多么前沿和新颖的话题，都
会以某种形式归入一个学科的根本问题，恰如巨树的枝杈无论伸
展到多远，都会连通到粗壮的主干之上。有主干、有对话，就形
成了谱系。阅读美国法学文献，如果抓住谱系，就不易迷失，便
于把握知识的常量、捕捉知识的增量。美国法学的另一特征则是
鼓励争论，也即不同学术观点之间坦诚而公开的辩论。对于观察
者而言，学术争论就如某些珍贵的天象，具有相当的观测价值：
一是争论往往促使论者将自己的观点明确化、尖锐化，有助于观
察者的理解；二是争论双方往往并非一对一错，而是各自持有
"片面的深刻"，有助于观察者两边取法，获得"全面的深刻"。
争论双方或者分道扬镳，或者合兵一处，往往成为学术谱系生长
的契机。阅读美国法学文献，如果抓住争论，就能够建立起清
晰、全面、深刻的理解。

抓住了谱系和争论，就抓住了美国法学的特点，就能够较为
顺利地进入美国法学，以美国的方式理解美国。运用这些方法，
笔者在《平等观念是空洞的吗？——一页学术史的回思》一文之
外，又撰写了《社会运动和宪法变迁：以美国为样本的观察》[1]
和《中国应当引入间接歧视制度吗？》两篇文章。这三篇文章分
别成为《川上行舟——平权改革与法治变迁》第三至五章的底

---

[1] 阎天：《社会运动与宪法变迁：以美国为样本的考察》，载《华东政法大学学报》2015 年
第 3 期。

本。它们的观点是一致的：美国平等就业法的某些制度并非完美无缺、代表普遍价值，而是充满争议，我国应当在理解这些争议的基础上谨慎选择是否借鉴这些制度：

——《平等观念是空洞的吗？——一页学术史的回思》暗示，高举平等大旗本身并不能解决人们对于平等意涵的分歧，甚至可能有害于分歧的解决，因此，我国不应当急于制定宣示性立法，而是应当把精力投入解决实际纠纷中去。比如，在异地高考之争中，"就地高考"派和"回乡高考"派都认为自己的主张代表了平等，而对方则是搞歧视；问题在于，国家究竟应当寻求哪种平等？作出选择的依据何在？这些真问题恰恰被声调越来越高亢的平等修辞所遮蔽了，长期得不到解决。

——《社会运动和宪法变迁：以美国为样本的观察》指出，宪法虽然应该回应社会运动，但是绝不能忽视这样做的风险；美国的经验教训表明，如果回应得当，可以同时提升宪法的政治和法律权威，而如果回应不当，就可能同时损害这两种权威。因此，我国宪法不应当简单地向社会运动全盘开放，而是要区分"回应"和"支持"；只有当运动的诉求既符合多元主义——代表着少数者的利益，又符合共和主义——代表着公共利益，"支持"才能够成为选项。比如，在异地高考之争中，"就地高考"派虽然居于少数，但是他们的诉求不一定符合公益，所以他们发起的合宪性审查或许应当获得受理，却不一定应当获得支持。

——《中国应当引入间接歧视制度吗?》提出，间接歧视制度起源于美国，虽然全球风行，但是在美国的实效远不如预期；这一制度所希望解决的问题，有的（如直接歧视的证明难题）无须引入该制度即告缓解，有的（如无意识歧视、结构性歧视）即使引入该制度也效果不彰。因此，我国如欲引进该制度，应当审慎评估其效能，以论证制度移植的必要性。

（二）以中国的方式理解中国

理解美国不易，理解中国同样不易。在国内求学时，常有"不识庐山真面目，只缘身在此山中"的担忧；出国留学，去国万里，又常有"雾里看花，终隔一层"的遗憾。经过摸索，笔者发现，理解中国的关键，在于抓住中国所要面对的、不同于西方，特别是美国的独特问题。这样的问题有二：一是古今问题，二是中西问题。关于古今问题，既有传统中国与现代中国的"大古今"之变，又存在改革开放前后的"小古今"之别。在古今之间简单地选边站，即使不浅薄，起码也失之片面。正如习近平总书记所言，"不能用改革开放后的历史时期否定改革开放前的历史时期，也不能用改革开放前的历史时期否定改革开放后的历史时期"。[1] 既要认识到走向改革开放的必然性，又要认识到改革开放前后历史的连续性。关于中西问题，同样要避免简单地选

---

〔1〕 中共中央党史研究室：《正确看待改革开放前后两个历史时期——学习习近平总书记关于"两个不能否定"的重要论述》，载《中共党史研究》2013 年第 11 期。

边站，而是要按照习近平总书记所指明的，遵循"以我为主、为我所用，认真鉴别、合理吸收"的原则，既不能"关起门来搞法治"，又不能采取"简单的拿来主义"[1]。遇到当下的中国问题，立刻将其置入古今中西的分析框架之中，视野就打开了，问题就能越辩越明。

笔者研究中国平等就业法，直面古今问题的作品主要是《重思中国反就业歧视法的当代兴起》一文，[2] 这篇文章也是《川上行舟——平权改革与法治变迁》第二章的底本。通常认为，《就业促进法》以专章规定公平就业，并赋予歧视受害者以诉权，乃是中国第一次建立起平等就业的立法规范；而此前的立法、特别是《劳动法》对平等就业问题规定甚为简陋，原因则在于对普遍的理想之法认识不足、学习不够。然而，通过爬梳《劳动法》立法前后的史料，不难发现立法者对后来流行的理想之法早有了解，《劳动法》"规定从简"并非思想认识问题，而是有其历史乃至现实的合理性。比如，《劳动法》将禁止歧视的事由限定在民族、种族、性别和宗教信仰四项，看似数量较少，实则都具有立法或国际公约的依据，而这种审慎扩大法律干预范围的做法也有利于集中利用稀缺的法律资源。相反，《就业促进

---

[1] 习近平：《坚定不移走中国特色社会主义法治道路（2014年10月23日）》，载全国人大常委会办公厅、中共中央文献研究室编：《人民代表大会制度重要文献选编（四）》，中国民主法制出版社、中央文献出版社2015年版。

[2] 阎天：《重思中国反就业歧视法的当代兴起》，载《中外法学》2012年第3期。

法》在排列禁止歧视的事由之后加"等"字兜底，为任意增设事由敞开了大门，并不一定是个进步。又如，《劳动法》虽然没有采用第 111 号公约对就业歧视的定义，没有使用"区别、排斥或优待"之类"翻译体"语言，但是重申了"平等就业"等同于"择优录用"，这被后来的立法所继承。再如，《劳动法》虽然没有规定以监察、仲裁和诉讼的方式打击歧视，但是这些机制更多适用于市场经济环境下，而劳动力市场在《劳动法》立法时才刚刚开始发展，法律不作过分超前规定有其合理性。总之，《劳动法》而非《就业促进法》才是当代中国平等就业法兴起的标志；这一领域的未来发展，不应当忽视《劳动法》的历史遗产和积极因素。

笔者研究中国平等就业法，直面中外问题的作品主要是博士学位论文，题为《中国之回应型法律改革：以反就业歧视法为例》（*China's Responsive Legal Reform：The Case of Employment Discrimination Law*）。以西方的标准来看，中国的法律改革极不可能对于民众诉求有回应性，因为回应性似乎专属于所谓"民选"的当局。然而，中国平等就业法的兴起，恰恰就是政府与民众反复互动、积极回应社会运动的产物，这证明法律改革的道路并不是唯一的。那么，中国的法律制度为什么会产生回应性？这种回应如何运作，又应当作何评价？为什么乙肝平权运动的变法诉求得到了回应并且成为现实，而许多其他类似的社会运动却没有得到预期的回应？笔者用相当于一本书的篇幅去尝试回答这些问题，最终的结论是：回应型的法律改革，不走西方预设的道路，是可行的。

当笔者以西方的方式理解西方、以中国的方式理解中国以后，虽然常有推陈出新、别有洞天的喜悦，却也生出无穷的疲惫来。既是身累，也是心累。所谓身累，源自全新的任务："普遍论"下只需要研究一套理想之法，各国法律不过是素材而已，无须深究；而"例外论"下的各国法律都自成一体，需要分别研究，岂有不累的道理？所谓心累，源自全新的困惑：如果各国平等就业法当真如此不同、不可通约，那么进行比较研究的意义究竟何在？比较是为了沟通，难道比较研究的结论却是不可比较、沟通尝试的结果却是无法沟通吗？比较研究的前景当真如此暗淡吗？身心俱疲，虽然没有换来衣带渐宽，但委实"消得人憔悴"。

第三重境界：灯火阑珊处

如果说韦斯滕的著作开启了通往第二重境界的道路，那么，欧文·费斯教授的著述则启发笔者走向平等就业法研究的第三重境界。费斯被公认为平等保护理论的大家，但是名家普遍存在一个问题：追捧者并不了解他的学问到底妙在何处。比如，费斯奉行比较激进的平等观，主张为了结束黑人的屈从状态（subordination）可以采取纠偏行动之类的做法，部分牺牲效率等价值。这固然赢得了诸多赞同，但也遭到了很多反对，更何况持类似观点的学者数不胜数，所以并不构成费斯备获尊崇的理由。又如，费斯主张由最高法院来推行他的平等观，并且在最高法院日益保守、与自己渐行渐远的情况下仍然初心不改，坚持了半个世纪之久。这固然值得佩服，但是抱持自己观点不放的学者还有很多，甚至可能有"老顽固"之嫌，所以仍然不构成费斯受到尊崇的原因。那么，费斯究竟作出了什么不可替代的贡献？为什么他的支持者和反对者都如此推崇他？带着这些问题，笔者阅读和翻译了费斯论述平等问题的代表作。[1] 结论是：费斯的真正贡献，在于提出了关于美国（包括平等就业法在内的）反歧视法的一般理论。

一般理论是什么？一般理论就是把一个问题的理念与制度、应然与实然都糅合到一起，建立起系统的理解。每个问题都是多面的，对它的研究可以从不同角度展开。对于平等就业法而言，既可以研究理念——例如，什么是平等？又可以研究制度——例如，怎样证明歧视、如何打击歧视？既可以研究应然——法律应该是什么样？又可以研究实然——法律实际是什么样？更不用说制度内部还有大量不同的元素，都可以分别加以研究，例如，反

---

〔1〕 ［美］欧文·费斯：《另一种平等》，阎天译，载章剑生主编：《公法研究·第15卷（2016·春）》，浙江大学出版社2016年版。

歧视诉讼、歧视的精神损害赔偿等。由于研究的角度差异很大，时间一长，研究就呈现出破碎化的样态：从表面上看，研究是有体系、有章回、有套路的；而从实质上看，不同角度的研究并没有真正地融合到一起，所谓体系、章回和套路都只是堆砌而已。这在我国平等就业法的研究中尤为明显。首先，理念与制度的研究是基本隔离的。谈理念，通常辨析平等的各种概念，如形式平等、实质平等，但是并不关心平等概念的差异对于歧视的证明乃至救济有何影响。其次，制度内部的研究是相互割裂的。谈歧视的证明，通常讨论证据类型、证明高度等问题，但是并不关心歧视的证明与歧视的救济有何关联。最后，实然和应然的研究是相互隔膜的。谈应然，通常围绕理想之法展开，而实然往往仅仅被当作反例，并不加以认真对待，更不考虑应然是否应当根据实然有所调整。如此破碎的研究，难免发生内部不协调的问题，更根本的缺陷则是脱离实际——割裂了固有的联系。

费斯的贡献就在于将破碎的研究整合起来，建立反歧视法的一般理论。他认为，美国反歧视法在理念、制度、应然、实然各个层面的争论，都可以概括为两种一般理论的竞争。一种理论叫作反归类原则（anti-classification principle），这个原则认为，法律本应对每个人的情况作出具体判断，但是出于种种原因（如节省资源的考虑），只能将若干人归为一类，作整体判断；当整体判断的结论偏离具体判断时，就构成了歧视，偏离越远则歧视越严重。例如，一位求职者能否胜任工作，理应具体考察其工作能力，但是这种考察的成本较高，当存在大量求职者时尤其如此。这样一来，只能根据求职者的某些特征作出归类。比如，假设招聘的岗位是力工，则用人单位经常会以性别为标准来归类，认为"女求职者不如男求职者能够胜任"。这种判断或许大体符合常识（而常识不一定正确），但是肯定会错误地将部分身强力壮的女性归入无法胜任之列，也会错误地将部分身体孱弱的男性归入能够胜任之列，这就构成了性别歧视。显然，反归类原则所追求的是个人主义的平等观，即要求对每个人的情况一事一议，反对由归类导致的、大而化之的误判。另一种理论叫作反屈从原则（anti-subordination principle），这个原则认为，由于特殊的历史原因，某些群体特别是黑人处于社会屈从地位，这种地位就是歧视，法律应当加以矫正。与反归类原则相比，反屈从原则有两个重要的区别：其一，反屈从原则虽然通常也反对归类，但是要求法律作出特定的归类（主要是按种族归类）；其二，反屈从原则针对的不是机会的剥夺，而是地位的低下，寻求的是结果平等而不仅仅是机会平等，为了改善黑人的低下地位，甚至不惜牺牲本应属于其他种族的某些机会。显然，反屈从原则更为激进。

费斯指出，反归类原则是美国反歧视法的主流，而反屈从原则才是未来发展的方向。之所以如此，是因为法律实践已经突破了理论，应然应当跟上实然的脚步。比如，针对黑人的纠偏行动，既采取了按种族分类的做法，又着眼于黑人获得一定的就业及就学名额这一结果，在一定程度上否定了竞争。这显然突破了反归类原则，却具有高度的政治正当性。好的理论应当能够解释和包容这种现象，而不是加以排斥。近半个世纪以来，虽然美国反歧视法的发展千变万化，但是仍然不出费斯所归纳的两大理论范畴。这便是一般理论的魅力——它具有穿越时空的稳定性和包容性。

在《反就业歧视法的一般理论——中美两国的建构与反思》一文中，[1] 笔者试图借鉴费斯的工作，建立中国平等就业法的一般理论。该文也是《川上行舟——平权改革与法治变迁》第一章的底本。中国的一般理论可以分为三点：

第一，中国平等就业法已经树立了以用人绩效为价值追求的平等观。这种平等观认为，就业歧视的错误，在于将与生产率无关的因素引入人事决策。这不仅损害单位的用人绩效，而且降低劳动力资源配置效率。法律的功能就是充当净化器，将与生产率无关的偏见从决策过程中清除出去，起到"诚意正心"的效果。

第二，制度和实践服务于价值追求，中国已经初步形成了平等就业法的"侵权法模式"。侵权法就是法律为人事决策过程所

---

[1] 阎天：《反就业歧视法的一般理论——中美两国的建构与反思》，载《环球法律评论》2014 年第 6 期。

选定的净化器。因为法律要关注和评价的是人事决策者的主观状况，所以逐步形成了五大制度特征：一是倚重诉讼而非监察手段。这是因为，主观状况往往需要通过原被告的多回合对抗来逐步查明，而劳动监察更适合于调查客观的情况，缺乏展开对抗的结构条件。二是主攻民事而非行政争议。这是因为，行政诉讼宣判的时候，职缺往往已被别人占据了，无法要求招录机关重作行政行为和录用原告，所以一般只能主张国家赔偿；而国家赔偿遵循违法归责原则，不评价侵权人的主观状态。三是认为歧视引发的是侵权之债而非其他类型之债。这是因为，侵权之债下的故意、过失、过错推定和无过错责任形成完整序列，为法院认定歧视的主观状态提供了充分空间。而违约责任一般属于无过错责任，不评价主观状态。缔约过失责任的过错内容则与大多数就业歧视案件不符。四是同时主张平等就业权和隐私利益保护。这是因为，侵犯平等就业权之债是对人事决策的事后评价，不免"缓不济急"。与其事后否定，不如事前阻止非法因素进入决策。为此，实务上将乙肝病原携带者的健康信息、妇女的婚育信息当作隐私来保护。五是突出精神损害而非经济损失赔偿，以人格权而非财产权纠纷立案。这是因为，隐私利益在我国是纳入名誉权来保护的，而名誉权具有人格属性，所以原告多以精神损害赔偿为主要诉求，法院也多以人格侵权方面的案由立案。应该说，这五大制度特征都是选择的结果，有立法的选择，更多是实务中的选择。选择的动因很多，但是根本的原因、共同的原因还是在于：这五个特征都服务于净化人事决策过程的目标，从而服务于用人绩效这个价值追求，服务于主流的平等观。

第三，价值冲突会导致制度困境，中国侵权法模式面临挑战，其根源在于主流平等观只追求用人绩效一种价值，无法处理用人绩效与其他价值之间的冲突。这种挑战表现在两个方面：一方面，侵权法模式无法论证，为什么可以为了用人绩效而牺牲其他价值。比如，很多人认为反歧视很重要，应该把歧视的主观要件从故意降低成过失，把劳动者拒绝陈述与工作需要无关内容的权利扩展为进行不实陈述的权利，把歧视所造成的精神损害凌驾于普通怀才不遇者所受的损害之上。但是反歧视为什么这么重要？凭什么可以为了反歧视而创设这么多法律例外？没说清，所以也很难得到法官的支持。另一方面，侵权法模式无法论证，为什么可以为了其他价值而牺牲用人绩效。这主要反映在法律为了提升妇女、残疾人等群体的社会地位，要求用人单位付出一定的生产率代价，给予他们照顾、迁就和优待。结果，一边说用人绩效很重要，为此可以牺牲其他价值，另一边又说还有比用人绩效更重要的东西，这是自相矛盾，说不通。我国平等就业法的价值和制度危机就在于此。

怎样应对危机呢？解脱侵权法模式的危机，需要树立以改善弱势群体地位为价值追求的新平等观。对于牺牲其他价值、保证用人绩效的情形，新平等观能够论证牺牲的正当性，加固主流平等观；而对于牺牲用人绩效，保证其他价值的情形，新平等观同样能够论证牺牲的正当性，克减主流平等观。群体的弱势属性越强，为改善其弱势地位而牺牲用人绩效的程度就越深，新平等观对于主流平等观的克减就越重。这种新的平等观，要去宪法中找依据，所以，中国平等就业法要从侵权法模式走向宪法模式。

一旦建立起中国平等就业法的一般理论，笔者先前的心累就大为缓解，因为比较研究的意义重新显现了出来：尽管中美两国法律的具体制度和理念差异巨大，但是在一般理论层面，二者却是完全可以沟通的。一方面，中美两国平等就业法都有建立一般理论的客观需求；另一方面，反归类原则与侵权法模式、反屈从原则与宪法模式都有异曲同工之妙。各种素材早就放在那里，只是缺乏整合；一旦意识到一般理论的魅力，整合就是顺理成章之事。经过千百度求索，蓦然发现，理想的研究一直就在"灯火阑珊处"。

结　语

回顾笔者所经历的好的研究，既要看到各国法律发展的共通规律，更要还原制度和观念发生的复杂背景，剖析表面相似之下的深层差异；如果能够将"普遍论"与"例外论"结合起来，在一般理论层面达成合题，就是最理想的研究的三重境界，可以简要归纳出好的比较研究的标准。这是笔者继续努力的方向，也是对于学术后备军的期待。

原版后记

本书标题：正题发散、写意、寓情；副题收敛、写实、论理。

正题"川上行舟"，源自《论语·子罕》："子在川上曰：逝者如斯夫，不舍昼夜。"正如苏力先生所言，治学之人独立船头、行舟川上，是中国学术的"核心隐喻"[1]。其意义有二：

一是见水明德。治学要勤勉，一如川流不息、昼夜不竭。治学要创新，一如景物变换、时时不同。本书以勤、新为旨趣，积十年之功，从分合、新旧、土洋、虚实及官民五个角度，剖解平权改革与法治变迁。

二是临水生情。川流不舍、日月不居，正如青春不再、先贤已逝，为学者当有追怀与感伤，更有承继与反思。于作者，本书回顾漫漫求知路，匡正己误、重新出发。于先贤，本书瞻仰其卓

---

[1] 苏力：《〈阅读秩序〉序与跋》，载苏力：《批评与自恋：读书与写作》，法律出版社2004年版，第219页。

见、盛德、笃行，开示其遗产、激扬其遗志。

川流百转千回，吾道一以贯之、无分昼夜。为学之道，莫过于变中守常、动中取静，勿追赶时髦、勿盲从外物。平权法这个题目，我从 2005 年开始研究，坚守了 10 年。在这个题目下，我完成了学士、硕士和博士学位论文，发表了十几篇习作，翻译了两本小册子，然后写了这本书。我见证了平等法学的宁静、喧嚣与落寞，我亲历了平等改革的兴起、猛进与彷徨。冯象先生尝谓："改革开放这三十年，恰是新法治的开端，其寄生之曲折、影响之复杂、掩饰的策略、面临的困境，连同职业道德伦理责任的崩溃和腐败化为权利之崛起，正是一流法史的素材与课题。"[1] 我认定平等法便是先生所说的素材与课题。我用写作来铭刻正在发生的历史，理解前辈，观望来者。

法学与史学是相通的。史学究天人之际，法学则探讨法政之界；史学通古今之变，法学则以中西之争统摄之。治学难，成一家之言更难！家父阎崇年先生曾追问："一个历史学者，穷其毕生精力，做学术论文，一年两三篇，总算不过数十篇而已。除去应时、应景、应急、应命之作外，真正能够观点新、资料新、论述新、语言新的新作、力作、佳作、名作，会有几篇？而论文中，几年之后，几十年后，几百年后，读之有用，品之有味，又

---

[1] 冯象：《法学三十年：重新出发》，载《读书》2008 年第 9 期。

会有几篇?"[1]他在另一本著作中给出了答案:"十年磨一部著作,二十年磨一部力作,三十年磨一部佳作,四十年磨一部杰作,五十年则可能磨出一部传世之作。"[2]我幼承父教,循规蹈矩,当真用十年磨出了一本小书。我还要继续磨下去。

饮水思源,我要衷心地感谢十多年来的导师们:指导学士学位论文、并担任博士后合作导师的叶静漪教授,担任硕士研究生导师的王锡锌教授,担任博士研究生导师组长的葛维宝(Paul Gewirtz)教授,以及另外两位导师列娃·西格尔(Reva Siegel)教授和克里斯汀·朱尔斯(Christine Jolls)教授。是导师们引领我迈入法学的殿堂,并留下两行稚嫩的脚印。

从2004年春天算起,转眼间便经过了一个轮回。我的法学殿堂从逸夫楼迁到电教楼,移到陈明楼和凯原楼,又飞到地球另一端的纽黑文小城,方回到未名湖的东岸。我是游子,但不孤独。12年前,北大法学院宽容地接纳了我。6年前,·学院送我跨越重洋。学成归来,张守文院长代表学院,微笑着与我伸手相握:"欢迎你回来做博士后!"——我回家了!

在北大、在耶鲁、在母校之外,许多领导指引我,许多老师教育我,许多前辈和同道帮助我。我记得每一个让我温暖、顿悟和释然的瞬间。年齿渐长,我多了学友,还添了学生。我是为了

---

〔1〕 阎崇年:"自序",载阎崇年:《阎崇年自选集》,九州出版社2015年版。
〔2〕 阎崇年:"后记",载阎崇年:《清朝开国史》,中华书局2014年版。

你们而回来的！

　　我回来了，有的老师却不在了。我想念蔡定剑老师、董德刚老师、孙晓宁老师、王天有老师、朱善利老师。老师们，我回来了。

　　我终于回家了。从此常伴亲人左右，用心生活。父母在，不远游。

　　　　　　　　　　　　　　　　二〇一六年春定稿于北京

新版后记

　　承蒙中国民主法制出版社不弃，拙著《川上行舟——中国平等就业法引论》幸获付梓。先前，拙著《川上行舟——平权改革与法治变迁》于2016年由清华大学出版社出版。本书是旧作的新版。新版将副题改为《中国平等就业法引论》，让标题与内容的对应更为准确、鲜明；增补了附一《社会平等：理智与情感之间》，将全书的论证运用到时政热点的分析之中；增加了附二《平等就业法研究的三重境界——从〈川上行舟——平权改革与法治变迁〉的写作谈起》，回顾了本书的写作心路及其对于比较法研究的启示；放弃了"平权"这一存在滥用风险的说法，改用"平等"的术语，从而和学术界关于平等问题的讨论接轨。除此之外，还改正了原版个别文字的错讹，根据近年来的法治发展调整了几处表述。法律现象固然日新月异，但是现象背后的本质，以及从中抽象出的理论问题，则保持相对的稳定。作为一本关于中国平等就业法的理论著作，本书的新版未作伤筋动骨的更易，就在情理之中了。

理论贵在创新。本书希望帮助读者打破平等问题上的许多"天经地义"：平等法治的进退利钝，看似万国通法的艰难落地，实则源于不同平等观念的冲突消长；平等规范的异军突起，看似舶来理念的国家承认，实则植根于劳动体制改革的本土逻辑；平等运动的变法议程，看似公民社会的民主诉求，实则关涉国家政治与法治的矛盾平衡；平等观念的地位上升，看似普遍价值的举国体认，实则有赖于"平等"意涵的空洞属性；平等制度的移植受挫，看似后发国家的拒斥先进，实则反映了制度存活的复杂条件。总之，以平等为导向的法律改革，绝非抽象价值的纸面推演，而是立足国情的实践抉择。只有抛开了似是而非的"天经地义"，才能够真正面对中国问题，开辟一方思想的新天地。

方寸天地，意蕴无穷。我在平等就业法找到了学术起点，完成了学术训练，开启了学术志业。在一个已经记不起来的日子，我从法学的一隅，瞻望天边的风景，打起精神，去向远方。这一走就是十多年。我付出了超乎意料的代价，也品尝了超乎意料的喜悦。走了这么远，大概回不去了，也不想回去了。"一直走下去，你就会融化在蓝天里。"——这是电影里的台词，偶然看到友人提起，发现颇合此刻的心境。借用两句古诗："洛阳亲友如相问，一片冰心在玉壶。"

阎　天

2021 年 6 月 19 日

于北京大学陈明楼